Lorenz A. Aries

Unternehmenserfolg durch professionellen Vertrieb

Lorenz A. Aries

Unternehmenserfolg durch professionellen Vertrieb

Von der Verkaufsoptimierung zum CRM

2. überarbeitete und erweiterte Auflage

Die Deutsche Bibliothek – CIP-Einheitsaufnahme
Ein Titeldatensatz für diese Publikation ist bei
Der Deutschen Bibliothek erhältlich

1. Auflage 1998 (Titel der 1. Auflage: Verkaufsoptimierung)
2. überarbeitete und erweiterte Auflage September 2001

Alle Rechte vorbehalten
© Betriebswirtschaftlicher Verlag Dr. Th. Gabler GmbH, Wiesbaden 2001

Lektorat: Manuela Eckstein, Margit Schlomski

Der Gabler Verlag ist ein Unternehmen der Fachverlagsgruppe BertelsmannSpringer.
www.gabler.de

Das Werk einschließlich aller seiner Teile ist urheberrechtlich geschützt. Jede Verwertung außerhalb der engen Grenzen des Urheberrechtsgesetzes ist ohne Zustimmung des Verlags unzulässig und strafbar. Das gilt insbesondere für Vervielfältigungen, Übersetzungen, Mikroverfilmungen und die Einspeicherung und Verarbeitung in elektronischen Systemen.

Die Wiedergabe von Gebrauchsnamen, Handelsnamen, Warenbezeichnungen usw. in diesem Werk berechtigt auch ohne besondere Kennzeichnung nicht zu der Annahme, dass solche Namen im Sinne der Warenzeichen- und Markenschutz-Gesetzgebung als frei zu betrachten wären und daher von jedermann benutzt werden dürften.

Umschlaggestaltung: Schrimpf und Partner, Wiesbaden
Satz: FROMM MediaDesign GmbH, Selters/Ts.
Druck und buchbinderische Verarbeitung: Wilhelm & Adam, Heusenstamm
Gedruckt auf säurefreiem und chlorfrei gebleichtem Papier
Printed in Germany

ISBN 3-409-29566-6

Inhaltsverzeichnis

Vorwort _____ 9

**Einleitung: Unternehmensentwicklung aus der Sicht
des Marketing und des Marktes** _____ 11

1. Grundlagen der integralen Marktbearbeitung _____ 17
   Einordnung der integralen Marktbearbeitung _____ 17
   Systematik der Marktbearbeitung _____ 20
      Anforderungen und Verständnis _____ 21
      Strategische Ausrichtung _____ 23
      Notwendige Planungs- und Führungsinstrumente ____ 25
      Häufige Fehler und Engpässe _____ 34
   Verkaufsprozess und Marktsystem _____ 41
      Verkaufsprozess-Analysen _____ 43
      Entscheidungsprozesse _____ 46
      Marktsysteme in der Praxis _____ 48
   Abgrenzung der integralen Marktbearbeitung _____ 50

2. Umsetzung der integralen Marktbearbeitung in die Praxis _ 53
   Planung der Aktivitäten _____ 53
   Neukundengewinnung _____ 56
      Die Trichterfüllung _____ 56
      Ansprache von Interessenten _____ 58
      Umwandlung von Interessenten zu Kunden _____ 62
   Kundenbindung _____ 65
   Kundenentwicklung _____ 69
      Aufgaben des Key-Accounts _____ 69
      Planung der Kundenentwicklung _____ 73
   Die Marketing- und Verkaufssteuerungs-Datenbank _____ 74
      Funktionen und Aufgabenstellungen _____ 75
      Kosten des Database Management _____ 88
   Typische Marketing-Planungen _____ 91
      Aufbau und Erhöhung des Bekanntheitsgrads _____ 91
      Produkteinführung in kurzer Zeit –
      Erhöhung von Time to Market _____ 97
      Messebeteiligung mit hoher Wirkung _____ 99

3. Verkaufsoptimierung – Die Steigerung der Vermarktungsstärke   111

Vermarktungsstärke   111
    Messung der Vermarktungsstärke   112
Angebotsgestaltung – Das zentrale Element
für den Geschäftserfolg   113
    Gliederung von Angeboten   115
    Nutzen für den Ersteller und den Empfänger   120
Kundenführung mit System   121
    Managementrapport versus Kundenführungs-Brief   122
Multiplikatoren setzen – Die Dynamisierung
der Akquisition   129
    Chancen und Möglichkeiten   129
    Vorgehen in der Praxis   130
Nutzenargumentation – Sich in den Kunden
hineinversetzen   142
    Der Gesprächsplan mit geplanten Nutzenargumenten   143
Nutzen-Visualisierung durch Pencil-Selling   150

4. Von der Unternehmensqualität zur Verkaufsqualität   155

Unternehmensqualität   155
Prozessqualität   156
Marketingqualität   157
Servicequalität   162
Verkaufsqualität   164
Balanced Scorecard-Systeme – Das Qualitäts-Messinstrument
mit Potenzial   167
Kundenzufriedenheitsanalyse und -messung
ohne Balanced Scorecard   170
    Kundenzufriedenheitsanalysen =
    Kundenbindungsmaßnahmen   171
    Interventionsprogramme   178
Steigerung der Auftritts- und Verkaufsqualität   179
    Auftritts- und Verkaufsqualität im Innendienst   181
    Auftritts- und Verkaufsqualität im Außendienst   182
    Auftritts- und Verkaufsqualität im technischen Service   184
Weiterbildungsmaßnahmen zur Sicherung
der Qualitätsstufen   185
    Aufbau der notwendigen Kompetenzen   188
    Praxis der Weiterbildung   193

5. Das moderne Customer Relationship Management — 197

Die CRM-Philosophien und -Strategien — 198
   Der strategische Ansatz — 198
   Der wissensorientierte Ansatz — 199
   Der Prozess-Ansatz — 199
   Der IT-Ansatz — 200
   Der Beziehungs-Ansatz — 201
Die Balanced Scorecard – Das Basis-Instrument zur Messung der CRM-Wirkung und -Strategie — 207
Anforderungen an ein integriertes CRM-System — 212
   Unterschied zwischen Customer Relationship Management und Key Account Management — 214
Aufbau des Key Account Managements — 214
   Die Key-Account-Management-Plattform — 217
Das Call Center – Die wichtige Drehscheibe im Key Account Management und CRM — 229
   Die Funktionen im CallCenter — 233
   Auswahl von Call-Center-Mitarbeitern — 236
Die organisatorische Konsequenz zur Sicherung eines professionellen Beziehungsmanagements — 239

Schlussbemerkungen — 245

Danke — 247

Anhang — 249
   Die optim**AS**-Gruppe — 249
   Checklisten für Ihre Praxis — 251

Vorwort

Mit der Erstausgabe des Buches *Verkaufsoptimierung. Märkte gezielt bearbeiten, Kunden systematisch gewinnen* wurde umfassend das Vorgehen in diesen Bereichen dargestellt. Die Erfahrungen und Erkenntnisse, die zum ersten Buch führten, entstammen einer 15-jährigen Verkaufs- und Marketing-Praxis.

Die zweite Auflage ist notwendig geworden, weil der Wandel in den Verkaufs- und Marketingsystemen enorm ist. Seit dem ersten Buchkonzept – entwickelt im Jahr 1996 – haben neue Vertriebsformen und Instrumente die Verkaufswelt durchgreifend verändert. Der Verkauf über die elektronischen Medien wird immer zentraler. Call Center und Internet wachsen kontinuierlich zusammen. Key Account Management und Customer Relationship Management sind nicht mehr nur Modeworte, sondern halten Einzug in den Unternehmen.

Diese neuen Vertriebsformen revolutionieren die allgemeinen Grundsätze in Verkauf und Marketing nicht. Sie verändern jedoch in markanter Weise die Prozesse. Die Anforderungen an die Mitarbeiter in den Unternehmen steigen, die Instrumente werden differenzierter und anspruchsvoller, die Ausrichtung auf die Kundenbedürfnisse wird in Zukunft noch zentraler. Und die Gestaltung der Instrumente wie die Kommunikation des Nutzens erhalten einen noch höheren Stellenwert. Jedes Unternehmen muss heute zu den Vertriebskosten und den Verkaufsprozessen umfassende neue Planungen erstellen. Es geht nicht mehr nur darum, den Verkauf zu optimieren. Im Gegenteil, es geht darum, das Unternehmen von den Kunden- und Marktaspekten her zu entwickeln. Die Unternehmensentwicklung geht heute verstärkt von der Analyse der Unternehmensqualitäten, der Potenziale und der Prozesse aus. Dabei haben die Verkaufsprozesse neben der Leistungsgestaltung den größten Einfluss auf die Entwicklung eines Unternehmens.

Die Neuausrichtung einer Unternehmensorganisation wird geprägt durch die Veränderungen an den Märkten und des Kundenverhaltens. Dieses Buch zeigt Ihnen Lösungsansätze, wie diesen Veränderungen begegnet werden kann. Beispiele aus der Praxis sowie Checklisten erleichtern Ihnen die Überprüfung Ihres Marketing. Gleichzeitig erhalten Sie Ideen und Anregungen, sich mutig an die Veränderung des eigenen Marketing zu wagen.

Die in der Praxis erprobten Raster und Instrumente werden regelmäßig mit Erfolg eingesetzt. Die Partner in der optimAS-Organisation setzen diese Philosophie zusammen mit ihren Kunden in mehreren europäischen Ländern und unterschiedlichen Kulturen ein und um.

Brüttisellen, im Juli 2001 　　　　　　　　　　　　　LORENZ A. ARIES

Einleitung

Unternehmensentwicklung aus der Sicht des Marketing und des Marktes

Die Unternehmensführung aus der Sicht des Marketing und somit aus der Sicht des Marktes ist heute die treibende Kraft zur Entwicklung von Unternehmen. Dabei ist es wichtig zu erkennen, weshalb sich eine Unternehmung weiterzuentwickeln hat. Ohne Druck von außen könnte ein Unternehmen seine Leistungen und Prozesse unverändert beibehalten. Für alle Beteiligten wäre das bedeutend einfacher und bequemer. Der Druck von außen bedeutet:

- Befriedigen von Kundenbedrüfnissen in kürzerer Zeit,
- Erfüllen von Kundenwünschen in einer höheren Qualität,
- Erfüllen von Kundenanforderungen in einer umfassenderen Art und Weise,
- Erreichen von Preisen mit höherem Nutzen oder tieferem Niveau für den früheren Nutzen.

Wenn sich Unternehmen in einem solchen Umfeld bewegen, ist eine Weiterentwicklung notwendig. Unternehmensentwicklung bedeutet, die Prozesse und die Leistungen, die marktgerichtet sind, zu optimieren. In diese Betrachtung der Unternehmensentwicklung gehört auch die Analyse der Verkaufsprozesse. Im Anschluss an diese Analyse ist es möglich, die notwendige Optimierung zu veranlassen. Dieser laufende Prozess kann jedoch nicht kontinuierlich realisiert werden, da dies für die Mitarbeiter in Verkauf, Marketing und Backoffice ein dauerndes Ändern und Verändern bedeuten würde, verbunden mit erheblichen Auswirkungen auf die Motivation und die Einstellung zum Unternehmen.

Die Prozessoptimierung sollte jedoch in regelmäßigen Abständen realisiert werden. Die Erfahrung zeigt, dass mit Analysen im Abstand von 18 Monaten und einer Optimierung innerhalb von drei bis vier Monaten ein idealer Zwei-Jahres-Rhythmus erzeugt wird. Wenn eine Unternehmung in diesen Intervallen ihre Prozesse immer wieder genau unter die Lupe nimmt, die notwendigen Veränderungen vornimmt und sich gegenüber dem Kunden auch entsprechend anpasst, kann von einer modernen, lernenden Organisation gesprochen werden.

Verkaufs- und Marketingoptimierung bedeutet Optimierung der Prozesse, die auf den Markt gerichtet sind. Dabei steigt die Leistungsfähigkeit einer Unternehmung, je automatischer und selbstverständlicher diese Prozesse ablaufen. Um die integrale Marktbearbeitung realisieren zu können (Kapitel 1), bedarf es in einem Unternehmen umfassender Kenntnisse auf allen Stufen. Damit dies erreicht wird, sind die Mitarbeiter mit Hilfe von Weiterbildungsmaßnahmen regelmäßig auf einen einheitlichen Wissens- und Könnenstand zu bringen. Erst wenn dies erfolgt ist, können Marketing und Verkauf mit einer gesteigerten Prozessqualität am Markt wirken.

Für die Kunden ist eine solche Steigerung unmittelbar zu erkennen. Sie realisieren, dass stärker und bewusster auf ihre Wünsche eingegangen wird. Sie bemerken, dass ihre Anfragen schneller und umfassender beantwortet werden und dass in Angeboten und Briefen plötzlich die Nutzen erwähnt werden, von denen sie profitieren können. Auch die Preiskalkulation lässt im Ergebnis neue Varianten und Möglichkeiten zu.

Diese Veränderungen, hervorgerufen durch eine systematische Weiterentwicklung der Unternehmung, eröffnet die Chance, mehr neue Kunden zu gewinnen, bestehende Kunden intensiver zu betreuen und bessere Schlüsselkunden aufzubauen. Wie diese Veränderungen vorgenommen werden können, was dabei zu berücksichtigen ist und wie diese neuen Prozesse in der Praxis tatsächlich funktionieren, ist Inhalt dieses Buches.

Abgrenzung

Unternehmensentwicklung aus der Sicht des Marktes und des Marketing bedeutet:

- Erfassen der Verkaufs- und Marketingprozesse,
- Analysieren, wo bei diesen Prozessen der Kundenfokus zu schwach ist oder noch gar keine Rolle spielt,
- Einleiten von raschen und wirkungsvollen Korrekturen mit integrierten Kontrollsystemen,
- Stabilisieren der neuen Prozesse und
- Herbeiführen der zusätzlichen Erfolge.

Kurz: Überlegen, wie der Kundenfokus verstärkt werden kann, ohne die Kosten nennenswert zu erhöhen. Oft ist diese Art der Unternehmensentwicklung im Verhalten der Mitarbeiter begründet. Dabei sollte sich der Mitarbeiter nicht mehr die Frage stellen: „Soll ich diese Unterlagen jetzt mit einem kurzen Brief oder nur mit einer Visitenkarte mit Unterschrift oder ohne alles als Beilage versenden?" Kundenorientierte Prozesse definieren diese Frage klar und eindeutig. In vielen Unternehmen ist dies jedoch nicht der Fall. Wer Unterlagen anfordert, wird oft als „Störenfried" taxiert und entsprechend behandelt.

In diesem Buch geht es nicht um die Unternehmensentwicklung über Finanzmodelle oder neue Marketing-Modelle. Hier geht es vor allem darum aufzuzeigen, wie mit geringen Investitionen und professionelleren Prozessen im Kontakt mit Interessenten und Kunden ein klarer Mehrwert geschaffen wird. Also darum, wie mit den bestehenden Investitionen und Aufwendungen in Verkauf und Marketing höhere Wirkungen am Markt erzielt werden können. Dass dazu in vielen Branchen die Potenziale der Mitarbeiter zusätzlich gefordert und gefördert werden müssen, versteht sich von selbst.

Für viele Unternehmen bedeutet dies, den Selektionsprozess in Verkauf und Marketing den neuen Anforderungen der Kunden und Märkte anzupassen. Wird dieses Ziel erreicht, dann sind ein Mehrumsatz und bei gleich bleibender Marge sogar ein höherer Gewinn möglich. Zur Realisierung einer integrierten Unternehmensentwicklung müssen diese Aspekte in der Praxis umfassend berücksichtigt werden. Sie sind jedoch immer die Folge der Prozessentwicklung oder haben den Ursprung darin.

Der Aufbau dieses Buches spiegelt unsere Erfahrungen in der Praxis wider. Oft ist es nicht sinnvoll, in einem Unternehmen direkt mit der Einführung des Key Account Management oder des Customer Relationship Management (CRM) zu starten. Insbesondere dann nicht, wenn die Basisprozesse noch deutlich verbesserungsfähig sind. In der Praxis wird jedoch leider häufig mit der „Kür" begonnen, wenn die „Pflicht" noch nicht geübt ist.

Das Resultat ist immer dasselbe: Die Mitarbeiter sind frustriert, die neuen Prozesse werden nicht in der gewünschten und geplanten Geschwindigkeit eingeführt, die Kunden ziehen keinen Vorteil aus den getätigten Investitionen.

Sie als Leser werden über die fünf Kapitel so geführt, dass Sie in Ihrem Unternehmen mit den jeweiligen Fragen die Teilprozesse analysieren können. Die Lösungsskizzen sollen Ihnen Anregungen für die Veränderungen und Verbesserungen vermitteln. Passen Sie jedoch immer die Inhalte an Ihre konkrete Situation an. Sie werden sehen, die Wirkungen folgen unmittelbar. Aus diesem Grund startet das Buch zuerst mit den Grundlagen der integralen Marktbearbeitung in dem Bewusstsein, dass für eine integrale Marktbearbeitung eine klare Marketingstrategie vorhanden sein muss. Für eine wirkungsvolle Unternehmensentwicklung wird vorausgesetzt, dass das Unternehmen sich über die folgenden strategischen Punkte des Marketing im Klaren ist:

- Marketing-Grundstrategie → Marktentwicklung, Marktdurchdringung, Marktanteilerhaltung und/oder Kosten-, Technologie-, Serviceführerschaft etc.
- Produkt-Markt-Matrix → Welche Produkte sollen auf welchen Märkten angeboten werden?
- Marketing-Mix nach dem Standard der 4 Ps → Product, Price, Place, Promotion und den ergänzenden 3 Ps → People, Partner, Processes.
- Wahl der passenden Form zwischen klassischem Marketing, Direct Marketing und Event-Marketing.

Wenn diese Grundsätze entschieden und die strategische Ausrichtung getroffen worden sind, kommt die wirkliche Knochenarbeit der Umsetzung. Diese erfolgt mit dem Konzept der integrierten Marktbearbeitung. Dieses operative Umsetzen bildet das Verbindungsglied zwischen der planerischen und der taktisch-operativen Qualität der Unternehmensführung und der Unternehmensentwicklung. Wenn der operativen Umsetzung nicht auch dieselbe Sorgfalt beigemessen wird wie der Ausarbeitung der Strategie, kommt die beste Strategie nie zum Tragen (vgl. auch Abbildung auf der nächsten Seite).

Dieses Buch erhebt nicht den Anspruch, für alle Stufen der Unternehmensplanung Beispiele und Lösungsansätze zu liefern, der Schwerpunkt liegt ganz klar auf der Umsetzung und der strategischen Führung des Marktes.

Unternehmensplanungsaufbau mit der Schnittstelle zum Markt

- Leitidee
- Leitbild
- Strategie
- Teilstrategien
- Marketing | Finanz | Produktion | etc.
- Marktbearbeitung
- Marketing-Mix und Unternehmenswertesystem
- Werbung | Verkauf | Verkaufsförderung

Anbieter

Kunde

Abnehmer

Schnittstelle der erlebten Qualität im täglichen Leben

© optimAS Holding AG

Einleitung 15

1. Grundlagen der integralen Marktbearbeitung

Einordnung der integralen Marktbearbeitung

Integrale Marktbearbeitung heißt, alle zur Verfügung stehenden Mittel so konzentriert einzusetzen, dass die höchst mögliche Wirkung am Markt erzielt wird. Integral deshalb, weil die Marketing-Instrumente gekonnt aufeinander abgestimmt werden, so wie bei einem Orchesterwerk kein Instrument einen nicht geplanten Solopart spielt. Als Grundlage einer integralen Marktbearbeitung muss ein unternehmensspezifisches Basiskonzept erarbeitet werden. Leider ist das in vielen Unternehmen heute noch nicht der Fall. Solche Konzepte fehlen allerdings vielerorts. Dafür werden einzelne Marktbearbeitungsmaßnahmen als Einzelfeuerwerke realisiert. Ein solches Vorgehen bindet und verschwendet kostbare Ressourcen, bringt aber strategisch keinerlei Nutzen.

> Bei der Betrachtung dieser Situation kommt mir immer wieder der Spruch von Henri Ford in den Sinn, der einmal sagte: „50 Prozent meiner Werbeaufwendungen gebe ich falsch aus, nur weiß ich nicht, welche 50 Prozent es sind". Die integrale Marktbearbeitung will genau diesem Phänomen einen Riegel vorschieben. *Die Mittel, um eine höchstmögliche Erfolgsquote zu erreichen, sind eine systematische Planung und eine Definition des Mitteleinsatzes. Gleichzeitig können dank einer systematischen Erfolgskontrolle auch das Wissen und die Erfahrung in einem Unternehmen vertieft werden.*

In den heutigen Märkten, die dem raschen Wandel unterliegen, sinkt die Halbwertzeit der Erfahrung immens. Erfahrungen in der Marktbearbeitung, die noch vor zehn Jahren aus einer Zeit vor 15 Jahren stammten, besitzen in der Anfangsphase des 21. Jahrhunderts nur noch 18 Monate Gültigkeit. Dies gilt selbstverständlich nicht für die absoluten Basisgrundsätze, sondern für die letztendliche Gestaltung und die daraus resultierenden Aktionen.

Die Basis – marktgerichtet und marktgerecht

Produktion, forschungs- und entwicklungs- oder logistikorientierte Unternehmensführungen werden in den heutigen Wettbewerbssituationen immer stärker in Schwierigkeiten geraten. Nur wer marktgerichtet und marktgerecht seine Leistungen definiert, kann auch eine integrale Marktbearbeitung realisieren. Die Grundlagen einer langfristig orientierten integralen Marktbearbeitung basieren auf dem Grundverständnis der Geschäftsleitung in Bezug auf die Markt- und Kundenorientierung.

> Die prinzipiellen Eckpunkte sind klar definiert, wenn das Unternehmensleitbild und die Unternehmensidee folgendem Grundsatz gehorcht (nach Weinhold): *Marktgerichtete und marktgerechte Unternehmensführung.*

Der von ABB erfundene „Customer Focusing-Gedanke" wird diesem Grundverständnis konkret gerecht. Basierend auf diesem Gedanken lassen sich die Instrumente und Maßnahmen viel einfacher erstellen. Mitarbeiter und Partner im Marktsystem können mit dieser Leitidee entsprechend stärker motiviert werden.

Die Philosophie – Marktorientierung aller Mitarbeiter

Die Philosophie der integralen Marktbearbeitung kann nur heißen, alle Bereiche des Unternehmens einzubeziehen, die in Kontakt mit dem Markt stehen. Dabei müssen den aktiven Teilnehmern der Marktbearbeitung klare, berechenbare Aufgaben und Inhalte zugewiesen werden. Damit sichert die integrale Marktbearbeitung den Marktbearbeitungsprozess sehr stark ab. Ein Unternehmen wählt die Form der integralen Marktbearbeitung, um von allen Mitarbeitern die Ausrichtung auf den Markt zu verlangen. Denn Markt gibt es in jeder Branche immer nur einen, Unternehmen hingegen immer mehrere. Märkte zu gewinnen oder zu kaufen ist immer sehr teuer, Unternehmen sind in der Regel eher günstiger. Die beste Kombination bildet der Kauf eines Unternehmens mit dem dazugehörigen Markt. Diese Kombination ist in der Regel die lukrativste. Um die Philosophie der integralen Marktbearbeitung aktiv zu leben, ist es wichtig, dass die Geschäftsleitung diese Form des Marktbearbeitungsverständnisses aktiv vorlebt. Nur durch den „täglichen" Beweis werden die Mitarbeiter sich der mühevolleren Form der Marktbearbeitung nach dem System der integralen Marktbearbeitung verschreiben. Mühevoll, weil ein gestarteter Marktbearbeitungsprozess weder rasch noch bequem abgeschlossen werden kann. Die integrale

Marktbearbeitung ist immer mit hohem Engagement und ausgiebiger Detailarbeit verbunden. Viele Mitarbeiter in Vertrieb, Verkauf und Marketing umgehen das systematische und konsequente Nachbearbeiten von ausgelösten Prozessen lieber. Wichtigste Aufgabe des Managements ist es deshalb, alle Mitarbeiter im Vorfeld zu überzeugen und dafür zu motivieren, dass die gestarteten Prozesse zielstrebig konsequent und langfristig umgesetzt werden müssen. Nur so können der notwendige Cash-Flow und Gewinn gesichert werden. Mittel: Einbeziehung aller betroffenen Mitarbeiter von einem frühen Stadium an. Nur so kann der Einzelne motiviert werden und erkennt die gesteckten Ziele als seine eigenen an. Basierend auf diesem Gedanken und der marktgerechten und marktgerichteten Unternehmensführung wird rasch klar, dass auch Produktionsleiter, Logistikleiter und Forschungs-/Entwicklungsleiter sich klar und eindeutig damit identifizieren müssen. Wird dies versäumt, würden von den Verkaufs- und Marketingprofis hart erkämpfte Vorteile durch eine zu geringe Sensibilität der Innenorganisation für den Markt und die Kunden wieder vernichtet.

Begriffseinordung

Im Marketing der 80er und 90er Jahre entstanden sehr viele Detailausprägungen. Diverse Marketing-Gurus prägten Begriffe wie:

- New Marketing,
- Turbo-Marketing,
- Event-Marketing,
- Guerilla-Marketing,
- Co-Marketing,
- Stammkunden-Marketing oder Retention-Marketing,
- Database-Marketing etc.

Alle diese Marketingbegriffe haben eines gemeinsam: Sie wollen dem Marketing eine neue Dimension verleihen. Unabhängig vom Begriff ist dies nur möglich, wenn sich ein Unternehmen am Grundsatz „marktgerecht und marktgerichtet" orientiert und dabei eine integrale Marktbearbeitung realisiert. Die integrale Marktbearbeitung umfasst folgende Schwerpunkte:

- Definition der Marketing-Strategie und Stoßrichtung,
- Gestaltung eines umfassenden Marketing-Mix,
- Definition einer Marktbearbeitungs-Strategie mit einem systematischen Instrumenten-Mix auf der Basis des Verkaufs- und Entscheidungsprozesses des relevanten und beanspruchten Marktes,

- Einsatz eines einfachen, rasch wirkenden Marketing-Controllings, das die einzelnen Prozesse transparent werden lässt,
- Nutzung der Ideen und Anwendungsvorschläge aus allen verfügbaren Marketingvarianten.

Eine integrale Marktbearbeitung achtet und arbeitet mit folgenden Eckpunkten:

- Erzeugen von Vermarktungsdruck,
- rasches und systematisches Agieren am Markt,
- systematische Planung von multimedialen und instrumentalen Einsätzen,
- Nutzung der Systematik des Setzens von Multiplikatoren in Bezug auf Ideen, Zeit, Konzepte und Anwendungen,
- gezielter Ressourcen-Einsatz mit hoher Wirkung, Nutzung aller verfügbaren Chancen (nach Guerilla-Marketing),
- alle Maßnahmen richten sich konsequent auf den Entscheidungsprozess,
- alle verfügbaren Marktbearbeitungs-Instrumente werden grundsätzlich entsprechend dem vorhandenen Budgetrahmen und der planbaren Wirkung/Response eingesetzt. Kein einziges, mögliches Instrument wird von der Philosophie her je ausgeschlossen.

Die integrale Marktbearbeitung will also keine Definition eines neuen Marketingbegriffs sein, sondern einzig und alleine eine Systematik darstellen, wie mit den heute eingeschränkten Ressourcen mehr Erfolg erzielt werden kann.

Systematik der Marktbearbeitung

Beschließt die Geschäftsleitung eines Unternehmens, die Marktbearbeitung nach den Grundsätzen der integralen Marktbearbeitung zu realisieren, müssen bestimmte Anforderungen und Voraussetzungen erfüllt werden. Die Schaltung dieser Voraussetzungen erfordert vor allem von den Mitarbeitern die Bereitschaft der persönlichen Weiterbildung und des Umdenkens. Kann eine Geschäftsleitung nur beschränkt auf diese Bereitschaft zählen, muss sie sich zwei Fragen beantworten: „Arbeiten wir mit den richtigen Mitarbeitern zusammen?", „Ist die Geschäftsleitung genügend Vorbild in der Umsetzung der integralen Marktbearbeitung?"

Anforderungen und Verständnis

Unternehmen, die mit Leichtigkeit regelmäßig genügend Aufträge gewinnen, scheuen sich vor dem Aufwand der integralen Marktbearbeitung. In der Regel besteht bereits ein erhöhter Leidensdruck in Bezug auf die aktuellen Markterfolge, wenn die Grundsätze der integralen Marktbearbeitung eingeführt werden. Aber auch funktionierende, erfolgreiche Organisationen sollten bedenken: Märkte befinden sich im Wandel, und eine strategisch ausgerichtete Marktbearbeitung lohnt, zumal der Aufwand dafür nicht finanzieller Natur, sondern nur im erhöhten Engagement zu suchen ist.

Anforderungen an die Mitarbeiter				
Kriterium	**Gewichtung**			
	++	+	–	– –
Kenntnisse der Kundenbedürfnisse				
▪ Verkauf-Außendienst	x			
▪ Verkauf-Innendienst	x			
▪ Administration/Debitoren-Buchhaltung		x		
▪ Produktion/Forschung + Entwicklung	x	x		
▪ Logistik	x			
▪ Service	x			
Kenntnisse über den Entscheidungsprozess				
▪ Verkauf-Außendienst	x			
▪ Verkauf-Innendienst	x			
▪ Administration	x			
▪ Logistik	x			
▪ Forschung + Entwicklung	x			
▪ Service		x		
Beherrschung der Anwendung von Marktbearbeitungs-Instrumenten	x			
▪ Verkauf-Außendienst		x		
▪ Verkauf-Innendienst		x		
▪ Administration/Sekretariate		x		
▪ Forschung + Entwicklung			x	
▪ Logistik				x
▪ Produktion	x			
▪ Service				

	++	+	−	− −
Marketing-Verständnis und Kenntnisse				
■ Verkauf-Außendienst	x			
■ Verkauf-Innendienst		x		
■ Administration			x	
■ Service		x		
Umsetzung der Planung und des passenden Controllings				
■ Verkauf-Außendienst	x			
■ Verkauf-Innendienst	x			
■ Administration	x			
■ Forschung + Entwicklung	x			
■ Logistik	x			
■ Produktion	x			
■ Service				
Fähigkeiten zur selbständigen Planung einer integralen Marktbearbeitung				
■ Verkauf-Außendienst	x			
■ Verkauf-Innendienst			x	
■ Administration				x
■ Service		x		

Bedeutung der Gewichtung
+ +   zu über 80 Prozent vorhanden, wird umfassend beherrscht,
+   zu 50–80 Prozent vorhanden, wird verstanden und teilweise beherrscht,
−   zu 30–50 Prozent vorhanden, wird verstanden aber nicht mehr selbständig beherrscht,
− −   bis zu 30 Prozent vorhanden, wird knapp verstanden ohne einen Funken von Beherrschung.

Muss sich eine Geschäftsleitung bei dem dargestellten Idealprofil an mehreren Orten schlechtere Noten geben, sind entsprechende Förderungsmaßnahmen notwendig. Bei der Selbstanalyse ist darauf zu achten, dass der Analyst sich nicht mit einem zu niedrigen Maßstab zufrieden gibt. Die Anforderungen des Marktes und der Kunden werden auch in Zukunft immer weiter steigen. Somit wird sich alles, was eine zu große Toleranzgrenze aufweist, grundsätzlich als falsch und kurzfristig gedacht erweisen.

Immer wieder konnte im Laufe der Coaching- und Beratungstätigkeit festgestellt werden, dass die zweite Hierarchiestufe (Marketing- und Verkaufsleiter) eine integrale Marktbearbeitung grundsätzlich anstreben. Durch absolutes oder teilweises Unverständnis der Geschäftsleitung konnten die guten Ideen jedoch fast nie mit der nötigen Konsequenz umgesetzt werden. Um eine integrale Marktbearbeitung konfliktfrei realisieren zu können, muss die Geschäftsleitung folgenden Kriterien genügen:

Anforderungen an die Geschäftsleitung				
Kriterien	Gewichtung			
	+ +	+	–	– –
Offen für neue Wege in der Marktbearbeitung	x			
Interessen an Kooperationen und Kostenteilungen im Marketing	x			
Bereitschaft für Interessenten-/Kunden-Ansprachen in einer direkten, klaren Art	x			
Vermehrter Einsatz von Handlungs-Auslösern (Incentives)		x		
Unterstützung von mehrdimensionalen und gleichzeitig sequenziellen Vorgehensweisen	x			
Förderer der „Time to Market"-Philosophie	x			
Führen eines systematischen Marketing-Controllings	x			
Coaching der Verkaufsleitung und des Verkaufs im Verkaufs- und Entscheidungsprozess		x		
Bereitschaft zur Ausrichtung aller Mitarbeiter auf die Kundenbedürfnisse	x			
Erkenntnisse und Bereitschaft Mittel freizusetzen, um systematisch und regelmäßig die Zufriedenheit der Kunden und intern zu messen	x	x		
Erkenntnisse und Bereitschaft zur Freisetzung von Mitteln zur Automatisierung des Verkaufsprozesses	x			

Bedeutung der Gewichtung
+ + zu über 80 Prozent vorhanden, wird umfassend beherrscht
\+ zu 50–80 Prozent vorhanden, wird verstanden und teilweise beherrscht
– zu 30–50 Prozent vorhanden, wird verstanden aber nicht mehr selbständig beherrscht
– – bis zu 30 Prozent vorhanden, wird knapp verstanden ohne einen Funken von Beherrschung

Strategische Ausrichtung

Damit ein Unternehmen eine integrale Marktbearbeitung auch wirklich realisiert und voll dahinter steht, muss dieses Gedankengut in der Unternehmensstrategie verankert sein. Dabei sollte einem außenstehenden Vertrauten oder auch Lieferanten und Kunden gegenüber die Strategie dargelegt werden können. Die Grundsätze der Marktbearbeitung sollten in der Marketingstrategie fixiert und offen kommuniziert werden:

„Die integrale Marktbearbeitung setzt den Grundsatz – marktgerechte und marktgerichtete Unternehmensführung – in die Tat um."

„Die Marktbearbeitung erfolgt nach dem System der integralen Marktbearbeitung und wird in keiner Weise in der Wahl der Instrumente, Vorgehensweisen und Ideen eingeschränkt. Die Marktbearbeitung muss den ethischen Grundsätzen verpflichtet sein."

„Der Unternehmenserfolg wird, neben einer kundengerechten Leistung, dank einer systematischen integralen Marktbearbeitung sichergestellt."

„Die integrale Marktbearbeitung gliedert sich in die Teilfunktionen: Kunden gewinnen, Kunden binden und Kunden entwickeln. In allen drei Teilfunktionen ist eine hohe Kontinuität sicherzustellen. Dabei wird die Qualität der Marktbearbeitung vor die Quantität gestellt. Jede Maßnahme wird systematisch kontrolliert und ausgewertet. Die Erinnerungs- und Erwartungskurve des Menschen wird systematisch und grundsätzlich berücksichtigt."

Wenn ein Unternehmen in seinem Leitbild und/oder in seiner Unternehmens-/Marketingstrategie das Verständnis für die Marktbearbeitung in diesem Sinne definiert, wird die Marktführung und die Durchsetzung der Anforderungen bedeutend einfacher. In vielen Leitbildern und Strategien wird die Marktbearbeitung und deren Philosophie jedoch mit kaum einem Wort gestreift. Das höchste der Gefühle ist meistens eine Definition, wie der Umgang mit den Kunden gestaltet werden soll. Beispielsweise:

▶ gepflegt,
▶ auf die Bedürfnisse bezogen,
▶ in einer angenehmen Art und Weise, so wie es der Kunde wünscht.

Mit solchen „soften" strategischen Definitionen ist in der heutigen Zeit des Krieges auf den Märkten maximal eine kleine Schlacht zu gewinnen. Den Mitarbeitern wird mit solchen Aussagen die Wichtigkeit und die Priorität nicht stark genug klar gemacht. Gerade in gesättigten und rezessiven Märkten entscheidet die Systematik über den Geschäftserfolg.

Aufgrund der Erkenntnis, dass in der heutigen Zeit und auch in Zukunft alle Unternehmensstrategien marketingdominiert sein werden (Absatz, Beschaffung und Logistik), ist es notwendig, dass die Detailstrategie der Marktbearbeitung (Absatz und Beschaffung) umfassend definiert wird.

Dank der Definition der Marktbearbeitung können Mitarbeiter von der Geschäftsleitung aus betrachtet besser und einfacher geführt werden. Qualifikationssysteme sind ebenfalls einfacher aufzubauen und zu realisieren.

Notwendige Planungs- und Führungsinstrumente

Um eine integrale Marktbearbeitung realisieren zu können, benötigt das Unternehmen, das sich dieser Systematik verschrieben hat, entsprechende Planungs- und Führungswerkzeuge. Auf ein kompliziertes Instrumentarium wird aber bewusst verzichtet. Denn das Ziel ist es ja, dass alle Mitarbeiter mit Marktkontakten eines Unternehmens diese Systematik unterstützen, also müssen sie sie zuerst verstehen und nachvollziehen können. Die Planungsinstrumente können in vier klare Gruppen gegliedert werden:

Die vier Gruppen der Planungsinstrumente
1. Wertesysteme für das Unternehmen, die Produkte und die Leistungen (Dienst und Service),
2. Verkaufsstufenpläne für die einzelnen Märkte (Zielgruppen) und Produkte/Leistungslinien,
3. Ereignisketten, welche die einzelnen Kampagnen-Stufen bestimmen,
4. Kommunikationsketten, welche die Inhalte der Kampagne von der Auslösung bis zum Entscheidungsprozess strukturieren.

Wird eine integrale Marktbearbeitung mit diesen vier Planungsinstrumenten realisiert, ist sie äußerst transparent und wirkungsvoll.

Auf den folgenden Seiten werden

▶ die Wertesysteme Unternehmen und Produkt
▶ der Verkaufsstufenplan
▶ eine Ereigniskette und
▶ eine Kommunikationskette

beispielhaft dargestellt.

Funktion und Aufbau des Instruments Wertesystem

Wertesysteme sind die Konzentration der Unternehmens-, Produkt- und Leistungsnutzen aus der Sicht der Kunden. Dabei ist es wichtig, dass Wertesysteme nach folgenden Gesichtspunkten aufgebaut werden:

▶ *Gliederung der Oberbegriffe und der austauschbaren Kernleistung*
Die austauschbare Kernleistung muss definiert werden, damit bei der Entwicklung jede beteiligte Person sich im Klaren ist, dass andere Unternehmen mit derselben Kernleistung ebenfalls am Markt tätig sind. Erst mit der Aufsplittung der Detailbegriffe der Kernleistung kommen Ideen und Möglichkeiten zum Vorschein, die das Besondere am Wertesystem des eigenen Unternehmens sichtbar machen. Mit der Gestaltung des Wertesystems wird der Versuch unternommen, sich ganz klar von andern Mitbewerbern abzugrenzen. Das Ziel ist eine unübliche Marktposition (UMP) zu erreichen.

Beispiele für Kernleistungen
— Wassererwärmer (Boiler)
— Elektrogerätebau
— Unternehmens-Beratung
— Maler – Tapezierer

— Wohnungsmakler
— Versicherungsagentur
— Baumeister

Beispiele für Oberbegriffe
— Beratung
— Service
— Betreuung
— Leistung
— Entwicklung und Forschung
— Bedienung
— Garantie
— Weiterbildung
— Kulanz
— Seminare
— Sortiment
— Qualität

— Ersatzteillagerung
— Leistungsspektrum
— Servicefreundlichkeit
— Team
— Innovationen
— Materialwahl
— Ökologie
— Ökonomie
— Up-dating
— Extraleistungen
— Konditionen
— Preis-Leistungs-Verhältnis

▶ *Kundennutzen definieren*
Wenn die Oberbegriffe definiert sind, muss die eigentliche „Knochenarbeit" realisiert werden: Der Kundennutzen muss definiert werden. Erst wenn die Kunden-, Produkt- und Leistungsnutzen klar *aus der Sicht des Kunden* formuliert vorhanden sind, kann das Wertesystem die nächste Funktion erfüllen: Lieferant für Ideen und Kommunikations-Inhalte innerhalb von Marktbearbeitungen.

▶ *Formulierungen müssen treffend sein*
Die Formulierungen in den Wertesystemen sind äußerst wichtig. Die Wahl der Worte und Inhalte ist entscheidend in Bezug auf die Reize und Auslöser, die beim Leser/Botschaftsempfänger erfolgen.

▶ *Nutzen müssen* greifbar, erlebbar, kontrollierbar sein

▶ *Formulierungen müssen auf der Basis von Zeit, Freude, Gewinn, Qualität, Geld, Komfort, Ärger, Kosten, Sicherheit, Garantie formuliert sein.* Dabei ist wichtig, dass immer in ganzen Sätzen, die maximal 12 bis 15 Worte umfassen, formuliert wird.

Formulierungsbeispiele:

Sortimentsbreite: Sie profitieren von einem Sortiment mit über 1500 Artikeln. Dank dieser größten Auswahl der Branche kann Ihnen jeder Wunsch mit 97-prozentiger Sicherheit erfüllt werden. Die Wiederbeschaffungszeit der letzten drei Prozent beträgt in der Regel maximal fünf Arbeitstage.

Aus- und Weiterbildung: Die regelmäßige Weiterbildung aller Mitarbeiter garantiert Ihnen, dass Sie auf dem neuesten Stand beraten und betreut werden. Viermal pro Jahr gehen alle Mitarbeiter für Sie in die persönliche Weiterbildung.

Service: Sie besitzen die Garantie eines 24-Stunden-Standard-Services. Auf Wunsch können Sie auch den Acht-Stunden-Express-Service anfordern. Auf diese Weise haben Sie die Garantie, dass die Stillstandskosten klar budgetiert werden können. Gleichzeitig sind diese Kosten für Sie äußerst gering.

Tipps für die Nutzenformulierung	
„Sie"-Standpunkte	■ Sie profitieren ■ Sie gewinnen
Kontrollierbare Werte	■ 24-Stunden-Service ■ 97-prozentige Verfügbarkeit ■ viermalige Weiterbildung
Vorteile für den Kunden	■ Kostenreduktion ■ Zeiteinsparung ■ neuester Stand der Technik
Erlebnisse für den Kunden	■ kaum ein Stillstand ■ in fünf Arbeitstagen sind auch „Exoten" lieferbar ■ 1 500 Artikel = „gewaltige" Menge (abhängig von der Branche und den Produkten)

Realisierung des Wertesystems auf Niveau Produkt am Beispiel des Wassererwärmers		
Kernleistung	**Oberbegriffe**	**Nutzenformulierungen**
Wasser- erwärmer	Qualität	Die 3-fach-Emaillierung garantiert Ihnen eine Lebensdauer mit verbriefter Garantie von 15 Jahren. Sie besitzen also ein Gerät, das Ihnen während 15 Jahren jegliche Investition einspart.
	Sortiment	Sie wählen aus einem Sortiment von mehr als 20 Modellen aus. Dank einem Modulsystem finden Sie bei jedem Modell unterschiedliche Dimensionsvarianten. Für jeden Norm- und Exotenstandort die passende Dimension.
	Verfügbarkeit	Das Baukasten-System garantiert Ihnen eine Lieferzeit von max. 36 Stunden nach Bestelleingang. Somit müssen Sie als Händler keine Investition in eine persönliche Lagerhaltung vornehmen. Sie sparen pro Jahr mehrere Prozentpunkte Ihrer Marge (durchschnittlich etwa vier Prozent).

Beispiel Wertesystem Unternehmen

Strategie: Das Unternehmen nennt seine Strategie Katamaran-Strategie.

Erklärung: Ein Katamaran ist ein schnittiges, wendiges, technologie-geprägtes Wasserfahrzeug. Es besteht aus zwei Bootsrümpfen, und diese werden durch Verstrebungen zusammengehalten. Die Passagiere finden Platz auf einem textilen Bootsdeck. Die Crew setzt sich in der Regel aus drei bis vier Personen zusammen.

Begründung: Aufgrund der Beteiligungsstruktur der geschäftsführenden, kapitalbeteiligten Partner ist die Katamaran-Strategie äußerst ideal für das Unternehmen.

Leistungen, die dem Kunden angeboten und erbracht werden, sollten wenn immer möglich aus zwei Bereichen stammen. Ein Katamaran als sicherstes Segelboot ist nur so sicher, weil er zwei Rümpfe besitzt. Das Unternehmen besitzt eine bedeutend sichere Stellung beim Kunden, wenn ihm aus zwei oder mehr Bereichen Dienstleistungen erbracht werden.

Wird dies von allen befolgt, so kann in der ganzen Gruppe mit dem geringsten Akquisitionsaufwand der größtmögliche Profit erzielt werden. Um einem Auseinanderdriften mit dem neuen Beteiligungsmodell entgegenzuwirken, wurde die Katamaran-Strategie gewählt. Über die Holding und deren übergeordnete Interessen sind alle Aktionäre der Holding interessiert, den Wert und Gewinn auf Holdingstufe zu steigern. In der Katamaran-Sprache bildet die textile Passagierfläche die Holding.

© optimAS Holding AG

Beispiel Wertesystem Produkt

Messtechnik
Gas
Mit unseren Gasgeräten Marke Schütz GmbH orten Sie zuverlässig, sicher und selbständig an bestehenden Gasleitungen jedes Leck. Innerhalb einer Stunde können Sie Ihr Wissen weitergeben. Durch die selbsterklärende Bedienung und einfache Gerätehandhabung haben Sie eine kostengünstige Leckortung.

Firma Lufft GmbH
Durch den fachgerechten Einsatz eines elektronischen Pflanzenschutzberaters sparen Sie 3 bis 4 Spritzungen pro Jahr. Das Gerät amortisiert sich in 2 Jahren. Sie produzieren umweltschonend und fördern Ihre Produktequalität.

Hydrometrie und Meteorologie
Für jede Aufgabe, vom Erfassen des Regens, die Qualität der Luft, Wasserstandsmessungen im Grund- und Oberflächengewässer und der Wasserqualität haben wir das richtige Gerät für Sie. Angepasst an Ihre Bedürfnisse, wählen wir den sichersten und kostengünstigsten Gerätetyp, mit mechanischer oder elektronischer Datenerfassung. In jedem Fall stimmt unser Preis-Leistungs-Verhältnis.

Datenerhebung
Mit unseren modernsten Messgeräten messen, registrieren oder speichern Sie jeden bestimmten Parameter, exakt in Zeit-, Datum- und Wertform. Sie steigern damit ihre Datensicherheit über das Jahr resp. die vorgegebene Messdauer. Dadurch kann mit einer 4- bis 6-facher Kosteneinsparung im Verhältnis zur Geräteinvestition gerechnet werden, je nach gestellter Aufgabe. Die mit unseren Geräten erfassten Daten sind mit jeder Standardsoftware (Lotus, Excel, Access etc.) auswertbar, somit sind Sie unabhängig in Ihrer persönlichen Auswertung.

Projektberatung
Sie haben mit unseren Ingenieuren und Beratern einen Partner mit großem Fachwissen und mehrjähriger Erfahrung auf dem Gebiet der Datenerfassung und Auswertung. Mit einem Beratungstag ersparen Sie unter Umständen einige tausend Euro, dank raschem Erkennen der Problemstellung und besten Kenntnissen der Geräteeinsatzmöglichkeiten.

Gerätehandel
Dank unseren ausgetesteten und im harten Einsatz geprüften Geräten haben Sie die Sicherheit, dass das von Ihnen gewählte und gekaufte Gerät Ihren Anforderungen auch 100 Prozent entspricht. Sie kaufen bei uns nur Geräte die im Preis-Leistungs-Verhältnis an erster Stelle auf dem Markt stehen.

Reparatur
Unser Reparaturfachpersonal kennt alle von uns verkauften Geräte im Detail. Dieser Vorteil garantiert Ihnen eine auf das absolute Minimum beschränkte Geräteausfallzeit. Innerhalb 3 Tagen haben Sie Ihr Gerät repariert zurück oder erhalten kostenlos ein gleichwertiges Ersatzgerät, sollte die Gerätereparatur einmal länger dauern. Mit einem regelmäßigen, jährlichen Service Ihres/Ihrer Geräte garantieren wir Ihnen eine 100-prozentige Einsatzfähigkeit bei korrekter Handhabung und persönlicher Wartung nach dem Einsatz. Mit unserem 5-Jahres-Serviceabonnement, je nach Gerätetyp von 35 € bis 200 € pro Jahr, erhalten Sie ein Zusatzjahr (6. Jahr) kostenlos.

Messstellenbetreuung- und Einrichtung
Dank unseres bestens ausgebildeten Montagepersonals sparen Sie Zeit und Kosten bei der Installation, Einrichtung und Betreuung Ihrer Messstelle. Wir garantieren Ihnen die größtmögliche Sicherheit in bezug auf Datenerfassung, Datenauswertung und Datenerhaltung. Ein Vorteil der Ihnen in der Wahrnehmung Ihrer Aufgabe eine absolute Sicherheit gibt. Sie sparen pro Messstelle rasch tausend Franken und mehr, je nach Anforderungsprofil.

© optimAS Holding AG

Der Verkaufsstufenplan

Der Verkaufsstufenplan kann erstellt werden, wenn aus der Marketingstrategie abgeleitet die Definition der Marktbearbeitungsinstrumente vorhanden ist. Jeder Verkaufsstufenplan, der nicht nur eine Kampagne plant, umfasst immer die Bereiche

- Klassische Werbung,
- Public Relation,
- Direkte Marktbearbeitung (darin enthalten sind Messen und Events jeglicher Art).

Ideal ist, wenn der Verkaufsstufenplan das Geschäftsjahr in Trimester gliedert.

Start der Trimester	Ende der Trimester
Februar	Mai
Juni	September
Oktober	Januar

Dank dieser Gliederung kann sichergestellt werden, dass integrale Marktbearbeitungsprogramme kritische Zeitabschnitte wie Ferienzeiten, Jahreswechsel, Januarloch, Ostern und Pfingsten, grundsätzlich einbeziehen und überbrücken. Der kritischste Jahreszeitabschnitt für eine integrale Marktbearbeitung ist die Zeit zwischen dem 10. Dezember und dem 15. Januar. Wird nämlich die integrale Marktbearbeitung erst ab Mitte Januar geplant, so kann damit gerechnet werden, dass erste Aktivitäten ab Anfang März gestartet werden können. Somit ist die Chance „des Säens" für das wichtige erste Quartal bereits vorbei. Das Geld wohl investiert, der Ertrag für das 3. Quartal jedoch nicht gesichert.

Der Verkaufsstufenplan bildet für das Unternehmen gleichzeitig ein wesentliches Informationsinstrument. Damit kann die Belegschaft einer Geschäftseinheit rasch, transparent und auf einen Blick verständlich über die Aktivitäten am Markt informiert werden. Situationen wie: „Ich, wusste nichts von dieser Anzeigenkampagne/Mir hat niemand etwas gesagt über diese Mailings!" gehören dank eines aktuell geführten Verkaufsstufenplans der Vergangenheit an.

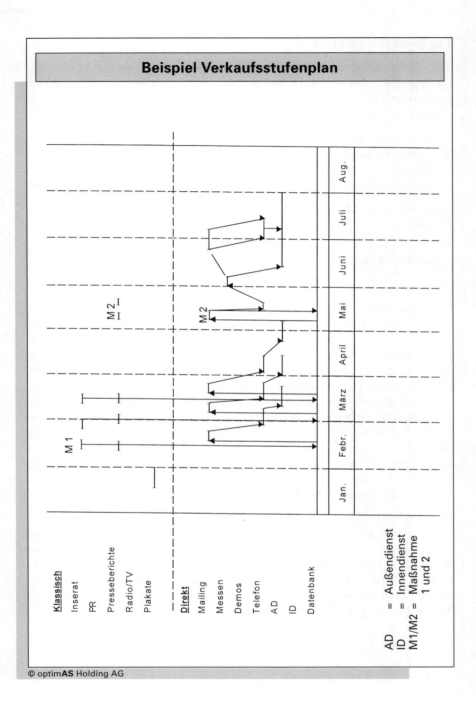

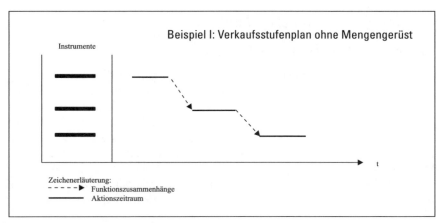

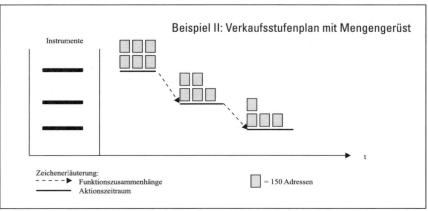

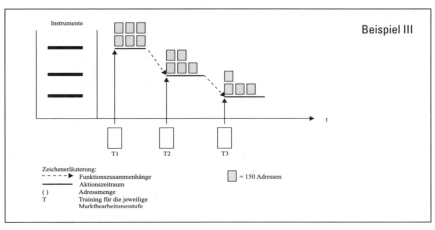

Systematik der Marktbearbeitung 33

Häufige Fehler und Engpässe

Fehler Nr. 1: Aktionen nicht zu Ende planen

Viele Marktbearbeitungsmaßnahmen werden mit großer Euphorie gestartet. Die gute Idee bringt am Anfang sehr viel Schwung in die Sache. Dass die Nachfassung/Nachbearbeitung für eine Aktion mindestens denselben Effort benötigt wie der Start der Maßnahme, wird sehr oft übersehen. Aktionen, die nicht mit einer umfassenden Ereigniskette geplant wurden, hören sehr oft nach dem Versand der umfassenden Dokumentation auf. Messebeteiligungen werden ebenfalls mit dem Versand der Prospekte abgeschlossen. Im Normalfall werden noch die hoch aktuellen Interessenten per Telefon und Besuch nachbearbeitet.

Dazu ein Beispiel:

Ein Importeur von Gabelstaplern beteiligte sich an der alle vier Jahre stattfindenen Fachmesse. Anlässlich meines Standbesuches stellte ich fest, dass er einen interessanten Wettbewerb mit Preisverlosung veranstaltete. Auf meine Frage, was er mit den Nichtgewinnern am Schluss der Messe mache, wusste er keine Antwort. Aufgrund dieses erörterten Mangels wurde eine Nachfass-Aktion in folgenden Schritten aufgebaut:

Auslösung	Nachfass-Mailing mit Brief und Fragebogen zur Situation Gabelstapler – Reizelement: Rücksendung des Fragebogens wird mit einem Trostpreis belohnt	
Reaktion	40 Prozent zurückgesandte Fragebogen mit einer Fragenbeantwortung zwischen 75 und 100 Prozent,	
Stufe I	Versand der Trostpreise an die Reagierer	Nachfassen der Nichtreagierer per Telefon-Marketing
Stufe II	Nachfassen der Trostpreis-Empfänger mit Potenzial durch den Außendienst	Terminvereinbarung bei den potenziellen Entscheidungsträgern
Resultat	Aus 400 angeschriebenen Entscheidungsträgern konnten 160 Außendienstbesuche realisiert werden. Der Gesprächsinhalt war: – Vertiefte Präsentation des neuen Produkteprogramms, – Besprechung der Investitionen im Folgejahr (Die Messe war im November), – Vertiefung der Beziehung, die an der Messe nur teilweise geknüpft werden konnte.	

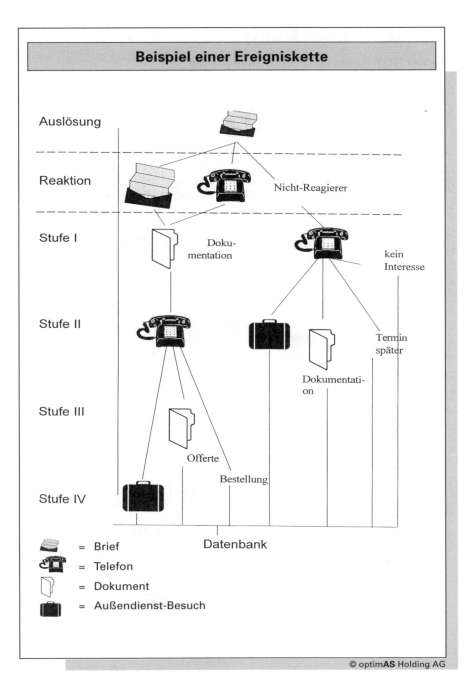

Systematik der Marktbearbeitung 35

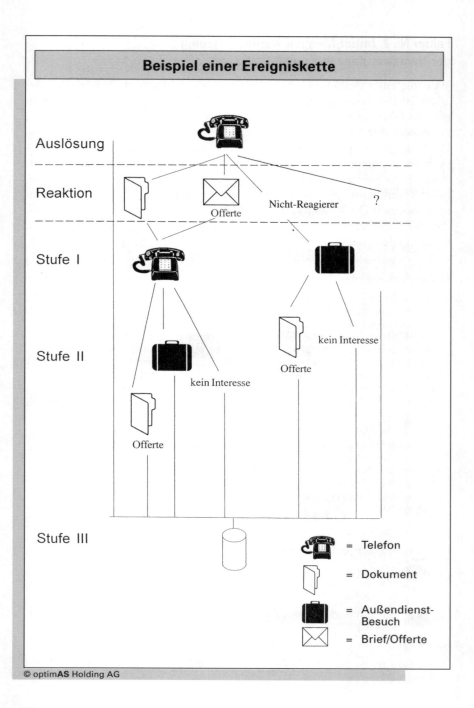

Fehler Nr. 2: Initial-Mengen werden zu wenig der Nachfass-Kapazität angepasst

Wer mit einer Außendienst- und Innendienst-Mannschaft von 20 oder auch 30 Personen arbeitet, muss bei der Auslösung von Marktbearbeitungsmaßnahmen die realistisch einplanbare Nachfasskapazität vor dem Auslösen der Maßnahme bestimmen. Die wenigsten Produkte und Leistungen können nämlich auf Anhieb mit einem einzigen Werbestoß verkauft werden. Besonders in der heutigen Zeit, in der der Konsument mündig ist und eine breite Auswahl zur Verfügung hat, ist die persönliche Anteilnahme am Kaufprozess immer wichtiger. Marketingmaßnahmen, speziell Direct-Marketingmaßnahmen auf der Basis von Mailings, die nicht zeitgerecht nachgefasst werden können, sollten eigentlich gar nicht lanciert werden.

Dazu ein weiteres Beispiel:

Ein Hersteller von Briefkästen entwickelte einen Markenbriefkasten und startete zur Verankerung der Marke und des Design eine (für ihn) große PR-Kampagne. Er schaltete in der Wirtschaftspresse und in der Fachpresse großflächige Anzeigen. Als Reizelement wurde die umfassende Dokumentation angeboten. Parallel dazu wurden größere Architekten, Liegenschaftsbesitzer, Immobilienverwalter mit einem anzeigenähnlichen Mailing über den neuen Briefkasten informiert. Das Mailing hatte zum Zweck, etwa 20 Regionalpartnern entsprechende Interessenten zuzuführen. Das Mailing umfasste 7 000 Exemplare, entsprechend etwa 350 Adressen pro Regionalpartner.

Als Reaktion produzierte das Mailing einen Rücklauf von etwa fünf Prozent Interessenten, obwohl die Zielgruppe beinahe „täglich" mit der Beschaffung von Briefkästen beschäftigt ist. Somit sind zum Abschluss der Kampagne also 95 Prozent oder 6 650 Adressen als Nichtreagierer abzubuchen, die Aktion als Schuss ins Leere zu betrachten. Außer, die Investition in die 95 Prozent Adressen werden als Public Relation im Werbebudget ausgebucht.

Um das zu vermeiden hätte sich folgende ideale Lösung angeboten:

1. Ausbildung der Regionalpartner zum Nachfassen dieses Mailings durch ein Training *Verkaufen am Telefon*
2. Unterstützung der Regionalpartner durch einen gestaffelten Versand der Gesamtmenge in drei Tranchen
3. Unterstützung der Regionalpartner durch eine externes Telefon-Marketing, welches das Nachfassen zeit- und kostengerecht garantieren konnte

Dank dieses korrigierten Vorgehens konnten die Regionalpartner aktiv in die erste Akquisitions-Maßnahme eingeschlossen werden. Sie profitierten von Erstkontakten, die sie selbständig realisierten und lernten gleichzeitig die Vernetzung einzelner Marketingmaßnahmen systematisch kennen. Die Regionalpartner waren Spenglermeister, Bauschlosser, Eisenwarenhändler etc.

Fehler Nr. 3: Bruch in der Kommunikation

Der Bruch in der Kommunikation ist für den Interessenten oder Kunden eine klare Irritation. Irritationen verunsichern den Empfänger und machen vor allem den Verkäufer unglaubwürdig. Ein Bruch in der Kommunikation entsteht oft, wenn externe Spezialisten Marketinginstrumente, wie Anzeigen oder Prospekte, produziert haben und Sachbearbeiter den Begleitbrief und das Anwortelement texten und gestalten müssen. Schlechtes Kommunikations-Schnittstellenmanagement ist ersichtlich bei:

Instrumente	Schnittstelle	Folgeinstrument
■ Anzeige ■ Prospekt/Begleitbrief ■ Mailing ■ Einladung	■ Reaktion, will Unterlagen ■ Keine Reaktion ■ Keine Reaktion ■ Empfangsraum	■ Prospekt/Begleitbrief ■ Nachfassen per Telefon ■ Nachfassen per Telefon ■ Persönlicher Empfang

Der Bruch in der Kommunikation kann vermieden werden, wenn die Konzeption durchgängig realisiert wird. Denken Sie bei der Konzeption immer an die „Looping-Technik". Sie beginnen mit einem kleinen Looping Ihr Kunstflugprogramm und führen es weiter mit immer größeren Loopings. Die Verbindung von Looping zu Looping ist Ihre Schnittstelle. Der Looping selber bildet den Kommunikationsinhalt der nächsten Stufe. Immer etwas mehr und etwas interessanter. Ansonsten macht es keinen Sinn, Ihrer Kommunikation zu folgen (siehe Beispiel Seite 39).

Ein Kommunikationsbruch kann vermieden werden, wenn:

▶ die Basis-Aussage in der nächsten Stufe ausgebaut wird,

▶ die Bildelemente wiederkehren und vom Betrachter klar identifiziert werden können,

▶ am Schluss der jeweiligen Kommunikationsstufe auf den nächsten Schritt verwiesen wird,

Beispiel einer Kommunikationskette

Mailing	– Hard- und Software aus einer Hand – Betreuung und Schulung Ihrer Mitarbeiter sind uns nicht gleichgültig – Der Fach-Händler ist eine Garantie für Sie – Kontinuität bei den Systemen und Programmen
Coupons	JA – Senden Sie mir Ihre ausführlichen Unterlagen.
Stufe I	In der Beilage erhalten Sie Unterlagen zu den Systemen .... Prospekte sind gut, eine Besichtigung wäre besser. Rufen Sie uns doch zur Terminvereinbarung an. Herr .... steht für Sie bereit.
Stufe II	Vor 10 Tagen haben Sie Unterlagen erhalten. Das Wichtigste in Kürze: – Hardware – Software – Schulung Zur Klärung allfälliger Fragen stehen wir Ihnen gerne zur Verfügung. Um Ihnen eventuell die Entscheidung zu erleichtern, versuchen wir Sie zu erreichen.
Stufe III	2. Brief erhalten Persönliche Beratung. Vorab 2 bis 3 kurze Fragen 1. schon EDV? 2. System, Alter und Finanzierung? 3. Pläne für die Zukunft? Persönliches Gespräch. Aufzeigen vieler Möglichkeiten Software kennen lernen. Vorführung bei Ihnen eher limitiert, vor allem in Showroom alles möglich
Stufe IV	Vielen Dank für Telefongespräch. Verstehe Ihre Situation sehr gut. Der Fach-Händler bietet Ihnen vor allem folgende Vorteile: – Kontinuität, Sicherheit, aktuellstes Wissen – Beratung auf hohem Niveau Vor einem zukünftigen Entscheid an uns denken. Damit das leichter fällt, Einkaufsgutschein über 35 € liegt bei.
Stufe V	In der Beilage erhalten Sie die gewünschten Produkte im Detail offeriert.

© optimAS Holding AG

- der Folgeschritt das zuletzt gemachte Versprechen wieder aufnimmt,
- die selben „Verkäufer/Unterschreiber" den Kopf hinhalten,
- der selbe Textstil über mehrere Stufen verwandt wird,
- außerhalb des schriftlichen Kommunizierens die selben Nutzenaussagen verwendet werden.

Die sieben Engpässe bei der integralen Marktbearbeitung

Engpass Nr. 1: Zeit	■ Zeit-/Mengen-Harmonisierung wird zu wenig beachtet.
Engpass Nr. 2: Kommunikation	■ Kommunikationsfähigkeiten der Mitarbeiter werden überschätzt und zu wenig trainiert.
Engpass Nr. 3: Geldeinteilung	■ Geldmangel für eine systematische, konsequente Nachfassung. ■ 80–90 Prozent des Budgets einer Marktbearbeitungsmaßnahme werden fälschlicherweise für die ersten zwei Stufen ausgegeben.
Engpass Nr. 4: Marketing nach Innen	■ Einsicht und Wille gegenüber der Notwendigkeit, Marketing nach Innen zu betreiben. ■ Ausbildung der Mitarbeiter für eine kompetentere Abwicklung der Marktbearbeitung wird vernachlässigt.
Engpass Nr. 5: Informationsbewirtschaftung	■ Informationen aus der Marktbearbeitung werden zu wenig systematisch erfasst, komprimiert und analysiert.
Engpass Nr. 6: Cross-Selling	■ Marktbearbeitungsmaßnahmen werden nur kurzzeitig als Schwerpunkt definiert. ■ Verkäufer im Innen- und Außendienst unterstützen die Maßnahmen oft nur halbherzig. ■ Cross-Selling wird zu wenig aktiv betrieben.
Engpass Nr. 7: Mut zu Wiederholungen	■ One-Shot-Denken bringt nie den gewünschten langfristigen Erfolg. ■ Viele Marktbearbeitungsmaßnahmen werden nur ein- oder zweimal realisiert. ■ Bei einer Wiederauflage hören wir oft die Aussage: „Haben wir früher schon einmal gemacht". ■ Erst die mehrmalige Auflage bringt die notwendigen Erinnerungswerte bei den Kunden.

Verkaufsprozess und Marktsystem

Der Verkaufsprozess und das Marktsystem bestimmen in der Praxis die integrale Marktbearbeitung. Jede Marktbearbeitung muss den Verkaufsprozess von A bis Z (A wie Auslösung, Z wie Zusatzverkauf) umfassend unterstützen. Das Marktsystem beeinflusst dabei sehr stark die Wahl der Instrumente. Neben dem Verkaufsprozess ist auch die Kenntnis des Entscheidungsprozesses einer der wichtigen Schlüsselfaktoren für eine erfolgreiche Marktbearbeitung. Wer den Entscheidungsprozess in einer Unternehmung oder bei Privatpersonen (Familie) kennt, weiß, wie er die einzelne Person oder das Gremium in der Entscheidungsfindung unterstützen kann. Jede Entscheidung fällt leichter, wenn die Entscheidung mit hoher Sicherheit, ohne kritischen Größen (viele Unbekannte) sowie in einer positiven Atmosphäre gefällt wird. Derjenige, der für einen Großteil dieser Entscheidung für erleichternde Umstände sorgt, wird die größte Chance haben, die Entscheidung für sich gewinnen zu können. In komplexen Entscheidungsprozessen oder bei Entscheiden in großen Gremien ist es für jeden Verkäufer wichtig, im Gremium selbst einen eigenen Verkäufer zu besitzen. Der strukturierte Aufbau des Verkaufsprozesses kann in Zukunft nicht mehr dem Zufall überlassen werden. Wie die Grafik unten veranschaulicht, erzeugen vier Keile einen

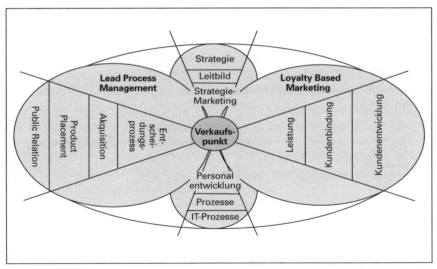

Der Verkaufsprozess © optimAS Holding AG

großen Einfluss auf den Verkaufspunkt, wie etwa die vertikalen Keile aus der Unternehmensplanung. Die horizontalen Keile werden durch das Marketing und den Verkauf selbst sehr stark geprägt. Die Qualität, die am Verkaufspunkt oder kurz davor im Entscheidungsprozess beim Kunden wirkt, wird durch den Strategie-Keil, den Prozess-Keil und den Lead-Process-Management-Keil beeinflusst. Details zum Loyalitäts-Keil (Loyalty Based Marketing) werden in Kapitel 5 ausführlich behandelt. Jeder Verkäufer benötigt einen persönlichen Fürsprecher, um in diesen Prozessen am Verkaufspunkt erfolgreich zu wirken.

Somit ist es bereits ab dem ersten Kontakt wichtig, den richtigen Fürsprecher rasch zu finden und diesen für die Firma, die Firmenphilosophie, das Leistungskonzept und die Produkte zu begeistern. Dies alles benötigt Zeit. Aus diesem Grunde ist heute immer wichtiger, dem Interessenten die notwendige Zeit zu verschaffen, dass er sich mit Ihnen als Verkäufer und mit Ihrem Unternehmen beschäftigen kann. Vertrauen ist über die unterschiedlichen Stufen im Verkaufsprozess aufzubauen. Vertrauen und Überzeugung werden nicht in einer Stunde gewonnen.

Je nach Produkt, Leistung und Unternehmung ist es wichtiger, die image- und bekanntheitsgradbildende Phase mit PR (Public Relation) sehr intensiv zu realisieren. Kommt es jedoch auf die Beziehung und die Individualität der Leistung mehr an als auf den Namen der Unternehmung, so muss die Investition in die Gewinnung von Kunden so verkaufspunktnah wie möglich geleistet werden. Die beiden Extreme in dieser Beziehung sind:

▶ Konsumgüter/Markenartikel des täglichen Bedarfs, die nur über die Nutzen- und Leistungs-Argumentation in TV-Spots verkauft werden. Einzige Verkaufsgespräche am POS führen noch die Etiketten.

▶ Unternehmens-Beratung, bei der es weniger eine Rolle spielt, von welcher Unternehmung der Berater kommt, als vielmehr ob er die Engpässe rascher, systematischer und effizienter erkennt und löst als ein möglicher Mitwerber. Die Entscheidungsprozess-Hilfe erfolgt in mehreren persönlichen Gesprächen und mit umfassenden Angeboten.

PR	Investitionsgüter Immobilien Markenartikel des täglichen Bedarfs	Autos Weiße und braune Waren
Direct POS nah	Versandhandels-Produkte	Gebrauchsgüter Verbrauchsgüter
Beziehungs- marketing	Beratung Coaching Consulting	
	Funktion Persönlichkeit	Image Bekanntheitsgrad

Verkaufsprozess-Portfolio

Verkaufsprozess-Analysen

Wenn ein Unternehmen die Stufen für den eigenen Verkaufsprozess definiert hat, ist es sinnvoll, den Prozess in der Realität zu analysieren. Das Vorgehen kann hier sehr einfach bis äußerst komplex gestaltet werden. Betrachten wir wiederum die beiden Extreme. Die Zwischenformen sind jedem Verkäufer und Verkaufsleiter überlassen.

Einfachste Verkaufsprozess-Analyse

Auf der nächsten Seite finden Sie eine tabellarische Darstellung einer einfachen Verkaufsprozess-Analyse.

Diese Analyse empfiehlt sich übrigens auch als Selbsttest. Dazu müssen Sie nur einige, Ihnen sehr gut bekannte Geschäftspartner in unterschiedlichen Unternehmen bitten, Ihr Unternehmen und Ihren Verkaufsprozess zu testen. Das anschließende Feedback eignet sich für rasche und gezielte Korrekturen.

1. Schritt	Ausfindig machen der direktesten Mitbewerber Quelle: Branchenverzeichnisse, Verbandsmitgliederlisten, Messeführer, Tageszeitungen, Fachzeitschriften.
2. Schritt	Reagieren auf Inserate oder Fachartikel durch Anforderung der Unterlagen. Anonym oder über ein befreundetes Unternehmen, einen PR-Berater, sonstigen Strohmann.
3. Schritt	Aufzeichnen der Schritte, die der Mitbewerber anschließend unternimmt. Sie erstellen eine Mitbewerber-Ereignis- und Kommunikationskette.
4. Schritt	Auswerten der Stärken und Schwächen aus Ihrer Sicht als möglicher Kunde. Beantworten Sie sich ganz ehrlich die folgende Frage: „Was hat mich begeistert, was hat mich gestört oder irritiert?"
5. Schritt	Alle Punkte, die Sie begeistert haben, müssen Sie selber noch besser machen. Alle Punkte, die Sie gestört haben, infolgedessen klar vermeiden. Auch Sie werden Fehler machen, doch dank dieser Analyse können Sie diese aus der Sicht Ihrer Kunden gering halten.

Komplexe Verkaufsprozess-Analyse

Eine komplexe Verkaufsprozess-Analyse entwickelt für Sie ein Marktforschungs-Institut. Dabei sind natürlich mehrere Kritierien repräsentativ in Erfahrung zu bringen, um daraus Schlüsse zu ziehen. Eine komplexe Verkaufsprozess-Analyse lohnt sich in folgenden Fällen:

- wenn eine große Unsicherheit über die Effektivität des Verkaufs besteht,
- wenn die Zielgruppe sich stark verändert,
- wenn im eigenen Unternehmen Restrukturierungen notwendig werden, wobei Vertriebskosten klar gesenkt werden sollen,
- wenn neue Produkte an neue Absatzkanäle angeboten werden müssen,
- wenn neue Produkte in bestehende Märkte eingeführt werden sollen und sich dabei die Entscheidungsträger und Beeinflusser gegenüber früher unterscheiden.

Komplexe Verkaufsprozess-Analysen liefern Antworten zu folgenden Fragenbereichen:

- Auswahlverfahren für die Produkte und Leistungen,
- weiche Kriterien (Form, Design, Beziehung, Image, Verpackung, Gebinde etc.),
- harte Kriterien (Preis, Konditionen, Distribution, Service, Kundendienst, etc.),
- Entscheidungsprozess für die angebotenen Produkte/Leistungen,
- Position der heutigen Lieferanten und die Beziehung zu den Lieferanten (Rahmenverträge, Just-in-time-Abkommen, Kanban-Vereinbarungen),
- Gründe für einen möglichen Lieferantenwechsel,
- Wünsche des Kunden, wie er angesprochen, akquiriert und über die neuen Produkte/Leistungen informiert werden möchte

Damit eine solche Verkaufsprozess-Analyse auch gesicherte Aussagen erbringen kann, sind die möglichen Kunden repräsentativ auszuwählen. Die Mengenverteilung der Auswahl sollte der Verteilung der Gesamtheit entsprechen. Gleichzeitig ist darauf zu achten, dass Großbetriebe und kleinere, mittlere Unternehmen in der Gewichtung ebenfalls richtig vorhanden sind. Je nach Marktgröße und Anzahl der Zielgruppenadressen sollten etwa fünf bis zehn Prozent der Adressen, mindestens jedoch etwa 100 Adressen ausgewertet werden.

Damit aussagekräftige Resultate rasch vorliegen, empfiehlt sich eine telefonische Befragung. Schriftliche Befragungen haben in diesem Bereich wenig Erfolg auf einen auswertbaren Rücklauf: Sie würden eine entsprechende Menge potenzieller Kunden anschreiben, die Rücklaufquote von Fragebogen beträgt jedoch nur etwa drei bis acht Prozent. Bei einer telefonischen Befragung erreichen Sie jedoch etwa 75 bis 80 Prozent der Zielpersonen. Um die Antworten wirklich umfassend beurteilen zu können, lohnt es sich also immer, noch etwa zehn bis 15 Zielpersonen zusätzlich zu interviewen.

In Zukunft werden Analysen und Messungen auf der Basis von standardisierten Balanced Scorecard-Systemen in kürzester Zeit umfassende Resultate erbringen. Die Balanced Scorecard betrachtet dabei vier Aspekte eines Unternehmens:

Karte 1 = Finanz- und betriebswirtschaftliche Analyse
Karte 2 = Kundenanalyse
Karte 3 = Potenzial- und Mitarbeiter-Analyse
Karte 4 = Prozessanalyse

Erst diese Art der Messung und Analyse zeigt klare Werte auf. Messungen in unterschiedlichen Unternehmen haben ergeben, dass die Mitarbeiter-Zufriedenheit einen erheblichen Einfluss auf die Kunden-Zufriedenheit besitzt. So konnte in einem Baumarkt-Vertriebssystem dieser unmittelbare Zusammenhang auf äußerst transparente Weise nachgewiesen werden. Unzufriedene Mitarbeiter in einer einzigen Abteilung „produzierten" unzufriedene Kunden in eben dieser Abteilung. Zufriedene Mitarbeiter in einer andern Abteilung „produzierten" ausschließlich zufriedene Kunden. Das Wichtige dabei ist, dass sich die Veränderung der Mitarbeiter-Zufriedenheit sehr rasch und unmittelbar auf die Kunden-Zufriedenheit auswirkt. Über das System einer Balanced Scorecard besitzt ein Unternehmen ein strategisches Messinstrument. Nicht alle Einzelanalysen sind in der gleichen Periodizität einzusetzen. Prozess-Analysen werden beispielsweise bei der Initialisierung realisiert. Nach erfolgten Optimierungen können diese Analysen nach zwei bis drei Jahren wiederholt werden. Die Mitarbeiter- und Kunden-Analysen sind dafür in Abständen von vier, neun, zwölf oder 18 Monaten zu wiederholen. Die Veränderungen in den Verkaufsprozessen, die Änderungen des Angebots oder die Art der Interventionsprogramme bestimmen dabei den Rhythmus.

Eine weitere Möglichkeit ist die Einberufung eines Kundenbeirates. Dabei diskutieren mehrere Kunden unter der Leitung eines externen Moderators, wie sie diese Aufgabenstellung unter Berücksichtigung ihrer internen Entscheidungsprozesse lösen würden. Diese Form der qualitativen Befragung bringt Ihnen bestimmt sehr viele Ideen und Lösungsansätze. Der Auswahl der Kunden muss jedoch größte Beachtung geschenkt werden. Die Realisierungszeit von der Idee bis zur Durchführung muss daher mit etwa zwölf bis 16 Wochen veranschlagt werden. Kunden helfen in solchen Fragestellungen sehr gerne, denn Jedermann fühlt sich geehrt als Experte betrachtet zu werden.

Entscheidungsprozesse

Jede integrale Marktbearbeitungs-Planung ist nutzlos, wenn sie nicht auf den Entscheidungsprozess der Zielpersonen und Beeinflusser ausgerichtet ist. Die Verkaufsprozess-Analyse zeigt rasch den Weg auf, der im Idealfall zu beschreiben ist. Dabei kommen Daten und Informationen zum Vorschein, wie und womit der Prozess beschleunigt werden kann. Auch Sie wissen, langatmige Verkaufsprozesse kosten Geld und sind nervenaufreibend. Daher muss jeder Verkäufer den Entscheidungsprozess möglichst schnell, möglichst umfassend und möglichst genau in Bezug auf das Machtgefüge einschätzen können. Der Verkäufer, dem dies rascher gelingt, besitzt einen wirkungsvollen, kleinen goldenen Schlüssel. Um die notwendigen Fragen zum Entscheidungsprozess in einer Firma, Organisation oder auch Familie stellen zu können, sind wiederum gewisse Kriterien im Voraus zu erfüllen:

▶ Grundvertrauen muss geschaffen sein,
▶ Interesse am Mensch – Verkäufer muss vorhanden sein,
▶ Interesse am Mensch – Einkäufer muss deutlich gezeigt werden,
▶ das Problem muss aufgezeigt sein und die Lösung des Problems muss anerkannt sein.

Die Aufdeckung des Entscheidungsprozesses erfolgt mit folgenden strategischen Fragen:

▶ „Wie und in welchen Stufen verläuft bei Ihnen ein Entscheidungsprozess generell?"
▶ „Wer stellt wem welchen Antrag?"
▶ „Wer erhält welchen Auftrag zur Lösung eines erkannten Engpasses?"
▶ „Werden Angebote mit oder ohne Pflichtenheft eingeholt, und wenn ohne, bis zu welchem Betrag?"
▶ „Wie werden Angebote systematisch ausgewertet? Besitzen Sie generelle oder spezifische Bewertungsraster?"
▶ „Wie erfolgt die Präsentation der engeren Auswahl?"
▶ „Wer nimmt an einer solchen Präsentation teil?"
▶ „Welche Einstellung besitzen die mir unbekannten Gremiums-Mitglieder?"
▶ „Wie ist im Unternehmen die Stimmung in Bezug auf das Projekt?"
▶ „Mit welcher Priorität wollen Sie diesen Engpass wirklich lösen?"
▶ „Was würde Ihnen die Präsentation vor dem Gremium erleichtern? Präsentationunterlagen, Folien, Management-Zusammenfassung, Vorführung, Videofilm, Praxisausschnitt etc.?"
▶ „Welches Image besitzen wir aus Ihrer Sicht und aus der Sicht Ihrer Kollegen?"
▶ „Was können wir über eine marktgerechte Leistung hinaus unternehmen?"

Drei bis fünf solcher Fragen sollte jeder Verkäufer grundsätzlich im Verkaufsgespräch platzieren. Je früher er Schlüsselinformationen zum Entscheidungsprozess besitzt, desto rascher kann er entscheiden, ob sich eine weitere Bearbeitung dieses Interessenten lohnt. Die Erfassung der relevanten Daten auf einer Marketing-Datenbank hilft vor allem bei Produkten, die in einer größeren Masse verkauft werden müssen.

Die Segmentierung nach Beeinflusser und Entscheider ist dabei besonders wichtig. Denn je nach der Rolle im Entscheidungsprozess müssen Sie bestimmen, wem die Preis-Informationen, wem die Rabatt-Informationen in einer zusätzlichen Nutzen-Argumentation und wem die technischen Informationen übermittelt werden müssen. Außerdem wird der Person, die die Investition zu verantworten hat, die Amortisationsrechnung vorgestellt. Wenn sie nur Investitionen verkaufen und auf Kosten treibende Verkäufe verzichten können, besitzen Sie eine klare Argumentation, die in eine Amortisationsrechnung eingebunden werden kann. Wer Investitionen und Wohlbefinden, Sicherheit, Komfort, mehr Lebensfreude, Spannung, Unterhaltung, Abwechslung, Freude und Qualität verkauft, besitzt immer gute Nutzen-Argumente, die im Entscheidungsprozess äußerst wichtig sind.

Der Verkäufer, der den Entscheidungsprozess bei seinem Interessenten gut kennt, ist auch in der Lage, sich den oder die entsprechenden Fürsprecher aufzubauen und zu betreuen, die zum verlängerten Arm des Verkäufers werden. Über die Gestaltung des Angebotes mit der Integration eines Kapitels „Nutzen für Sie" verschaffen Sie sich die Gewissheit, dass Ihr Fürsprecher Ihre Argumente ins Gremium trägt und sich auf diese Punkte stützen kann. Sie liefern ihm eine umfassende Liste an greifbaren, erlebbaren und kontrollierbaren Nutzen und Vorteile (das heißt Extrakt aus dem Wertesystem), die ihm als Ihrem Verkäufer bei der internen Preis-Leistungs-Diskussion von großem Vorteil sein werden.

Marktsysteme in der Praxis

Neben der klassischen Marktsegmentierung in Hauptmärkte und Teilmärkte müssen Sie Ihr Marktsystem zur Steuerung des Verkaufsprozesses klar definieren. Bei der Gliederung der Marktsysteme unterscheidet man aus der Sicht des Lieferanten oder Herstellers immer zwischen:

Art des Marktsystems	Systemteilnehmer
1. Punkt – Punktsystem	Lieferant – Kunde
2. Dreipunkt-Marktsystem	Hersteller – Großhandel – Detailhandel
3. Vierpunkt-Marktsystem	Hersteller – Planer – Unternehmer – Kunde (zum Beispiel Bauherr)
4. Fünfpunkt-Marktsystem	Hersteller – Planer – Behörde – Unternehmer – Kunde (zum Beispiel Bauherr)

Gabler Verlag

Kompetenz in Sachen Wirtschaft

Gleichzeitig bestelle ich zur Lieferung über meine Buchhandlung:

Expl.	Autor und Titel	Preis

**Besuchen Sie uns im Internet
– *www.gabler.de* –
mit kostenlosem Newsletter**

Antwort

Gabler Verlag
Buchleser-Service / LH
Abraham-Lincoln-Str. 46

65189 Wiesbaden

Bitte in Druckschrift ausfüllen. Danke!

Hochschule/Schule/Firma _____
Institut/Lehrstuhl/Abteilung _____

Vorname _____
Name/Titel _____

Straße/Nr. _____
PLZ/Ort _____

Telefon* _____
Fax* _____

Geburtsjahr* _____
Branche* _____

Funktion im Unternehmen* _____
Anzahl der Mitarbeiter im Unternehmen* _____

Mein Spezialgebiet* _____

* Diese Angaben sind freiwillig.
Wir speichern Ihre Adresse, Ihre Interessengebiete unter Beachtung des Datenschutzgesetzes.

722 01 003

GABLER

Ich interessiere mich für weitere Themen im Bereich Wirtschaft:

☐ Wirtschaftswissenschaften
☐ Lexika/Nachschlagewerke
☐ Management
☐ Finanzdienstleistungen
☐ Sales/Call Center
☐ Berufliche Bildung

Ich bin:

☐ Dozent/in
☐ Student/in
☐ Praktiker/in
☐ Schüler/in

Bitte schicken sie mir kostenlos ein Probeheft der Zeitschrift:

☐ Bank Magazin
☐ Versicherungsmagazin
☐ Sales Business
☐ Call Center Profi
☐ working@office
☐ Zeitschrift für Betriebswirtschaft
☐ Kostenrechnungspraxis
☐ management international review
☐ BankFachklasse

Bitte informieren Sie mich per E-mail über Buchneuerscheinungen aus den gewählten Bereichen

E-Mail-Adresse _____

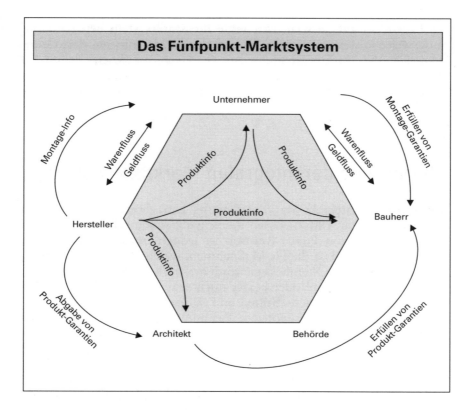

Je mehr Punkte ein Marktsystem besitzt, desto komplexer und differenzierter gestaltet sich der Verkaufsprozess. Aus diesem Grunde kann die Bestimmung des idealen Verkaufsprozesses nie ohne den Einbezug des vorhandenen Marktsystems erfolgen.

Dazu ein Beispiel auf dieser Seite. Es zeigt, dass Marktsysteme wohl stabil sind, die Verkaufs- und Entscheidungsprozesse sich jedoch je nach Konjunkturlage und Situation von Angebot und Nachfrage verändern können. Das schnelle und folgerichtige Reagieren ist die einzige Lösung, um diesem Wandel zu begegnen. Sie sollten also diese beiden Prozesse kontinuierlich überwachen und regelmäßig bewusst hinterfragen.

Wenn wir nun das Fünfpunkt-Marktsystem etwas genauer betrachten und überlegen, wer welche Rolle spielt und wer wem welche Informationen gibt, dann erkennen Sie als Hersteller eines Produktes, wie wichtig Ihre Rolle als Einflussnehmer (Taktgeber) ist.

Als Faustregel gilt: Je weniger Punkte Ihr Marktsystem besitzt, beziehungsweise je weniger Punkte Sie berücksichtigen müssen, desto günstiger fällt die Marktbearbeitung aus. Sie steigern Effizienz, wenn Sie Handelsstufen oder Beeinflussungsstufen weglassen können. Auf diese Weise erhöhen Sie Ihre Gewinnspanne oder flexibilisieren Ihre Kalkulation auf einen Schlag.

Abgrenzung der integralen Marktbearbeitung

Wenn wir die integrale Marktbearbeitung betrachten, dann erkennen wir rasch, dass ein Unternehmen damit wohl schon sehr weit kommt. Die Integration von Public Relation ist jedoch trotzdem notwendig. Dabei ist wichtig, dass die PR-Maßnahmen, welche die Unternehmung als Ganzes in der Öffentlichkeit fördern, stark greifen. Um dies zu realisieren, ist eine gute oder besser noch sehr gute Beziehung zu den Redaktionen von Fachzeitschriften und Wirtschaftszeitungen zu unterhalten: Fachartikel, Pressenotizen, Produktinformationen können die integrale Marktbearbeitung sehr gut unterstützen. Kunden und Interessenten werden dies sicher bemerken. Als Verkäufer oder Geschäftsführer erhalten Sie entsprechende Feedbacks, wie: „Ich habe Ihren Artikel gut gefunden" oder „Der Fachartikel war sehr gut geschrieben". Fachartikel wirken erfahrungsgemäß auch immer als Akquisitionsinstrument und erzielen oft bessere Reaktionen als eine Anzeige.

Auch die klassische Werbung bildet eine ideale Ergänzung zur integralen Marktbearbeitung. Sie operiert mit folgenden Instrumenten:

- Anzeigen,
- Plakate,
- Radio- und TV-Spots,
- Prospekte, Broschüren, Kataloge.

Vor allem Prospekte und Broschüren, aber auch Kataloge, sind oft die Basisinstrumente, um eine integrale Marktbearbeitung überhaupt lancieren zu können. Die Kombination zwischen Anzeigen und Plakaten fördert den Bekanntheitsgrad einer Unternehmung. Dabei sind diese Instrumente nicht nur den großen Konzernen von Konsumgütern vorbehalten. Auch kleinere und mittlere Unternehmen, die sich an Endverbraucher oder Privatpersonen wenden, können mit diesen Instrumenten regional sehr gut den Bekanntheitsgrad fördern.

Eine mögliche Kombination kann so aussehen:
- Plakataushang in der Kalenderwoche 12 und 13,
- Schaltung von Inseraten in der Regionalzeitung 3 x in der Woche 12 und 13,
- Mailingversand an Kunden und Interessenten in der Woche 12. Postaufgabe am Mittwoch oder Donnerstag, damit das Mailing am Freitag oder Samstag beim Adressaten eintrifft. Die ersten Reaktionen treffen dann bereits am Montag oder Dienstag der Kalenderwoche 13 ein.

Die klassische Werbung besitzt in der integralen Marktbearbeitung einerseits die Funktion der Förderung des Bekanntheitsgrades und dient andererseits zur Unterstützung von direkt gezielten Maßnahmen. Mit der klassischen Werbung können Sie auch das Image und die Marktpositionierung verstärken. Oft verhindern jedoch die recht hohen Kosten und die niedrigen Reaktionsquoten einen vermehrten Einsatz.

Direct-Marketing wird von der integralen Marktbearbeitung nur dort abgegrenzt, wo das Direct-Marketing als Stand-alone- oder One-Shot-Aktion eingesetzt wird. Ansonsten werden die Direct-Marketing-Grundsätze bei der integralen Marktbearbeitung umfassend eingesetzt. Die Direct-Marketing-Grundsätze lauten:

- Die Gestaltung der Werbemittel muss so ausgelegt sein, dass sie Reaktionen erzeugt (Reizelemente und Antwortelemente müssen vorhanden sein. Die Hemmschwelle um reagieren zu können, muss immer mehr gesenkt werden)
- Werbemittel müssen verkaufen (1. Haltepunkte produzieren, 2. Interesse wecken, 3. Reaktionen erzeugen)
- Der Empfänger von Direct-Marketing-Mitteln muss immer einen Nutzen erkennen und bei diesem auch seine spezifischen Vorteile sehen können.
- Printwerbemittel müssen zum Weiterlesen animieren.
- 2-Weg-Kommunikation (Telefonmarketing) muss zum Weitersprechen und Zuhören animieren. Auch hier erfolgt dies nur, wenn die entsprechenden Nutzen und Vorteile für die Zielperson kommuniziert werden.

Eine Abgrenzung des Direct-Marketing von der integralen Marktbearbeitung kann nur insofern erkannt werden, als die integrale Marktbearbeitung sich nicht nur auf die klassischen Direct-Marketing-Instrumente, wie Mailing, Mail-Order, Telefon-Marketing und Database stützt, sondern auch klassische Werbeinstrumente einsetzt.

2. Umsetzung der integralen Marktbearbeitung in die Praxis

Die Umsetzung der integralen Marktbearbeitung in die Praxis hängt stark vom Engagement der Mitarbeiter im Unternehmen ab. Wenn sich ein Unternehmen entscheidet, mit einer integralen Marktbearbeitung erfolgreich am Markt zu sein, bestehen daher Rahmenbedingungen, die erfüllt werden müssen:

- Die Mitarbeiter, die in die Marktbearbeitung involviert sind, müssen über Marketingkenntnisse verfügen.
- Die Mitarbeiter brauchen eine erhöhte Kommunikationsfähigkeit, damit sie Kundenführungsbriefe, Angebote und einfache Mailings selbständig realisieren können.
- Alle betroffenen Mitarbeiter müssen über die Zielsetzungen und Erwartungen informiert werden. Die Mitarbeiter müssen die geplanten Aktivitäten verstehen und aktiv unterstützen.

Bestimmt denken Sie jetzt, das sind alles Banalitäten. Hand aufs Herz; wie sieht es in Ihrem Unternehmen mit dem Innendienst, mit den SachbearbeiterInnen, mit den SekretärInnen in der Administration und der Geschäftsleitung aus?

Planung der Aktivitäten

Sehr gute Erfahrungen konnten mit Workshops gesammelt werden. Ein regelmäßig organisierter Marktbearbeitungs-Workshop involviert die Mitarbeiter und steigert das Engagement für die gemeinsam entwickelten Maßnahmen. Bei der Planung eines solchen Workshops ist auf Folgendes zu achten:

- Die Themen müssen nach ihrer Funktion für die Marktaktivität gegliedert werden.
- Damit in der eingesetzten Zeit mehrere Lösungen entstehen können, sollen die Teilnehmer in Kleingruppen Lösungen entwickeln.

▶ Positiv und negativ abgewickelte Maßnahmen sind, aufbereitet mit Zahlen, Werbemitteln, Zielgruppendefinitionen und Schlussanalyse, vorzulegen. Auf diese Weise kann das jeweilige Team sich auf die erarbeiteten Erfahrungen stützen.

▶ Um in einem Workshop effizient arbeiten zu können, empfiehlt es sich, die Teilnehmer mit entsprechenden Hilfsmitteln zu animieren und zu lenken. Im Anhang finden Sie dazu ein Beispiel zur Beurteilung von Ideen zur Marktbearbeitung. Die Formulare Ereigniskette und Verkaufsstufenplan helfen ebenfalls die Systematik zu unterstützen.

Um in einem ganztägigen Workshop ein Halbjahres- oder Jahresprogramm entwickeln zu können, kann der Tag wie folgt eingeteilt werden:

08.00 – 10.00	Analyse – Darstellung der Stärken und Schwächen der letzten Periode der Marktbearbeitung. Erfassen der persönlichen Eindrücke und Darstellung der effektiven Zahlen.
10.00 – 12.00	Entwicklung von Lösungsansätzen in Kleingruppen und Präsentation der neuen Ideen.
13.30 – 16.00	Ausarbeitung der Details, die anschließend von der Marketingabteilung in konkrete Maßnahmen umgesetzt werden können.
16.00 – 17.00	Präsentation der Detailmaßnahmen, um gemeinsam eine Maßnahme zu verabschieden.

Mit einem auf diese Weise konzipierten Workshop können in der Zeit von 16.00 – 17.00 Uhr auch nicht teilnehmende Mitarbeiter sowie die Geschäftsleitung rasch, unkompliziert und effizient über die geplanten Maßnahmen informiert werden. Maßnahmen zur Marktbearbeitung sind immer mit Arbeit verbunden.

Gleichzeitig können Sie im Marktbearbeitungs-Workshop Ihre Mitarbeiter motivieren. Dazu auf der folgenden Seite eine kurze Geschichte.

Dieses Beispiel zeigt, dass für die Einführung einer integralen Marktbearbeitung eine positive Grundstimmung in der Unternehmung vorhanden sein muss. Vorgesetzte müssen bereit sein, den Mitarbeitern die Verantwortung klar zu delegieren und gleichzeitig in der Lage sein, das notwendige Coaching auch realisieren zu können. Werden die Aufgaben nur von einem Stab erledigt, wird es für die Mitarbeiter kaum möglich sein, mit der notwendigen Selbständigkeit die Marktbearbeitung aktiv mitzutragen.

Ein Beispiel

Die Position der Firma Pol AG wurde in den letzten zwei Jahren wegen Reorganisationen und Personalwechsel geschwächt. Die Verwaltungsräte der Holding entschlossen sich, mit einer Vorwärtsstrategie dem Unternehmen mehr Schwung zu verleihen. Ein neuer Geschäftsführer übernahm die unmotivierte Mannschaft. Alt gediente und sehr junge Mitarbeiter mussten seit knapp einem halben Jahr zusammenarbeiten. Kurz vor Weihnachten, nämlich am 22. Dezember, wurde für einige Mitarbeiter zum ersten Mal ein Marktbearbeitungs-Workshop realisiert. Durch das gemeinsame Entwickeln von Marktbearbeitungs-Ideen, die Planung von eigenen, durchführbaren Aktivitäten, fühlten sich die neuen Mitarbeiter plötzlich für ihren Bereich verantwortlich. Der Workshop war so konzipiert, dass das Marktbearbeitungs-Konzept für 24 Monate aus den Resultaten erstellt werden konnte. Gleichzeitig war es auch möglich, die Marketing- und Marktbearbeitungsstrategie der einzelnen Geschäftsfelder aus dem Workshop abzuleiten. Der Geschäftsführer erzeugte mit dem Workshop also folgende Effekte:
- Einschwören der Mitarbeiter auf eine klare Marktorientierung,
- Systematisierung der Marktbearbeitung mit mittelfristigen Zielen und Maßnahmen,
- Steigerung des Verständnisses bei den Mitarbeitern und den Exponenten der Holding für die geplanten Maßnahmen,
- Direkt erzielte Akzeptanz bei der Holding-Geschäftsleitung für die geplanten Maßnahmen und zusätzliche Akzeptanz für den anlässlich des Workshops aufgedeckten zusätzlichen Weiterbildungsbedarf der Mitarbeiter.

Bereits nach vier Monaten wurden den Exponenten der Holding die ersten Ergebnisse gemeldet. Die Mitarbeiter hatten die Maßnahmen in eigenständiger Verantwortung geplant und in der Praxis realisiert. Einige Mitarbeiter forderten an kritischen Punkten die Hilfe des externen Beraters an. Ansonsten konnte die integrale Marktbearbeitung mit geringem Aufwand erfolgreich gestartet werden. Sicher sind in vielen Unternehmen für eine erfolgreiche Einführung der integralen Marktbearbeitung mehrere Schritte notwendig. Dieses Paradebeispiel war wirklich einmalig. Dabei waren folgende Voraussetzungen in einer äußerst positiven Form gegeben:
- die Geschäftsleitung war für jede Maßnahme mit hoher Systematik dankbar,
- neue Mitarbeiter ließen sich einfach und systematisch in allen Funktionen leiten,
- vorgefasste Meinungen und zementierte Strukturen mussten nicht aufgebrochen werden,
- jegliche Inputs wurden positiv aufgenommen und ohne permanentes Hinterfragen direkt und rasch umgesetzt.

Durch das systematische Kommunizieren von Teilerfolgen konnten die Mitarbeiter laufend motiviert werden. Somit war es äußerst einfach die geplanten Aktivitäten in die Praxis umzusetzen.

In den nächsten Kapiteln wird konkret gezeigt, wie die integrale Marktbearbeitung für unterschiedliche Aufgaben zu funktionieren hat.

Neukundengewinnung

Die Kundengewinnung hat für jedes Unternehmen, ob profit- oder nonprofit-orientiert, eine zentrale Funktion. Ohne die Gewinnung von neuen Kunden ist kaum ein Unternehmen je lebens-, respektive überlebensfähig. Um eine systematische Kundengewinnung aufzubauen sind folgende Voraussetzungen notwendig:

- Einsicht der Notwendigkeit, dass Kundengewinnung regelmäßig und unablässig zu erfolgen hat,
- Systematische Planung der notwendigen Zeitabschnitte, damit die Akquisition auch realisiert werden kann,
- Unterstützung des Verkaufs (Außendienst/Innendienst) mit den passenden Akquisitions-Instrumenten und Programmen,
- Regelmäßige Entwicklung von neuen Ideen, um der Akquisition den notwendigen Drive zu verpassen.

Die Trichterfüllung

Eine gut geplante Kundengewinnung ist immer mehrstufig aufgebaut. Heute ist es in kaum einem Markt mehr möglich, mit einer einfachen direkten Bearbeitung zu einer funktionierenden Kundenbeziehung zu gelangen.

Eine Kundenbeziehung bedeutet dabei, dass ein Adressat – ob Endverbraucher oder Unternehmen – eine Leistung (Produkt oder Dienstleistung) abgenommen und bezahlt hat. Wurde die Leistung nicht bezahlt, ist der Kunde der teuerste Interessent geblieben.

Somit muss jedes Unternehmen und jeder Verkäufer sich einen großen Stamm an Interessenten aufbauen, die in Kunden umgewandelt werden. In diesem Falle sprechen wir von der so genannten Trichterfüllung. Dazu eine einfache Kalkulation:

Sie wollen im Zeitraum von vier Monaten zehn neue Kunden gewinnen. Es müssen folgende Schritte durchgeführt werden:

Definition der Zielgruppen	Auswahl der Adressen (mindestens 500 Adressen)
Information der Zielpersonen über die Leistungen in einem Brief	500 Mailings
Nachfassen per Telefon innerhalb von 70 Telefonstunden	350 Gespräche mit den Zielpersonen
Realisieren von ersten Kontaktgesprächen mit einer Erfolgsquote von ca. 20 Prozent	70 Besuche durch den Außendienst
Realisieren von Angeboten mit konkreten Bedürfnissen mit einer Erfolgsquote von ca. 30 Prozent	21 Angebote mit Bedarf innerhalb von vier Monaten
Umwandlung der Angebote in Aufträge mit einer Quote von 50 Prozent	10 Aufträge, die innerhalb von vier Monaten realisiert werden können.

Die angenommenen Umwandlungs- und Erfolgsquoten sind Erfahrungswerte, die in vielen Branchen mit unterschiedlichen Produkten ermittelt wurden. Wenn Verkäufer bei der Einarbeitung über zu wenig Aufträge klagen, dann müssen Sie als Verkaufsleiter nur die Trichterfüllung kontrollieren. Interessenten gewinnen ist immer auch eine Frage der Beziehungen. Wer sich jedoch zu stark auf seine Beziehungen verlässt, lernt nie die Gewinnung von Interessenten mit „kalten" Adressen. Gute Verkäufer zeichnen sich dadurch aus, dass sie sich erst zu allerletzt auf die vorhandenen Beziehungen abstützen, vorher jedoch zielstrebig den steinigen Weg des Beziehungsaufbaus gehen. Die Erfahrung zeigt: Wenn ein Verkäufer sich einen neuen Kundenstamm aufbauen muss, nutzen die alten Beziehungen kaum etwas. Partner aus alten Geschäftsverbindungen haben immer ein starres Bild von unserer Person. Sie trauen der Person nur die Tätigkeit zu, in der sie sie kennen. Das Gewinnen von neuen Interessenten ist in fast jedem Markt und mit jeder Leistung die schwierigste Aufgabe. Jeder Verkäufer muss hier regelmäßig aktiv werden. Der langjährig eingeführte Verkäufer erfährt diesen Druck dabei nicht mehr so stark. Dank regelmäßiger Weiterempfehlungen erarbeitet er sich laufend neue Interessenten. Gleichzeitig gewinnt er immer wieder interessante Multiplikatoren und Kunden oder Anlässe, die für ihn gewisse Verkaufs- und Präsentationsaktivitäten übernehmen.

Ein wesentliches Kennzeichen für den Profi-Akquisiteur ist die Optimierung der Umwandlungsquoten. Zu Beginn sehen die Zahlen eventuell so aus, wie oben beschrieben. Mit der Zeit müssen die Umwandlungsquoten jedoch bedeutend gesteigert werden. Ideale Werte sind:

Bearbeitung kalter Adressen	100
Gewinnung von 1. Kontakten, Gespräche zur Vorstellung der Leistungen	70–80
Gewinnung von potenziellen Angeboten	40–50
Umwandlung der Angebote in Aufträge	35–45 Umwandlungsquote 80 Prozent auf der Basis der Angebote

Ansprache von Interessenten

Diese Kalkulationen bilden die Basis für eine erfolgreiche Einführung der integralen Marktbearbeitung.

Wie für den Verkäufer der Weg zur Gewinnung der ersten Aufträge vereinfacht werden soll, wird im Akquisitions-Konzept festgelegt.

Akquisition über Mailing

Viele Akquisitions-Kampagnen starten mit einem Mailing. Speziell im Business-to-Business-Bereich ist dabei die Unvollständigkeit der Namen der Zielpersonen ein Problem. Im Privatbereich ist dieser Engpass durch eine gute Datenpflege gelöst.

Aufbau des Akquisitions-Mailings

Akquisitions-Mailings haben dann Erfolg, wenn folgende Eckpunkte exakt eingehalten werden:

1. Klare Definition der Zielgruppe

Die Zielgruppe muss eng gefasst werden. Je breiter eine Zielgruppe für eine Leistung definiert wird, desto allgemeiner muss das Werbemittel aufgebaut und gestaltet werden.

2. Zielgruppengerechter Aufbau und Inhalt des Akquisitions-Mailings

▶ Der Nutzen für die Zielgruppe muss gut herausgearbeitet sein,
▶ Die Vorteile der Produkte und Leistungen für die Zielgruppe müssen klar kommuniziert werden,
▶ Durch Reizelemente müssen Reaktionen erzeugt werden.

3. *Die Anfragen müssen innerhalb von 48 Stunden mit den versprochenen Unterlagen und Dokumentationen beantwortet werden.* Der Versand der Unterlagen erfolgt immer mit einem Begleitbrief. Der Empfänger soll wissen, warum er die Unterlagen erhält. Gleichzeitig können Sie ihm weitere interessante Vorteile vermitteln.
4. *Nichtreagierer sind zeitlich gestaffelt oder selektiv per Telefon nachzufassen.* Wenn die Adressmengen die eigene Kapazität übersteigen, empfiehlt es sich, diese Arbeit einer externen Telefon-Marketing-Agentur zu übertragen.

Die Erfahrung der letzten Jahre hat jedoch gezeigt, dass der Basis-Aufwand für das Akquisitions-Mailing im Business-to-Business-Bereich äußerst hoch ist. Die Nachfassung erfordert in den meisten Fällen ein zweites Informations-Mailing. Anschließend ist dann noch ein Anruf notwendig.

Akquisition über Telefon

Aus diesem Grunde empfehle ich: Sparen Sie sich das Akquisitions-Mailing, und starten Sie direkt mit dem Akquisitions-Telefon. Sie erhalten beim ersten Anruf mehr Informationen und können anschließend ziel- und bedarfsgerechter den Entscheidungsträger mit Informationen bedienen. Der nachfolgende Anruf kann klar terminiert werden und bringt Sie rascher in eine persönliche Beziehung zu den gewählten Zielpersonen. Solche Kontakte haben sogar eine Langzeitwirkung.

Akquisition über Multiplikatoren

Multiplikatoren sind Unternehmen, Organisationen und Vereine oder Verbände, die an einer Neuheit, einem Referat oder einer speziellen Leistungspräsentation interessiert sind. Das setzen von Multiplikatoren ist die effizienteste und schnellste Form der Akquisition. Durch den gezielten Auftritt, die ungezwungene Art mit potenziellen Interessenten ins Gespräch zu kommen, wird eine äußerst positive Stimmung für einen weiteren fundierten Kontakt erstellt.

Wenn Sie bei einer Person nachfassen, die Sie während eines Anlasses kennen gelernt haben, ist das Gespräch immer sehr sympathisch und herzlich. Eine gute Basis für eine künftige Geschäftsbeziehung ist somit bereits gelegt. Jeder Verkäufer – angefangen vom Geschäftsführer bis zum Junior-Verkäufer – ist, solange er Verkäufer ist, gezwungen, Multiplikatoren zu setzen. Mit neuen Ideen können auch früher schon eingesetzte Multiplikatoren wieder für einen Anlass begeistert werden.

Wer sind nun ideale Multiplikatoren?

Ideale Multiplikatoren zeichnen sich durch folgende Qualitäten und Funktionen aus:

▶ Sie treffen mehrere Zielpersonen aus unterschiedlichen Unternehmen.
▶ Die Zielpersonen besitzen zum Multiplikator ein besonderes Verhältnis (Mitglieder, Interessenvertreter, Kunden, Lieferanten etc.).
▶ Mit der Veranstaltung kann sich der Multiplikator (Organisator) profilieren.
▶ Der Inhalt der Veranstaltung entspricht einem klaren Bedürfnis der Zielpersonen.
▶ Der Multiplikator ist für die Frequenzförderung zuständig und finanziert diese auch.
▶ Die Veranstaltung bringt auch dem Multiplikator einen entsprechenden Wert.

Die Berechnung der Akquisition über den Einsatz von Multiplikatoren sieht in etwa so aus:

Ansprache von potenziellen Multiplikatoren	100 Adressen
1. Gespräch zur Präsentation der Idee	50 – 60 Adressen
2. Gespräch zur Planung einer Veranstaltung	30 – 40 Adressen
3. Planung der Veranstaltung	15 – 20 Adressen
4. Realisierung der Veranstaltungen	15 Anlässe mit ca. 10 – 40 Personen
5. 150 – 600 Zielpersonen erhalten umfassende Detailinformationen, davon können mit ca. 45 – 90 Personen individuelle Gespräche geführt werden.	
6. Nachfassung von	45 – 90 persönlichen Kontakten
7. Führung von individuellen Planungsgesprächen	30 – 60 Gespräche
8. Erstellen von konkreten Angeboten	20 – 40
9. Geschäftsabschlüsse	15 – 30

Wenn man diese Kalkulation mit der klassischen Akquisitions-Kalkulation vergleicht, ist sofort erkennbar, dass diese Form der Akquisition bedeutend effizienter ist. Innerhalb von kurzer Zeit ist es möglich, 150 bis 600 potenzielle Interessenten umfassend und fundiert über die eigenen Leistungen zu informieren. Wenn entsprechende Teilnehmerlisten vorhanden sind, besteht die große Chance, dass alle diese Interessenten laufend über die Leistungen informiert werden können. Das spätere Nachfassen ist in der Regel drei- oder viermal so erfolgreich wie eine Kaltakquisition. Die Gewinnung von Erstgesprächen kann mit einer Erfolgsquote von 30 bis 40 Prozent veranschlagt werden.

Akquisition über Anzeigen

Diese Form der Akquisition eignet sich vor allem für Leistungen, die in der Regel *ge*kauft werden müssen. Solche Leistungen werden auf einer hohen gegenseitigen Vertrauensbasis realisiert, da äußerst schwer abgeschätzt kann, wer den unmittelbaren Bedarf auch wirklich besitzt. In solchen Fällen lohnt es sich mit Anzeigen – vorausgesetzt sie werden regelmäßig geschaltet – das vorhandene Bedürfnis auf sich zu lenken.

Diese Anzeigen werden oft als Text-Anschluss-Anzeigen realisiert. Die einfache und rasch erkennbare Aussage des Nutzen für den Kunden, ist dabei ausschlaggebend für den Erfolg. Daneben bieten Wirtschafts- und Tageszeitungen auch mit unterschiedlichen Rubriken entsprechende „Marktplätze" für die gezielte Platzierung von Kleinanzeigen.

> **Dazu ein Beispiel:**
>
> Eine Unternehmensberatung inserierte für die eigene Leistung ohne Rubrikenbezug in einer nationalen Wirtschaftszeitung. Auf die Anzeigen gab es keine Reaktion. Nach rund zehn Schaltungen wurde das Konzept überarbeitet und die Schaltungen mit Platzierungszuschlag als Text-Anschluss-Anzeige im Wirtschaftsteil platziert. Als Inhalt der Anzeige wurden Leistungsprogramme zur Effizienzsteigerung, Gewinnsicherung und Leistungsverbesserung angeboten. Effekt: Jetzt produzierte jede Anzeige Reaktionen per Fax von Geschäftsführern, die einen unmittelbaren Bedarf hatten.

Eine ähnliche Erfahrung konnte ich persönlich mit der Platzierung von Anzeigen für die Aus- und Weiterbildung sammeln. Anzeigen, die unter der Rubrik „Schulen, Institute und Weiterbildungsveranstalter" platziert waren, erzielten keine Reaktionen. Anzeigen, die jedoch unter Rubriken wie „Dienstleistung, Kapitalmarkt" publiziert waren, fielen in einem eher „fremden" Umfeld bedeutend stärker auf und produzierten regelmäßig bis zu fünf Reaktionen pro Schaltung. Gleichzeitig konnte ich von Kunden und Interessenten immer wieder hören, dass sie unsere Anzeigen bemerkt hatten.

Prüfen Sie daher genau das Umfeld für die Anzeigen.

▶ Testen Sie die Umgebung der Anzeigen und das Medium.

▶ Testen Sie die Aussagen in den Anzeigen (Nutzen – Reizwörter).

▶ Testen Sie die Reaktionskanäle: Telefon, Fax oder Internet.

▶ Testen Sie ihren optischen Blickfang.

▶ Analysieren Sie am Schluss einer Kampagne ganz genau, wer die Reagierer sind, wieviele Aufträge daraus resultieren und wie Sie die verbleibenden Adressen für eine spätere Reaktivierung nutzen können.

Mit Akquisitions-Anzeigen erhalten Sie in der Regel im Verhältnis zu den eingesetzten Mitteln sehr teure Reaktionen. Sie müssen bei Anzeigen jedoch zwischen Bekanntheitsgrad-Förderung und Imagebildung unterscheiden. Diese beiden Faktoren sind jedoch nur über Marktforschungen zu ermitteln. Eine separate Erforschung des Bekanntheitsgrades ist jedoch nur sinnvoll, wenn die für Akquisitionskampagne mehr als 100 000 DM eingesetzt werden.

Umwandlung von Interessenten zu Kunden

Mit einem Angebot können Interessenten in Kunden umgewandelt werden. Das Angebot muss dabei über die Kernleistung hinaus Nutzen bieten und klar darlegen.

Bei börsenähnlichen Produkten sind die Unterschiede bei der Kernleistung nicht mehr vorhanden: Preis, Konditionen und Produktqualität sind vollständig austauschbar. Einzig die Beziehung zum Lieferanten macht den Unterschied. Werden börsenähnliche Produkte (oder auch Normprodukte) jedoch mit zusätzlichen Services und Dienstleistungen angereichert, müssen die darin begründeten Vorteile dem Kunden klar im Angebot dargestellt werden.

Schlecht getextete Angebote sehen oft wie folgt aus:

„Wir bestätigen Ihre Anfrage und Ihr Interesse an unseren Produkten. Gemäß Ihren Anforderungen offerieren wir Ihnen:

Produkt Produkt etc.	Kurzbezeichnung Kurzbezeichnung	Stückzahl Stückzahl	Preis Preis	Total Total
Gesamtpreis				Total
Konditionen	30 Tage rein netto ohne Skontoabzug. 10 Tage 2 Prozent Skonto"			

Gut aufgebaute Angebote reflektieren Bedürfnisse der Kunden und zeigen ihm gleichzeitig auch die möglichen Vorteile. Dazu muss sich der Verkäufer bei der Angebotsgestaltung mehr Mühe geben als bei einem „Standard-Katalogangebot".

Vor allem bei erklärungsbedürftigen Leistungen (Produkte oder Dienstleistungen) kommt der Angebotsgestaltung eine enorme Bedeutung zu. Der künftige Kunde soll sich intensiv und gezielt mit dem Angebot befassen. Aus diesem Grunde ist es wichtig, dass das jeweilige Angebot individuell auf den Kunden zugeschnitten ist. So wird Kunde das Verständnis seines Partners für seine Situation überprüfen und sich gleichzeitig erneut mit seiner Situation beschäftigen. Aus den Grundsätzen des Direct-Marketing entnehmen wir unter dem Punkt Angebotsgestaltung folgende Aussage: „So viele Haltepunkte wie möglich beim Lesen des Angebots produzieren". Je stärker sich ein potenzieller Interessent mit dem Angebot eines Partners auseinander setzen muss, desto größer ist die Chance, dass er dieses Angebot auch auswählt.

Ein Angebot, das viele Haltepunkte bei einem potenziellen Kunden bietet, sollte wie folgt aufgebaut sein:

Ausgangslage: Schilderung der Kundensituation. Zusammenfassung der aktuellen Situation. Darstellung der Wünsche und Anforderungen des Kunden.

Ziele: Darstellung der globalen Ziele und der Detailziele. Erwähnung möglicher, zusätzlicher Ziele, die mit der Leistung oder den Produkten erreicht werden können

Vorgehen: Vermittlung von Sicherheit durch Aufzeigen des Vorgehens bei der Erbringung der Leistung. Damit haben Sie automatisch auch die Basis für den später notwendigen Zeitplan.

Leistungsdarstellung: Aufzeigen, wie die Leistung erbracht wird. Darstellung der Detailinhalte und Funktionen. Untermauerung mit Plänen, technischen Details, Funktionsbeschreibungen, Systembeschreibungen etc.

Kalkulation: Durch die Auftrennung der Leistungsdarstellung und der Kalkulation kann der Preis bedeutend besser verpackt werden. Die Kalkulation soll in einzelne Elemente gegliedert werden. Auf diese Weise wird einer späteren unausweichlichen Preisverhandlung mehr Spielraum eingeräumt.

Terminplanung: Darstellung der Termine mit Datum, Tätigkeit und Zuständigkeit. Wichtig ist, dass in diesem Angebotsteil auch der Bereich der Entscheidungsfindung aufgeführt wird.

Nutzen für Sie: In diesem Kapitel sollen dem potenziellen Kunden die effektiven Nutzen aus seiner Sicht dargestellt werden. Dabei sind Formulierungen aus dem Wertesystem sehr wichtig. Mit den dargestellten Nutzen sollen die Entscheidungsträger zum Verkäufer des Anbieters werden. Die Nutzen sollen knapp und eindeutig die klaren Stärken des Angebotes darstellen. Den Beeinflussern und Entscheidungsträgern wird es so erleichtert, in den internen Auswahlprozeduren die Vorteile zu präsentieren.

Ideale Formulierungen sind: „Sie profitieren von einer über 100-jährigen Erfahrung in der Entwicklung und Herstellung von Werkzeugmaschinen. Daher können Sie absolut sicher sein, dass Ihre Maschine Ihren Produktionszielen zu 100 Prozent entsprechen wird."

Werden Angebote in dieser Form noch entsprechend grafisch aufgemacht, haben sie einen noch höheren Wert. Ein potenzieller Kunde widmet einem außergewöhnlichen Angebot unweigerlich mehr Zeit und Interesse als einem „normalen".

Bauen Sie außer dem normalen Angebotswesen auch andere Programme auf, um Interessenten und weitere mögliche Kunden zu begeistern. Wichtig ist dabei, dass Interessenten mit einem Erlebnis die Leistungen des Unternehmens näher kennen lernen können. Als Ideen eignen sich dazu Betriebsbesichtigung, Tag der offenen Tür, Schnupper-Angebote, Einladungen zu Messebeteiligungen (Fach- oder Publikumsmessen), Einladungen zu Referaten, Symposien, Seminaren etc.

Die aktive Bearbeitung des Interessenten-Stammes ist sehr wichtig. Die Gewinnung eines Interessenten kostet je nach Branche zwischen 125 und 200 €, die Umwandlung kostet dagegen nur noch einen Bruchteil davon, ungefähr 50 bis 125 €. Zielpersonen, die sich früher schon einmal für das Angebot interessiert haben, sind später leicht wieder dafür zu begeistern. Wichtig ist, dass die Interessenten auch als solche angesprochen werden. Es ist falsch, Interessenten als Kunden anzusprechen. Jeder Entscheidungsträger weiß sehr genau, bei welchem Unternehmen er schon etwas gekauft hat.

Um solche Programme systematisch zu realisieren, ist eine entsprechende Gliederung auf der Marketing-Datenbank notwendig. Im Kapitel Database-Marketing werden diese Anforderungen speziell behandelt.

Kundenbindung

Die Kundenbindung erhält in gesättigten Märkten einen immer größeren Stellenwert. Wenn Sie Bestellungen von bestehenden Kunden erhalten, haben Sie die günstigste Marketing-Maßnahme ergriffen. Denn wegen der umfassenden Kenntnisse über die Kunden, ist es für jeden Marketer einfacher, bestehende Kunden wieder zu einer Bestellung zu veranlassen als unbekannte Zielpersonen zu einer Reaktion zu bringen.

Kundenbindungs-Maßnahmen sollten in jeder Marketing-Planung enthalten sein. Kundenbindungs-Maßnahmen können wie folgt gegliedert werden:

In ein Kundenbindungsprogramm werden alle Kundentypen einbezogen, deren Umsatzpotenzial sich nicht weiter ausbauen lässt. Sie sollten hier mit dem geringsten Aufwand den maximalen Umsatz erzielen.

Der Außendienst spielt bei der Kundenbindung eine große Rolle. Mit gezielten Besuchen ist er dafür verantwortlich, dass der Kunde den Bedarf nicht bei der Konkurrenz deckt. Das sollte durch eine funktionierende Außen- und Innendienst-Steuerung unterstützt werden. Dabei nimmt das Telefon eine bedeutende Stellung ein.

Beispiel für ein Kundenbindungs-Programm				
	1. Quartal	2. Quartal	3. Quartal	4. Quartal
Hauszeitung	xx		xx	xx
Aktions-Mailings	xx	xx		xx
Telefonische Nachfassung	xx		xx	xx
Telefonische Standortbestimmung			xx	xxxxxxx
Außendienst-Besuche	xxxxxxxxx	xxxxxxxxx	xxxxxxxxx	xxxx
Innendienst-Budgetgespräche bei C+D-Kunden	xx	xx		xxxxxxxx

Bei einem so aufgebauten Kundenbindungs-Programm wird der Außendienst nur bei ausgewählten Kunden aktiv. Ihm steht somit genügend Zeit für die Akquisition und die Kundenentwicklung zur Verfügung. Das intensive Bearbeiten der C- bis E-Kunden – in der Regel Kunden deren Umsatz drei- bis zehnmal kleiner ist als der Umsatz der VIP-Kunden – kann somit über andere Stellen und Instrumente erfolgen. Dass dieser Umsatz für jedes Geschäft wichtig ist, ist unbestritten. Für die Pflege dieser kleinen Umsätze sollten Sie jedoch nicht die meiste Zeit verwenden.

Internes Telefonmarketing zur C-Kunden-Betreuung

In äußerst professionellen Organisationen wird zur Betreuung der C- bis E-Kunden ein internes Telefon-Marketing aufgebaut. Großhändler im Bereich Computer, Bürobedarfsartikel, Schrauben, elektronische Bauteile, Nahrungsmittel, Gastro- und Hotelbedarf, Transport und Logistik, Getränkehandel etc. beweisen, dass mit einem professionellen

Telefon-Marketing die kleineren Kunden sehr gut betreut werden können. Wichtig ist dabei, dass dieses Telefon-Marketing die zugeteilte Kundschaft zu mindestens 50 Prozent aktiv bearbeitet. Mit dem Kunden wird und muss in der Regel gemeinsam festgelegt werden, in welcher Frequenz, zu welchem Thema und zu welchen Tageszeiten er die telefonische Betreuung bevorzugt.

Flankierende Maßnahmen, zum Beispiel eine Hauszeitung, saisonale Mailings, Sonderangebote etc., verhelfen dem Telefon-Verkäufer immer wieder zu interessanten Gesprächen. Auf diese Weise aufgebaute Kundenbindungs-Programme sind langfristig einsetzbar.

> Ein äußerst erfolgreiches Kundenbindungs-Programm fährt Canon (Schweiz) AG seit mehreren Jahren. In einer speziellen Abteilung wurde zu Beginn der 90er Jahre der Verkauf der Tonermodule für Kopierer, Printer und Faxgeräte angesiedelt. Weil die Tonermodule im Wert kaum steigen, sondern eher sinken werden, wurde ein Abonnement-System eingeführt. Vor der Gründung dieser Abteilung wurden die Tonermodule durch die Fotokopier-Servicetechniker nach Bedarf des Kunden einzeln verkauft. Jetzt werden die Module im Dreier- bis Zwölfer-Abonnement verkauft, sodass der Wert pro Bestellung deutlich gestiegen ist. Gleichzeitig sieht die Telefonverkäuferin bei jedem Kontakt mit dem Kunden, wie das Verbrauchsverhalten aussieht. Die entsprechende Abonnements-Statistik wird per PC geführt und steht der Telefonverkäuferin jederzeit zur Verfügung. Um die Kundenbindung zu erhöhen, wurde nach zwei Jahren der Startschuss zur Erweiterung des Sortimentes gegeben. Seitdem konnten die Telefonverkäuferinnen auch Thermofax-Papier anbieten und durch diese Sortimentsausweitung die Kunden so noch stärker binden. Fünf Jahre nach Gründung dieser Abteilung erhielten alle Kunden einen elektronischen Katalog per Diskette zugestellt. Mit diesem Katalog war es möglich, die meisten Verbrauchsmaterialen für Büromaschinen – Tonermodule, Tintenpatronen, Farbbänder, Disketten, Papiere, Folien, Etiketten etc. – bei einem einzigen Lieferanten zu bestellen. Die Zustellung des elektronischen Kataloges stieß bei den Kunden auf ein sehr großes Interesse. Statt eines dicken Buches konnte sich jede Sekretärin den Katalog für ihren Bereich auf ihren Computer laden, daraus Angebotsanfragen per Fax erledigen und gleichzeitig über die realisierten Bestellungen die notwendige Statistik führen.
>
> Für die Telefonverkäuferinnen wurde der Job nun äußerst anspruchsvoll. Es war notwendig, den gesamten Gerätepark einer Firma zu kennen, alle für die Beschaffung von Verbrauchsmaterial zuständigen Entscheidungsträger zu kontaktieren und intensiv zu beraten. Dank dieses umfassenden Programmes konnte Canon (Schweiz) AG beweisen, dass man auch in einem gesättigten Markt mit einer starken Konkurrenz und völlig austauschbaren Produkten Marktanteile gewinnen kann. Dies, ohne im C- bis E-Kundensegment preisliche Zugeständnisse machen zu müssen. Die Durchschnittspreise konnten sogar bedeutend länger gehalten werden.

Dieses Beispiel zeigt, dass der Kunde sich durch Service und innovative Ideen gerne binden lässt. Dank des elektronischen Kataloges lassen sich auch neue Zielgruppen erreichen, die früher noch nie bearbeitet wurden.

> Ein anderes Beispiel für erfolgreiche Kundenbindung ist das Programm einer Beratungsunternehmung. Anstelle von Weihnachtsgeschenken lädt diese Unternehmung die Kunden des vergangenen und des neuen Jahres zwischen dem 10. und 20. Januar zu einem Neujahrs-Event ein. In geselligem Rahmen wird auf die vergangene und künftige Geschäftsbeziehung angestoßen. Damit sich der Weg auch über 150 bis 200 Kilometer Entfernung lohnt, wird ein Programm mit Artisten aus der Kleinkunstszene geboten. Der Erfolg dieser Kundenbindungs-Maßnahme ist über Jahre hinweg gesichert. Die steigenden Teilnehmerzahlen beweisen, dass dieser Anlass auf große Gegenliebe stößt. Der Ablauf sieht dabei wie folgt aus:
>
> | Zeitpunkt | Maßnahme |
> | --- | --- |
> | 1.–5. November | Versand des Ankündigungs-Briefes unter dem Motto „Reservieren Sie sich das wichtige Datum" |
> | 15.–20. Dezember | Versand der persönlichen Einladungskarte, die gleichzeitig als Weihnachts- und Neujahrskarte dient, einer Anfahrtsskizze und einem Fax-Antworttalon. |
> | 4. – 10. Januar | Persönlicher Kontakt in Gesprächen und/oder per Telefon |
> | ca. 15. Januar | Event mit ca. 40–50 Prozent Beteiligung der eingeladenen Kunden. Der Eventablauf ist sehr einfach:
1. Offizielle Begrüßung der Kunden und Gäste, kurze Information über neue Leistungen und neue Mitarbeiter
2. Darbietung des Programms
3. Zusammenfassung in Form einer Quintessenz – Tipps für das eigene Geschäft
4. Steh-Apéro mit Verpflegung |
> | 17.–20. Januar | Versand der Quintessenz für anwesende Kunden
Versand eines Kurzberichts mit den Quintessenzen für die abwesenden Kunden.
Bei den Mailings werden jeweils ein oder zwei Angebote zu neuen Leistungen beigelegt. |
>
> Den Erfolg dieses Anlasses sichern die interessanten Kurzgespräche, die mit den Kunden geführt werden können. In vielen Fällen signalisieren die Kunden bei dieser Gelegenheit den nächsten Bedarf und muntern die Berater sogar auf, in den nächsten Wochen den Kontakt aufzunehmen. Der Aufwand für alle Schritte liegt, ohne die internen Arbeiten zu berücksichtigen, bei etwa 3 500 €, pro teilnehmenden Kunden also etwa 35 €.

Diese Beispiele zeigen, dass der Kundenbindung kaum Grenzen gesetzt sind. Wichtig ist nur, dass ein Maßnahmenpaket konzipiert wird, das konsequent und kontinuierlich realisiert wird. Die Kunden reagieren meist schnell, wenn einmal eingeführte Programme ohne Ersatz gestrichen werden.

Kundenentwicklung

Kundenentwicklung wird auch oft als Key-Account-Management bezeichnet, sie ist die Planung und Realisierung der Schlüsselkundenbearbeitung. Als Schlüsselkunden werden Kunden bezeichnet, mit denen ein Unternehmen 70 bis 80 Prozent des Umsatzes realisiert. In der Regel ist das höchstens 20 Prozent der gesamten Kundschaft. Kundenentwicklung ist jedoch nicht nur bei den Schlüsselkunden notwendig, sondern auch bei Kunden mit weniger großem Potenzial. Je nach Branche und Kundenfunktion – Wiederverkäufer oder Endverbraucher – ist nicht nur der Umsatz maßgebend, sondern auch die Beschaffungsstrategie. Bezieht nämlich ein Kunde 100 Prozent des Bedarfs von einem einzigen Lieferanten, so sollte dieser Kunde vom Lieferanten auch als A-Kunde betreut und geführt werden.

Aufgaben des Key-Accounts

Um ein Kundenentwicklungs-Programm mit einem Kunden realisieren zu können, müssen folgende Voraussetzungen erfüllt werden:

- einwandfreie, harmonische, persönliche Beziehung,
- gegenseitiges Vertrauensverhältnis,
- einwandfreie Produkte und Dienstleistungen,
- gegenseitiges Interesse an einer langfristigen Beziehung,
- jeder Partner muss aus der Beziehung einen Nutzen ziehen.

Wenn diese Basis geschaffen ist, können Sie mit dem Kunden ein Entwicklungsprogramm aufbauen:

- Planen Sie gemeinsam den Einkauf der Leistungen.
- Sprechen Sie mit dem Kunden ab wann und wie Sie mit ihm ihn Kontakt treten.
- Sprechen Sie ab, an welche Sachbearbeiter und Produktverwender Sie sich wenden.

- Planen Sie gemeinsam die Sortimentsausweitung, die Einführung neuer Produkte, den Test und/oder die Freigabe von Verfahren, Produkten oder Sortimenten, die Produktverbesserungen, die Optimierung von Verfahren und Prozessen, die Reduktion von Kosten und die Aus- und Weiterbildung für Mitarbeiter des Kunden.
- Planen Sie gemeinsame Aktivitäten außerhalb des geschäftlichen Bereichs, zum Beispiel Essen, Sport, Kulturelles.

Das klassische Key-Account Management, wie es in der Konsumgüterindustrie seit Jahren angewandt wird, stützt sich auf folgende Eckpunkte:

- Ein Key-Accounter betreut nur wenige Schlüsselkunden, in der Regel maximal 10 bis 20.
- Er besucht seine Kunden im Abstand von drei bis vier Wochen.
- Oft überträgt der Schlüsselkunde dem Key-Accounter die Verantwortung für den Absatz, die Absatzplanung, die Margensicherung, die Bestimmung des idealen Endverkaufspreises, die Planung der Lagerhaltung und die Realisierung der notwendigen Promotionen und POS-(Point-of-Sale)-Ausbildungen. Der Key-Accounter übernimmt dabei über 50 Prozent der Produktmanager-Funktionen. Der Schlüsselkunde kann somit seine Kosten für Produktmanager klar reduzieren.
- In klar definierten Zeitabständen verlangt der Schlüsselkunde die entsprechenden Absatz- und Margenstatistiken. Diese müssen dem gemeinsam festgelegten Budget entsprechen. Ansonsten sind passende Maßnahmen beschlussfähig ausgearbeitet vorzulegen.

Um eine systematische Kundenentwicklung realisieren zu können, müssen Sie das Potenzial des Kunden umfassend abschätzen. Dazu benötigen Sie umfangreiche Informationen, die Sie am Telefon oder im direkten Gespräch mit dem Kunden erhalten können.

Damit sich der Kunde nicht ausgefragt vorkommt, sind entsprechende Begründungen notwendig. Diese können lauten:

- „Damit Sie in Zukunft noch vermehrt von den umfangreichen Leistungen profitieren können, sind Informationen zu ... sehr interessant."
- „Um Sie in Zukunft noch besser bedienen zu können, sind Sie sicher bereit, mir einige Fragen zu beantworten."

Fragen, die Sie stellen, um das Potenzial Ihres Kunden zu ergründen, bezeichnen wir als strategische Fragen. Diese Fragen können in die verschiedensten Kategorien eingeteilt werden:

Fragen zur geschäftlichen Entwicklung
▶ Welche Auswirkungen haben die Veränderungen am Markt auf Ihr Kerngeschäft?
▶ Wie reagieren Sie mittel- bis langfristig auf diese Veränderungen?
▶ Was müssen Sie im kurzfristigen Bereich realisieren?
▶ Wo kann Ihnen dabei unsere Dienstleistung/unser Service von erhöhtem Nutzen sein?
▶ Welche Auswirkungen hat das für Ihre Mitarbeiter?
▶ Wie kommunizieren Sie diese Veränderungen den Mitarbeitern?
▶ Wie verhalten sich die Mitarbeiter in solchen Situationen?
▶ Haben Sie einen Masterplan, um die weiteren Veränderungen besser abschätzen zu können?
▶ Wie verhält sich die Umsatzentwicklung unserer Produkte im Vergleich zu ähnlich gelagerten Sortimentsteilen?

Fragen zur Beschaffung und Beschaffungsstrategie
▶ Wie ist Ihre Lieferantenstrategie definiert?
▶ Arbeiten Sie im Bereich der A-Teile (Produkte, die für das Endprodukt wesentlich sind, zum Beispiel Motor, Getriebe, Achsen, Karosserie bei Autos) mit einer Zwei- oder Drei-Lieferantenstrategie (60 Prozent Lieferant A, 30 Prozent Lieferant B, 10 Prozent Lieferant C)?
▶ Arbeiten Sie im Bereich der B- und C-Teile ebenfalls mit einer Zwei- oder Drei-Lieferanten-Strategie oder fahren Sie speziell bei C-Teilen ein klares Single-Sourcing?
▶ Was haben Sie für Rationalisierungs-Maßnahmen getroffen?
▶ Wie oft wollen Sie mit A-, B- und C-Teile-Lieferanten ein Gespräch führen, regelmäßig telefonieren oder schriftliche Informationen erhalten?
▶ Welche Art der Bearbeitung bevorzugen Sie: kurze Gespräche, Informationen in Ordnern, Mappen, auf Disketten, CD-ROM etc., nach Absprache entsprechende Leistungs-Präsentationen?
▶ Welche Anforderungen stellen Sie an einen A-Teile-, B-Teile- und C-Teile-Partner?
▶ Bis zu welchen Bereichen beziehungsweise Punkten erteilen Sie einem Schlüsselpartner offen Auskunft über Situationen, Angebotsunterschiede, Leistungsunterschiede, interne Bewertungen oder anderes?

Fragen zur betriebswirtschaftlichen Entwicklung des Betriebes
▶ Wie war die effektive Margenentwicklung?
▶ Was haben Sie für Maßnahmen getroffen, um die Margen zu beeinflussen?

- Welchen Einfluss haben diese Maßnahmen auf die Beschaffung und die Lieferanten-Beziehungen?
- Wie werden Sie in Zukunft mit Ihren Schlüssellieferanten sowie mit B- und C-Teile-Lieferanten verhandeln?
- Welchen Einfluss hat die Verkaufssteuerung und das Produktmanagement auf Ihr Einkaufsverhalten?
- Wie können wir Ihnen mehr Leistung zukommen lassen?
- Was ist aus Ihrer Sicht sinnvoll, um unsere heutige – gute/sehr gute/interessante/attraktive – Position zu verbessern und/oder zu halten?

Fragen zur Absatzstrategie und zum Produktmanagement
- Welche Anforderungen stellen Ihre Kunden vermehrt an Sie?
- Wie reagieren Ihre Kollegen in Verkauf und Marketing auf diese Anforderungen?
- Wie sieht der Druck aus, der auf Ihnen im Einkauf/Beschaffung/Logistik lastet?
- Was erwartet der Verkauf vom Beschaffungs-Marketing?
- Welche Informationen sind für den Verkauf als wichtige Informationen einzustufen?
- Wie leiten Sie wichtige Lieferanten-Informationen systematisch an den Verkauf weiter?
- Wie gehen die Verkäufer mit Ihren Informationen um?
- Glauben Sie, dass Ihre Verkäufer dank der neuen Lösungen, die Sie von uns erhalten haben, ein bis zwei zusätzliche Nutzen ihren Kunden gegenüber aufbauen könnten?
- Sind Sie bereit, gemeinsam mit dem Verkauf und Produktmanagement diese Vorteile schriftlich oder persönlich kurz zu präsentieren?
- Besitzen Sie bereits ein System, das Ihren Verkäufern den Nutzen von Kernprodukten oder sonstigen wichtigen Teilen klar und einfach zu übermittelt?

Fragen allgemeiner Art – über ...
- Ferienpläne,
- Freizeitgestaltung,
- Entwicklung der Familie,
- Persönliche Weiterbildung,
- Interesse an Sport, Politik, Wirtschaft, Kultur, Kunst, Unterhaltung, Essen und Wein,
- Reisen, Länder, Völker, Herkunft, Beziehungen zu Kulturen,
- besondere Hobbys, zum Beispiel Auto, Golf, Segeln, Winter- und Sommersport, Lektüre, Aktuelles in der Region, Bezirk, Land, Erdteil, Welt.

Dieser Fragenkatalog muss durch den Verkäufer der jeweiligen Situation angepasst werden. Das regelmäßige Hinterfragen und das systematische Ablegen der gesammelten Informationen helfen, die Kundenentwicklung rascher vorwärts zu bringen.

Damit ein Verkäufer (Key-Account-Manager) seinen Job überhaupt richtig und in der entsprechenden Qualität realisieren kann, sollten max. 20 Schlüsselkunden zu bearbeiten sein. Key-Account-Spezialisten außerhalb des Zulieferkreises der Großverteiler plädieren klar dafür, dass jeder Verkäufer entsprechende Schlüsselkunden zu betreuen hat. Die Reservierung der Schlüsselkunden für die Geschäftsleitung ist für die Entwicklung der Verkäufer äußerst hinderlich. Die planerischen und kommunikatorischen Fähigkeiten werden durch ein bestimmtes Abschotten der Schlüsselkunden beim Verkauf viel zu wenig gefördert.

Jeder Verkäufer sollte die Fähigkeiten besitzen, Schlüsselkunden aufzubauen und zu bearbeiten. Gegenüber „normalen" Verkaufsfähigkeiten muss der moderne Verkäufer auch die Fähigkeiten eines Key-Account-Managers besitzen. Dazu gehören:

- Denken in und Interpretieren von betriebswirtschaftlichen Zusammenhängen,
- ausgeprägte Kommunikations-Fähigkeiten in Wort und Schrift,
- die Fähigkeit, Konzepte zu erstellen und zu realisieren,
- Stilsicherheit im Bereich des Savoir vivre (Tischkultur, Auftreten, Small-Talk),
- sich in „Apéro-Situationen" problemlos bewegen zu können,
- Verhandlungsfähigkeit auf unterschiedlichen Hierarchiestufen,
- perfektes Auftreten vor größeren Gruppen (Referats- und Präsentationsfähigkeiten).

Planung der Kundenentwicklung

Die Planung der Kundenentwicklung muss äußerst systematisch und vor allem kontrollierbar sein. Es empfiehlt sich daher, ein Planungsraster anzulegen (vgl. Abbildung auf der nächsten Seite), das Schritt für Schritt abgearbeitet wird. Durch die klare Definition der Ziele und der Gesprächsinhalte besitzt der Verkäufer ein ideales Instrument, um den Fortschritt zu überwachen. Die Kundenentwicklungskontrolle ist beinahe noch wichtiger als die regelmäßige Umsatz- und Margenkontrolle. Die Entwicklungsplanung ist die Grundlage für den Umsatz in sechs, zwölf oder 24 Monaten. Wird diese Planung verpasst, ist in kurzer Zeit auch die Umsatzkontrolle hinfällig.

Auch dazu ein Beispiel:

Die Vertriebsgesellschaft eines internationalen Kugellager-Herstellers sah sich in der Zeit der übergroßen Nachfrage gezwungen, den Vertrieb rasch und wirkungsvoll neu zu strukturieren. Mit einer Schlüsselkunden-Planung gelang es innerhalb von drei Monaten, die größten Engpässe zu eliminieren. Selbstverständlich konnten mit dieser Maßnahme nicht alle Kunden umfassend zufrieden gestellt werden. Es war aber möglich, den Kunden die Liefersituationen in einer positiven Form zu vermitteln und gleichzeitig aktiv nach Lösungen zu suchen.

Solche Situationen werden auch in Zukunft immer wieder vorkommen. Gerade für Zulieferer, die auf entsprechende Rohmaterialien oder Spitzentechnologien angewiesen sind, ist es bedeutend einfacher, auf kritische Situationen zu reagieren, wenn sie ein Schlüsselkunden-Planungs- und -Bearbeitungskonzept besitzen. Die Konzentration auf Schlüsselkunden und die entsprechende Planung wird in Zukunft der Schlüssel zum Erfolg sein.

Die Marketing- und Verkaufssteuerungs-Datenbank

Heute ist es kaum denkbar, dass ein Unternehmen ohne ein hochstrukturiertes Front-End-System zur Steuerung des Marketing und des Verkaufs auskommt. Seit der Einführung von relationalen Datenbankprogrammen für Personal Computer und Laptops, wird es normal, dass der Verkäufer seine Marketing-Datenbank direkt und jederzeit im Zugriff hat. Bei den Marketing-Datenbanken bildet sich langsam ein entsprechender Standard. Die Anwender erkennen, dass einfache Adressverwaltungsprogramme für Funktionen, wie Kundengewinnung, Kundenbindung und Kundenentwicklung, nicht mehr ausreichen. Der systematische Aufbau der notwendigen Informationsgefäße richtet sich klar nach dem Verkaufsprozess und basiert auf dem Marketingkonzept des Unternehmens. Dabei bilden die Marketing-Kennzahlen und Steuerungskriterien die Basis der Marketing-Datenbank.

Die Marketing-Datenbank bildet das Herzstück der gesamten Marketingsteuerung. Innerhalb von Stundenfristen sollte die Geschäfts-, Marketing- und Verkaufsleitung genaue Angaben erhalten über

- das Adressmengen-Gerüst der Unternehmung, der einzelnen Bereiche und der einzelnen Verkäufer,
- die Kontaktmengen und Kontaktarten,
- die vorhandenen Adresspotenziale,
- die geplanten Aktivitäten und dazu die Anzahl der Aktivitäten pro Adresskategorie,
- die künftigen Projekte.

Dank dieser Informationen ist die Geschäftsleitung auch in der Lage, die Umsetzung einer definierten Strategie zu kontrollieren. Auch die Führung und Unterstützung der Verkäufer nach Fakten und Zahlen lässt sich so besser realisieren. Der Verkaufsleiter erkennt in kürzester Zeit, ob die „Trichterfüllung" bei einem Verkäufer zu tief ist oder ob ein Verkäufer permanent im Rückstand beim Nachfassen von sehr guten Kontakten ist. Weil nicht alle Verkäufer in den jeweiligen Meetings offen, ehrlich und klar über ihre Situation berichten, kann der Verkaufsleiter mit seinen Kenntnissen aus der Datenbank entsprechend eingreifen.

Die Pflege der Marketing-Datenbank durch den jeweiligen Verkäufer und der stets mögliche Zugriff auf die Informationen seitens des Unternehmens sichert diesem auch den Fortbestand der Kunden- und Interessenten-Informationen bei einem Personalwechsel. Daher ist gerade in diesem Bereich Vorsicht und Sorgfalt notwendig. Da es sehr teuer ist, potenzielle Interessenten zu gewinnen, muss diese Investition einem Unternehmen unbedingt erhalten bleiben. Ohne konsequente Kontrolle, die eine Marketing-Datenbank unbedingt erfordert, wird es ein Unternehmen schwer haben, die Verkäufer dazu zu bringen, eine seriöse Chronologie der Kontakte und der geplanten Aktivitäten über die Interessenten anzulegen. Gerade das bildet jedoch die Voraussetzung für den Erfolg.

Funktionen und Aufgabenstellungen

Bevor ein Unternehmen eine geeignete Marketing-Datenbank auswählt, muss sich die Geschäfts-, Verkaufs- und Marketingleitung überlegen, welches Ziel, welchen Zweck und welche Aufgabe dieses Instrument zu erfüllen hat. Gleichzeitig muss auch berücksichtigt werden, dass die Investition mit der Beschaffung des Laptops und der Software noch nicht abgeschlossen ist. Neben den Anschaffungskosten entstehen auch laufende Kosten für

- die Pflege der Datensätze,
- das Erfassen von neuen Adressen,

- das Erfassen der Änderungen und Ergänzungen,
- die Realisierung der notwendigen Selektionen und Auswertungen.

Neben der direkten Erfassung, die vom Außendienst oder Innendienst realisiert wird, ist es nach Werbebriefen notwendig, dass die Retouren umgehend zentral und rasch zu 100 Prozent bearbeitet werden. Bei einem Adressbestand von 1 000 Adressen benötigt diese Arbeit schnell pro Woche zwischen fünf bis sieben Stunden.

Pflichtenheft

Außerdem ist vor der Wahl der idealen Software die Erstellung eines Pflichtenheftes mit klaren Definitionen zu folgenden Punkten notwendig:

- Einsatzart, Einsatzort, Einsatzform,
- Umfang der geplanten Adressmenge,
- Kommunikationsstellen,
- Zusammenarbeit mit dem betrieblichen Rechnungswesen (Form, Art und Häufigkeit),
- Abgrenzung und Sicherheiten (Schutzfunktionen),
- Anforderungen an Support und Up-Dates.

Ein Pflichtenheft wird aus den Fragen abgeleitet, mit denen das Unternehmen seine Grundanforderungen ermittelt. Die Fragestellungen lassen sich nach den obigen Kriterien gliedern:

Einsatzart
- Soll die Datenbank zentral oder dezentral bedient werden?
- Soll der Außendienst selber Änderungen ausführen können?
- Soll in der Administration eine Person für die Datenpflege vorhanden sein und so die Qualität klar sichern?
- Sollen Außen- und Innendienst über die Datenbank individuelle Planung realisieren können oder sollen damit nur die Adressen verwaltet werden?
- Soll die Datenbank die Umsetzung der Unternehmensstrategie unterstützen können?

Einsatzort
- Soll der Außendienst die Datenbank über Laptops bedienen?
- Soll die Bedienung durch den Außendienst täglich erfolgen oder nur 1 x wöchentlich?
- Soll der Außendienst nach oder während des Besuchs auf die Datenbank zugreifen?
- Soll der Außendienst auch das Bestellwesen über seinen PC und die Datenbank abwickeln?

Einsatzform
- Soll die Datenbank eine Netzwerk-Lösung sein?
- Soll die Datenbank nur als Stand-alone-Lösung für den ersten Schritt konzipiert werden?
- Soll die Datenbank auch zur Verwaltung von direkten Marketing-Kampagnen eingesetzt werden?
- Soll die Datenbank dem Außendienst für individuelle Marketing-Kampagnen dienen?
- Darf der Außendienst selbständig solche Kampagnen auslösen?
- Soll der Außendienst über die Datenbank auch gleich den Zugriff zu adressspezifischen Dokumenten gewinnen (Dokumentenverwaltung unter der Adresse)?
- Soll die Datenbank die Potenzialverwaltung möglichst automatisch realisieren?
- Soll die Datenbank mit dem Host (Zentralrechner/Server) langfristig kommunizieren oder ist die Lösung als Zwischen-Lösung zu betrachten?

Aufgaben festlegen

Wenn diese Fragen umfassend beantwortet sind, muss die Aufgabenstellung festgelegt werden. Hier geht es darum, festzulegen, was die Marketing-Datenbank alles zu steuern und zu verwalten hat.

Beispiel:

Ich wurde einmal gebeten, eine Marketing-Datenbank zu konzipieren, um das jährliche Geschenkprozedere zu rationalisieren und zu vereinfachen. Das Unternehmen verkaufte an staatliche Stellen und halbstaatliche Unternehmen und pflegte einen persönlichen Kontakt mit den einzelnen Entscheidern und Beeinflussern. Vor allem die Servicetechniker trafen regelmäßig mit den Beeinflussern zusammen. Die Kundenpflege-Maßnahmen sahen daher wie folgt aus:
- Glückwunschkarte zum Geburtstag an die Privatadresse,
- Dankesschreiben für die Unterstützung nach erfolgten Servicearbeiten an die Geschäftsadresse,
- Nach Umsatz und Position gestaffelte Weihnachtsgeschenke an die Privatadresse,
- Dankesbriefe für die Zusammenarbeit an die Geschäftsadresse.

Neben den Beeinflussern in der Technik vor Ort, zählten auch Ingenieurbüros, Politiker und Kommunalbeamte als Beeinflusser. Dabei war nach Position und Funktion zu unterscheiden. Ohne Datenbank waren ca. $1\frac{1}{2}$ Personen mit der Verwaltung der Listen, Etiketten-Veränderungen und den entsprechenden Codierungen beschäftigt. Nach Einführung des Systems

> konnte der Aufwand auf eine halbe Arbeitskraft reduziert werden. Vor allem weil jetzt ein System zur Verfügung stand, das direkt mit einer Standardtextverarbeitung gekoppelt werden konnte. Wegen der notwendigen Trennung von Privat- und Geschäftskontakten war die Pflege dieser Datenbank eine äußerst wichtige, ja sogar strategische Aufgabe für dieses Unternehmen.

Dieses Beispiel hat gezeigt, wie stark das Marketing-Konzept die Funktion und die Inhalte der einzelnen Eingabefelder bestimmt. Ein weiteres Beispiel soll diesen Aspekt zusätzlich unterstreichen.

> Ein Hersteller von Zubehör für die Textilindustrie liefert seine Produkte weltweit an Spinnereien und Webereien. Dabei muss der einzelne Landesbetreuer, der teilweise einen gesamten Kontinent betreut, über die einzelnen Kunden umfassend Bescheid wissen. Die Marketing-Datenbank ist hier überlebensnotwendig. Sie ist in folgende Bereiche gegliedert:
>
> *Informationen über die Spinnerei*
> - Anzahl der eingesetzten Spindeln,
> - Tourenzahlen der Spindeln,
> - Verarbeitete Garntypen,
> - Qualität der eingesetzten Garne,
> - Art der eingesetzten Maschinen (Hersteller, Typ, Umbauten),
> - Alter der Spinnmaschinen,
> - Situation der Spinnsäle (Hygiene, Luftfeuchtigkeit, Temperatur).
>
> *Informationen über die realisierten Lösungen*
> - Art der eingesetzten Produkte,
> - Art der Lösungsfindung,
> - Resultate von Testläufen,
> - Stillstandzeiten der Spinnmaschinen beim Umrüsten,
> - Stillstandzeiten beim Ersetzen der Verbrauchsteile,
> - Lebensdauer der Verbrauchsteile,
> - Kostenentwicklung und Kostenstrukturen.
>
> *Informationen über die Kontakte und Marketing-Maßnahmen*
> - Gesprächsnotizen,
> - Einladungen zu Weiterbildungen, Messen, Symposien,
> - Speichern der abgegebenen Geschenke,
> - Direktzugriff zu Angebotsdaten und zu Angebotsdokumenten.
>
> Mit diesem Instrument, das sehr viele Informationen speichert, von denen jedoch nur wenige regelmäßig geändert und angepasst werden müssen, kann der Verbrauchsteilehersteller seine Marktplanung und das Key-Accounting umfassend realisieren. Darüber hinaus ist es möglich, die einzelnen Landesvertreter zu einem höheren Professionalisierungsgrad zu führen, weil die Verantwortlichen plötzlich sehen, was mit einer umfassenden Informationsbewirtschaftung alles möglich ist.

Diese beiden unterschiedlichen Beispiele zeigen, dass das Marketing-Konzept und das Marktsystem die Informations- und Selektionsfelder einer Marketing-Datenbank bestimmen.

Aufbau und Gliederung

Beim Aufbau einer Marketing-Datenbank können folgende Informationsfelder unterschieden werden:

Stammdaten
- Kunden-Nummer
- Kunden-Kurzbezeichnung
- Firma I
- Firma II
- Straße, Hausnummer
- Postleitzahl und Ort
- Telefon-Nummer
- Fax-Nummer
- E-Mail-Adresse
- CompuServe-Adresse
- Internet-Adresse

Stammzusatzdaten
- BasisspracheAdressherkunft/Quelle
- Branchencode/BezeichnungWirtschaftsgebiet

Semistatische Daten (Daten, die nur beschränkt verändert werden müssen), unternehmensrelevante Daten
- Konzernzugehörigkeit
- Anzahl Fahrzeuge
- Anzahl qm Ladenfläche
- Anzahl Mitarbeiter
- Anzahl Bildschirmarbeitsplätze
- Höhe des Werbebudgets im Durchschnitt der letzten drei Jahre
- Anzahl Maschinen
- Anzahl Mitarbeiter im Außendienst
- Anzahl der verwendeten Produkte aus unserer Produktion
- Anzahl Geschäftssitz

Marketing-Daten
- Marketing-Selektionen
- Marketing-Kampagnen, Resultate
- Potenzialschlüssel, Statusschlüssel mit automatischer Anpassung an realisierte Maßnahmen und Reaktionen.

Verkaufssteuerungs-Daten
- Daten der Entscheidungsträger, Name, Vorname, Funktion, Priorität, Stellung, Titel
- Wiedervorlage aufgrund von Vereinbarungen mit dem Entscheidungsträger
- Verwendete Marketing-Instrumente zur Bearbeitung der Adresse

Stammdaten
Eine Marketing-Datenbank sollte eine Grundstruktur über die Stammdaten enthalten. Denn die Stammdaten bilden das eigentliche Regelwerk der Definitionen und der Abläufe. In den Stammdaten werden verwaltet:

- *Reisegebietseinteilungen:* Gliederung nach Wirtschaftsgebieten auf der Basis der Postleitzahlen
- *Verkaufsstufenregelungen*: Der Verkaufsprozess wird für die in der Branche typischen Abläufe eingeteilt. Dabei wird definiert, welche Instrumente oder Aktionen welche Verkaufsstufe erhalten.
- *Ereignisketten* erleichtern die Nachfassplanung und Terminierung. Durch den Automatismus wird jede Marketing-Aktion einfacher und bequemer zu steuern sein.
- *Die Brancheneinteilung* sollte nach einer Standardform erfolgen. Dabei ist zu entscheiden, woher die Adressen beschafft werden. Die Brancheneinteilung von Adressverlagen eignet sich häufig sehr gut als Basis für die eigene Planung.
- *Potenzialschlüssel und Status*: Mit der Definition des Potenzialschlüssels wird dem Verkäufer die Einteilung seiner Adressen erleichtert. Der Adress-Status definiert den Status im Verkaufsprozess und als Kundenadresse. Er bestimmt also die Klassifizierung der Adresse.

Potenzialschlüssel und Status
Die Entwicklung eines einfach zu handhabenden Potenzialschlüssels ist eine Wissenschaft für sich. Man unterscheidet zwischen ein- und mehrdimensionalen Potenzialschlüsseln. Da ein Potenzialschlüssel mit jeder weiteren Dimension jedoch schwieriger zu handhaben ist, werden maximal vierdimensionale Potenzialschlüssel entwickelt.

Eindimensionaler Potenzialschlüssel
Adress-Einteilung nach Umsatzchancen in
A-Kunden   Umsatz > als 1 Million €
B-Kunden   Umsatz 500 000 bis 1 Million €
C-Kunden   Umsatz 100 000 bis 500 000 €
D-Kunden   Umsatz bis 100 000 €

Zweidimensionaler Potenzialschlüssel
Adresseinteilung nach Umsatz und nach Projekt-/Auftragsfälligkeit. Diese Einteilung ist vor allem für das Projekt- und Objektgeschäft interessant. Für kurzfristig wirkende Geschäftsprozesse, die innerhalb von ein bis zwei Monaten entschieden werden, lohnt sich diese Einteilung nicht.

Neben der Projektfälligkeit kann der zweidimensionale Potenzialschlüssel auch den Lieferumfang in Prozenten darstellen. Diese wesentliche Zahl ist besonders im Handelsmarketing eine klare Steuergröße. Sollte ein C-Kunde bereits bis zu 90 Prozent der Artikel vom Verkäufer beziehen, so ist dieser C-Kunde wie ein A-Kunde mit einer nur 10 Prozent Sortimentsabdeckung zu betreuen. Diese Kennzahl der Sortimentsabdeckung ist für die Betreuung und das Key-Account-Management äußerst wichtig. Gleichzeitig muss festgehalten werden, welche Gründe zum entsprechenden Abdeckungsgrad führen, (Beziehung zu Ihrem Unternehmen oder zum Konkurrenzlieferanten, Preis- und Bonussysteme, Einkaufsgenossenschafts-Zugehörigkeit etc.).

Der Potenzialschlüssel sieht somit so aus:

A-Kunde	1 = Projektrealisierung in 1 – 6 Monaten = Abdeckung von mehr 80 Prozent
B-Kunde	2 = Projektrealisierung in 7 – 12 Monaten = Abdeckung zwischen 60 – 80 Prozent
C-Kunde	3 = Projektrealisierung in 12 – 24 Monaten = Abdeckung zwischen 40 – 60 Prozent
D-Kunde	4 = Projektrealisierung in 24 und mehr Monaten = Abdeckung bis 40 Prozent

Als Kurzbezeichnung zu einer Adresse entsteht dann folgender Code:

A4-Kunde	Umsatz über 1 Mio mit einer Projektrealisierung in mehr als 24 Monaten
B1-Kunde	Umsatz zwischen 500 000 und 1 Mio mit einer Abdeckung von 80 Prozent und mehr aus dem Sortiment des Verkäufers

Das Ziel der Marketing-Maßnahmen ist nun, alle Adressen mit einer Gewichtung 4 in Richtung 1 zu bewegen und gleichzeitig die Menge der A- und B-Kunden zu erhöhen.

Potenzialschlüssel

Definition: Der Potenzialschlüssel bildet die Grundlage
für ein strategisches Database-Marketing

Arten: **1-Dimensional**
→ Erfasst – den erzielten Umsatz
– den möglichen Umsatz
in effektiven Zahlen

2-Dimensional
→ Erfasst – den erzielten oder möglichen Umsatz
in effektiven Zahlen
– den Deckungsbeitrag oder den Abdeckungsgrad
in Prozenten als Einteilungsgröße

3-Dimensional
→ Erfasst – den erzielten und/oder möglichen Umsatz
in effektiven Zahlen
– den Deckungsbeitrag oder den Abdeckungsgrad
in Prozenten als Einteilungsgröße
– die Lieferantenstragtegie
eingeteilt in Single Sourcing,
Double Sourcing, Triple Sourcing

4-Dimensional
→ Erfasst – den erzielten und/oder möglichen Umsatz
in effektiven Zahlen
– den Abdeckungsgrad des Sortimentes
in Prozenten als Einteilungsgröße
– die Lieferantenstragtegie
eingeteilt in Single Sourcing,
Double Sourcing, Triple Sourcing
– die Beziehungsintensität eingeteilt nach
„Eiszeit", mittelgute Beziehung,
sehr gute Beziehung, „Geschäftsfreunde"

© optim**AS** Holding AG

Dreidimensionaler Potenzialschlüssel

Beim dreidimensionalen Potenzialschlüssel (vgl. Abbildung S. 85) wird an den zweidimensionalen einfach noch eine Dimension angehängt. Je nach Marktsystem und erforderlichen Steuerungskriterien kann die dritte Dimension folgende Faktoren umfassen:

Dimension I	Dimension II	Dimension III
Umsatz-Chance	Lieferabdeckungsgrad oder Projektfälligkeit	Adressbonität oder Rabattstufe oder Nutzung der Produktgruppen oder Deckungsbeitrag im Durchschnitt
Bezeichnung A,B,C,D	1,2,3,4,	W,X,Y,Z

Vierdimensionaler Potenzialschlüssel

Der vierdimensionale Potenzialschlüssel wird immer dann eingesetzt, wenn die Beziehung im Verkaufsprozess eine zentrale Rolle spielt. Je unpersönlicher ein Geschäft abgewickelt werden kann, desto geringer ist die Beziehung zwischen Lieferant und Kunde. Im Customer Relationship Management (vgl. Kapitel 5) spielt dieser Potenzialschlüssel eine zentrale Rolle. Die vierte Dimension ist die entscheidende. In sehr vielen Verkaufsprozessen kann ein Umsatz- oder Sortimentsnutzungs-Wachstum erst erzielt werden, wenn die Beziehung zwischen Lieferant und Kunde von der „Eiszeit" zur „Geschäftsfreundschaft" entwickelt worden ist. Somit ist dieser Potenzialschlüssel für die Funktionen Key Account Management, Large Account Management etc. eines der wichtigen Steuerungsinstrumente.

Die systematische Anwendung dieses Potenzialschlüssels erfordert regelmäßige Überprüfungen der Kundensituationen. Wichtig ist dabei auch, dass nicht nur die Hauptbeziehung zum Kunden überprüft wird, sondern auch die darüber hinaus bestehenden Nebenbeziehungen. Diese können die Hauptbeziehung äußerst stark beeinflussen. Aus diesem Grunde muss für jede Beziehungsgruppe bzw. jedes Gremium in einem Unternehmen die Beziehungsachse gesondert betrachtet werden. Daraus lassen sich in der Kundenentwicklung oder im CRM die entsprechenden Maßnahmen ableiten.

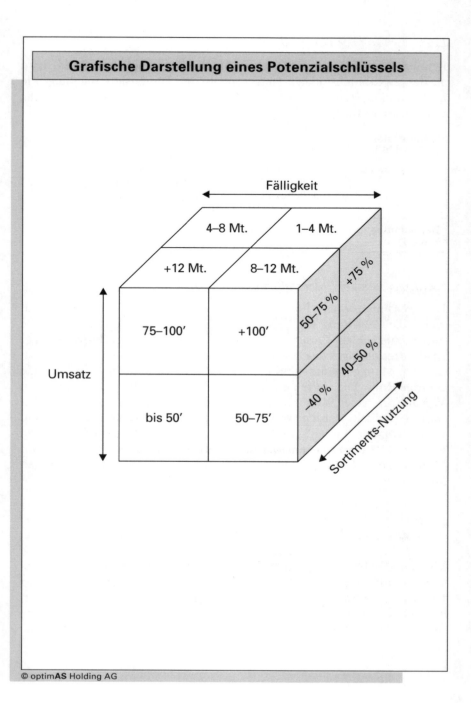

Bestimmung des eigenen Potenzialschlüssels

Dreidimensionaler Potenzialschlüssel

1. Dimension

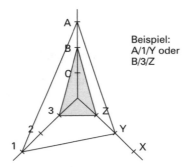

Beispiel:
A/1/Y oder
B/3/Z

2. Werte

A = > 500 000 €	1 = Abdeckung mit unserem Sortiment 90 %	X = Fälligkeit Rhythmus 6 x RV p. a. Projekt in 1–4 Mt. aktuell
B = 150 000 – 500 000 €	2 = Abdeckung mit unserem Sortiment 60–89 %	Y = Fälligkeit Rhythmus 3–4 x RV p. a. Projekt in 5–12 Mt. aktuell
C = 10 000 – 150 000 €	3 = Abdeckung mit unserem Sortiment 30–59,9 %	Z = Fälligkeit Rhythmus 1–2 x RV p. a. Projekt in 13–24 Mt. aktuell

Vierdimensionaler Potenzialschlüssel

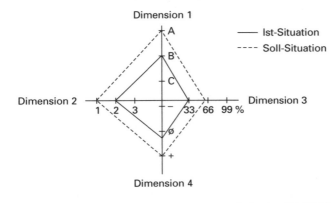

© optimAS Holding AG

Die Marketing- und Verkaufssteuerungs-Datenbank

Mit der periodischen Nachführung des vierdimensionalen Potenzialschlüssels kann die Kundenentwicklung bedeutend besser geplant und überwacht werden. Für Manager und Führungskräfte ist dieses Instrument eine große Hilfe beim Erfassen der effektiven Kundensituationen.

Dimension 1	Dimension 2	Dimension 3	Dimension 4
Umsatz	Lieferantenstrategie	Sortimentsabdeckung	Beziehung
A = Umsatz > 1 Mio. B = Umsatz 500 Tsd. bis 1 Mio. C = Umsatz 100 Tsd. bis 500 Tsd.	1 Lieferant 2 Lieferanten 3 Lieferanten	bis 33 % 33 bis 66 % 66 bis 99 %	− = „Eiszeit" Ø = Durchschnitt + = „Geschäftsfreunde"

Status

Der Status einer Adresse im Verkaufsprozess ist besonders für die operative Marktbearbeitung wichtig. Prof. Siegfried Vögele, Leiter des DMI Direct Marketing Institut, hat einen Statusschlüssel entwickelt, der sich in der Praxis sehr gut bewährt: Nach Reaktionsart und Reaktionsqualität wird die Adresse dabei in eine neue Stufe gegliedert. Auf diese Weise kann der „Verkaufstrichter" bestens verfolgt werden. Gleichzeitig kann bei dieser Gliederung auch ein Adressenportfolio realisiert werden. Verkaufs- und Marketingleiter sind dadurch in der Lage, in kürzester Zeit die Situationen in den einzelnen Verkaufsabteilungen zu beurteilen. Die Einteilung kann beispielsweise so realisiert werden:

Z-0	Kalte Adresse ohne irgendwelche Zusatzinformationen außer den Stammzusatzdaten.
Z-1	Adresse, die auf ein Mailing reagiert hat oder bei der man durch Telefon-Marketing mehr Informationen gewonnen hat. Teile der semistatischen Daten konnten bereits ausgefüllt werden.
Z-2	Adresse, bei der bereits ein persönliches Gespräch stattgefunden hat, das mit einer Zielperson (Beeinflusser und/oder Entscheidungsträger) geführt wurde.
Z-3 oder I =	Interessent, der ein Angebot erhalten hat.
K =	Kunde. Eine Adresse, mit der Umsatz realisiert worden ist und die schlussendlich den Umsatz auch bezahlt hat. Ansonsten würden wir von den teuersten Interessenten-Adressen sprechen. (Damit sind die Konkursitten gemeint.) Die Kundenadressen werden zusätzlich über den Potenzialschlüssel weiter fein gegliedert.

Definition der Inhalte

Bei der Wahl der passenden Software muss ein Unternehmen sich genau überlegen, wie komplex die Marketing-Datenbank sein muss. Meistens sind die komplexen Systeme für einfache Marktsysteme nicht geeignet. Wenn Marktsysteme vorhanden sind, bei der eine Adresse eine Potenzialdauer von etwa zwei bis sechs Monaten aufweist, wie zum Beispiel im Bauelemente-Markt, so sind einfache Marketing-Datenbanken hier absolut ausreichend.

Für den Marketing- oder Verkaufsleiter ist es wichtig, dass die Anforderungen an die Marketing-Datenbank klar und eindeutig definiert sind. Sie können wie folgt strukturiert werden:

- Führen und Steuern der Interessenten- und Kunden-Adressen.
- Tiefenselektionen für ein professionelles Key-Account-Management.
- Unterstützung des Innendienstes oder Marketing-Services bei der Abwicklung von Marktbearbeitungs-Kampagnen durch hinterlegte Ereignisketten.
- Automatische Aktualisierung der Adressstati und Potenzialschlüssel nach erfolgten Kontakten und Umsatzerfolgen.
- Möglichkeiten eines einfachen Daten-Imports und -Exports.
- Auswerten der Marktaktivitäten, Kundenpotenziale und Stati, inklusiv grafischer Darstellung.
- Netzwerkfähigkeit und Laptop-Tauglichkeit.
- Verbindung von Dokumenten zu Adressen, Verwaltung von Terminen und/oder Übertragung von Terminen direkt in den Terminkalender.
- Schnittstellen zu einem bereits vorhanden Zentralrechner oder Server, der betriebsrelevante Daten verwaltet und diese der Marketing-Datenbank zuspielt.
- Verbindung zu Lagerinformationen und Lagerbewegungen sowie Auftragserfassungen und Projektführungen.

Diese Anforderungen und Verbindungen sind in vielen Fällen erwünschte Möglichkeiten. Sie sprengen jedoch sehr oft den Rahmen der PC-orientierten Marketing-Datenbank-Konzepte.

Bei der Auswahl einer Marketing-Datenbank sollten Sie auf die Herkunft und die Basisziele des Programms achten. Die Frage „Für wen und für welche Applikation wurde die erste Version entwickelt?" zeigt klar, auf welchem Gedankengut und für welchen Verkaufsprozess das System entwickelt worden ist.

Kosten des Database Management

Database-Management oder Marketing bedeutet, dass ein Unternehmen das Marketing und das Management des Unternehmens auf der Basis der eigens gewonnenen Adressbestände betreibt. Aufgrund der immer höheren Fluktuationsraten kommt der Datenpflege eine große Bedeutung zu. Je schneller und stärker eine Branche sich verändert, desto rascher und umfassender muss die Datenpflege sein. Dazu ein paar interessante Kennzahlen:

Adresswechsel und Anschriftänderung in der Zielgruppe	
Boutiquen	ca. 30 Prozent pro Jahr*
Private Haushaltungen	ca. 1,2 bis 1,5 Prozent pro Monat*
EDV-Hard- und Software-Shops	ca. 20 bis 25 Prozent pro Jahr*
Beratungsunternehmen 1-Mann	ca. 50 bis 70 Prozent im ersten Jahr*
* Erfahrungswerte, aber auch statistisch erfasste Werte aus der Schweiz.	

Jedes Unternehmen kann die Fluktuationsrate der eigenen Zielgruppen über eine eigene Marketing-Datenbank selbst sehr gut ermitteln. Dadurch stehen bereits weitere wichtige Erfahrungswerte zur Verfügung. Beim Database-Marketing spielen die Kosten für die Pflege der Datenbasis daher eine sehr wichtige Rolle. Bei der Kalkulation der Gesamtkosten für eine Marketing-Datenbank sind folgende Faktoren zu berücksichtigen:

- Investitionskosten,
- Betriebskosten,
- Software-Wartungskosten.

Die Investitionskosten sind von den Anforderungen und der Betriebsgröße abhängig. Auf dem Markt (Stand 2001) sind Softwarepakete zwischen 1 000 € und 50 000 € erhältlich. Viele Pakete bewegen sich zwischen 1 000 € und 2 500 €. Dabei sind Komfort und Auswertungsmöglichkeiten und die Einbindung in entsprechende EDV-Landschaften Grund der Preisdifferenz.

Bei den Betriebskosten kann von folgenden Annahmen ausgegangen werden:

- Jedes zu ändernde Kriterium verursacht pro Änderung Kosten in der Größenordnung von 0,50 €.

- Das Erfassen einer Adresse (Basiserfassung) kostet etwa eineinhalb bis zwei €.
- Die wöchentliche Verwaltung und Pflege von 1000 Adressen erfordert bei einer durchschnittlichen Kontaktmenge von 20 Besuchen etwa vier bis fünf Stunden Arbeit.
- Der jährliche Aufwand für die Verwaltung von 1 000 Adressen verursacht also ungefähr Kosten von 4 000 bis 5 000 € bei einem Stundenansatz von 20 €.

In diesen Kosten sind auch Selektionsarbeiten, Erfassen von Kampagnenresultaten sowie die Produktion der entsprechenden Mailings und Nachfass-Listen enthalten. Selbstverständlich gehören auch Auswertungen und Portfolio-Darstellungen zur Beurteilung der Marktbearbeitungs-Situationen zum Aufgabengebiet einer Database-Administrationsstelle.

Die oben genannten Zahlen enthalten jedoch nicht die Aufwendungen, die der Verkäufer selbst erledigt. Seine Aufgabe ist es, Resultate aus persönlichen Verkaufsgesprächen zu erfassen, die Details zu Offerten zu komprimieren und in der entsprechenden Aktivitäten-Rubrik abzulegen. Auf diese Weise kennt der Innendienst die Situation beim Kunden und Interessenten. Bei Rückfragen können die Innendienst-Mitarbeiter so kompetent Auskunft geben.

Beispiele von typischen Auswertungen aus einer Marketing-Datenbank

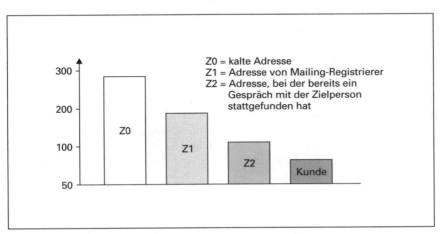

Portfolio-Analyse Kunden-/Interessenten-Verteilung neuer Verkäufer

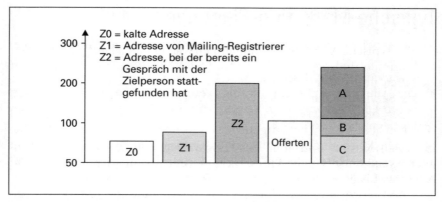

Portfolio-Analyse Kunden-/Interessenten-Verteilung langjähriger Verkäufer

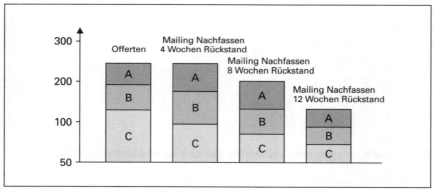

Marktbearbeitungs-Analyse mit Nachfass-Problemen

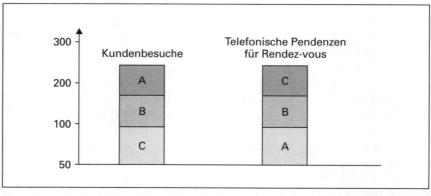

Marktbearbeitungs-Analyse mit Problemen zur Vereinbarung von Außendienst-Terminen

Typische Marketing-Planungen

Es gibt typische Marketing-Maßnahmen, die in fast allen Unternehmen vorkommen und bereits zur Routine des Verkaufs gehören. Gerade in kleineren und mittleren Unternehmen, mit eher mäßig dotierten Marketing-Serviceabteilungen, liegen diese Aufgaben meistens in den Händen der ohnehin schon stark belasteten Verkaufs-, Marketing- und Geschäftsleitungen. Die Vorgehensweisen und Zielsetzungen für diese typischen Marketing-Maßnahmen lassen sich standardisieren und sind im jeweiligen Unternehmen rasch und einfach umzusetzen. Der Aufwand lässt sich so auf ein Minimum reduzieren.

Aufbau und Erhöhung des Bekanntheitsgrades

Der Aufbau und die Erhöhung des Bekanntheitsgrades hat gerade bei kleineren und mittleren Unternehmen (KMU) eine sehr zentrale Funktion. Nur bekannte Unternehmen werden von potenziellen Interessenten automatisch angefragt, sie gelten dadurch automatisch als kompetent, leistungsfähig, innovativ und seriös; besonders in der heutigen Zeit, in der der Service- und Dienstleistungs-Mix gleich hoch oder sogar noch höher als der eigentliche Produkte-Mix eingeschätzt wird. Besonders schwierig ist der Aufbau eines Bekanntheitsgrades für ein neu gegründetes Unternehmen. Für ein umfirmiertes Unternehmen ist es bedeutend einfacher, den Bekanntheitsgrad bei den bestehenden Kunden zu erhalten. Wir betrachten hier deshalb die Situation bei einem neu gegründeten Unternehmen. Auf der folgenden Seite finden Sie die grafische Darstellung eines Verkaufsstufenplans zum Aufbau eines Basisbekanntheitsgrades in der Branche.

Dieser Verkaufsstufenplan berücksichtigt stark die Möglichkeiten der Presse, natürlich aus Kostengründen. Wenn bereits in der Gründungsphase der Unternehmung gute Beziehungen zu den Redakteuren aufgebaut wurden, können diese Artikel mit kleinen flankierenden Inseraten platziert werden. Durch die klare Abgrenzung des beanspruchten Marktes kann ein Fachartikel bereits einen akzeptablen Bekanntheitsgrad erwirken.

Zur Unterstützung dieser Pressearbeit sollten Sie an die Kernzielgruppe attraktive Informations-Mailings versenden. An diese Mailings sollten jedoch keine große Response-Erwartungen geknüpft sein. Wichtig ist nur, dass die Zielpersonen – Entscheidungsträger – über die Leistungen

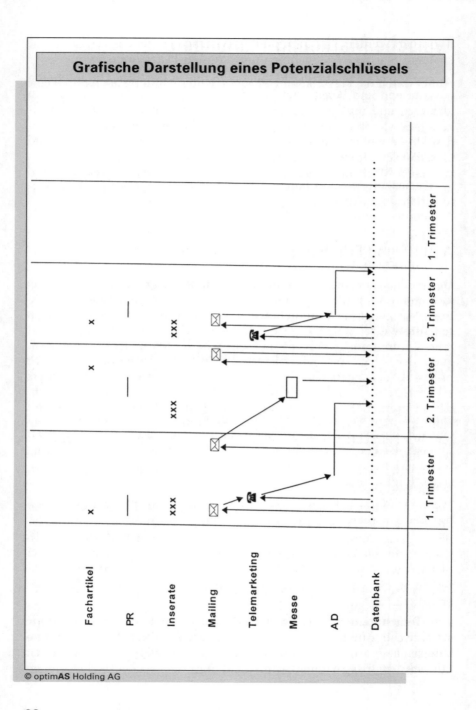

informiert werden. Das Informations-Mailing bereitet das Terrain für die späteren Nachfass-Maßnahmen und Produkt-Platzierungen vor.

Außer durch die Presse kann eine junge Unternehmung auch durch eine größere bis sehr große Organisation oder Unternehmung promoted werden. Dazu sind in der Lage:

- Handelskammern,
- Gewerbeverbände,
- Fachverbände,
- Versicherungen und Banken,
- Erfahrungsaustausch-Gruppen,
- Seminar- und Kongress-Veranstalter,
- Regionale und lokale Veranstalter von
  - Promotionen und
  - Informations-Tagungen/-Abenden.

Wenn sich eine neu gegründete Unternehmung in einem solchen Umfeld präsentiert und sich vielleicht sogar ganz kurz persönlich vorstellen kann, ist das ein weiteres Element zum Aufbau des notwendigen Bekanntheitsgrades.

Je größer ein möglicher Markt ist und je heterogener die Zielgruppen sind, desto schwieriger wird es, einen hohen Bekanntheitsgrad zu erreichen. Die notwendige Höhe des Bekanntheitsgrades ist jedoch auch eine sehr relative Größe. Ein Schreinermeister benötigt in der Regel einen Bekanntheitsgrad in der Kernregion seines Wirkungskreises, der einen Radius von 25 bis 30 Kilometer vom Standort seiner Werkstatt umfasst. Ist der Schreinermeister dann noch bei Küchenbauern, Architekten, Malern und selbständigen Bauführern der definierten geographischen Region bekannt, so genügt dies.

Wenn ein Wirtschaftsprüfer oder eine Unternehmensberatung hingegen nur bei den persönlich akquirierten Kunden bekannt ist, dann ist das eindeutig zu wenig, weil bei einem höheren Bekanntheitsgrad die Akquisition und die Gewinnung von neuen Interessenten viel leichter fällt.

Der Aufbau des Bekanntheitsgrades erfordert laufende Maßnahmen der klassischen Werbung und PR-Aufwendungen. Die regelmäßige Pflege von Beziehungen zu Redaktionen und Journalisten ist eine klare, strategische Aufgabe für die Geschäftsleitung. Auch für ganz kleine Unternehmen ist es äußerst wichtig, dass diese Funktion mit einer hohen Priorität langfristig verfolgt wird.

Um immer wieder regelmäßig in der Fachpresse erscheinen zu können, können Sie zum Beispiel folgende Aufhänger benutzen:

- Die Darstellung einer besonders gut gelungenen Arbeit mit einem Imageträger (Unternehmen oder prominente Person),
- die Vermittlung von Lösungsansätzen, die bisher erst wenige Unternehmen derselben Branche realisieren,
- Information über neue Verfahren, die Ausdehnung der Leistungspalette, die Darstellung von neuen Serviceleistungen,
- Information über die Anstellung von neuen Mitarbeitern oder der Schaffung von neuen Arbeitsplätzen.

Positive Ereignisse dieser Art lassen sich in der Lokal-, Regional- oder Fachpresse sehr gut unterbringen. Um zuverlässige Daten über den gewonnenen Bekanntheitsgrad zu erhalten, empfiehlt es sich vor dem Start mit einer Befragung von Kunden und Nichtkunden einen klaren Ausgangspunkt zu definieren. Nach erfolgtem Abschluss wäre dann die Befragung zu wiederholen. Auf diese Weise kann der Zuwachs quantifiziert werden.

Dieser Aufwand wird in den meisten Fällen jedoch gescheut, obwohl es möglich ist, dank einer solchen Befragung bei den involvierten Zielpersonen ebenfalls eine Steigerung des Bekanntheitsgrades zu erzielen.

Diese Maßnahmen gelten nicht nur für regionale Märkte, sondern sollten auch befolgt werden, wenn ein Unternehmen einen neuen Exportmarkt eröffnen will. Zusätzliche Unterstützung bieten hier noch die Handelsvertreter des eigenen Landes im neuen Exportmarkt. Diese sind in der Regel in der Lage, erste wichtige Kontakte zu knüpfen oder der Geschäftsleitung anlässlich von Empfängen oder Cocktails entsprechende Kontakte zuzuführen. Nach und nach wird auf diese Weise der Bekanntheitsgrad aufgebaut.

Zu diesem Thema finden Sie auf der folgenden Seite ein Beispiel.

> Ein Unternehmensberater aus der Schweiz mit einem breiten Angebot eröffnete eine Filiale in Deutschland. Der neue Geschäftsführer startete sein Geschäft ohne einen Bekanntheitsgrad, ohne große Beziehungen zur Wirtschaft und ohne Beziehungen zu Redaktionen. Die ersten strategischen Überlegungen waren:
> - Welche Fachzeitschriften erreichen landesweit die Kernzielgruppe?
> - Welche Fachzeitschriften realisieren Veranstaltungen, in denen profilierte Fachleute auftreten?
> - Welche Fachzeitschrift ist ebenfalls im Aufbau begriffen und sucht noch nach *neuen unverbrauchten* Spezialisten?
>
> Die Suche verlief für diesen Unternehmensberater erfolgreich. Er fand eine junge Fachzeitschrift, die seine Ideen und Lösungsansätze gut fand, ihn auf Kunden-Events auftreten ließ und darüber eigene redaktionelle Beiträge verfasste. Mit der regelmäßigen Aufnahme von Fachartikeln in der Zeitschrift konnte der Unternehmensname sukzessive stärker im Markt penetriert werden. Das Resultat lässt sich nach einer zweijährigen Zusammenarbeit bereits messen: Wenn ein neuer Fachartikel publiziert wird, klingelt noch in derselben Woche das Telefon. Die Interessenten wollen mehr über die publizierten Lösungsansätze wissen und sind auch gerne bereit, ein persönliches Gespräch mit dem Berater zu führen. Durch die Publikation von Weiterbildungsangeboten in der entsprechenden Rubrik der Fachzeitschrift wird mit geringem Aufwand die mittelfristige Pflege des Bekanntheitsgrades sichergestellt. Die Zielpersonen der Kernzielgruppe werden laufend an die Leistung dieses Unternehmensberaters erinnert.

Erhöhung des Bekanntheitsgrades

Die Erhöhung und Pflege des Bekanntheitsgrades ist für jedes Unternehmen ein **MUSS**. Dabei reichen regelmäßig geschaltete Imageinserate heute nicht mehr aus, denn darüber wird zwar wohl der Unternehmensname verankert, eine klare Assoziation mit einer Leistung findet aber kaum statt. In der heutigen Informationsgesellschaft, die durch eine starke Medienpräsenz geprägt ist, kommt der Art und Weise der Bekanntheitsgradförderung eine besondere Bedeutung zu. Damit die Wirkung entsprechend hoch ist, sollte ein Unternehmen die angestrebte Reichweite seines Bekanntheitsgrades definieren. Einen Lösungsansatz wäre hier so zu sehen:

- *Geographische Reichweite:* Einschränkung nach Wirtschaftsregionen.
- *Branchen-Reichweite:* Kernzielgruppe versus Randzielgruppen.
- *Zielpersonen-Reichweite:* Entscheidungsträger, Geschäftsleitung oder Abteilungsleitungen bis hin zur Stufe Sachbearbeiter.

▶ *Beeinflusser-Reichweite:* Mögliche Vermittler und Entscheidungsbeeinflusser wie Behörden, Prüfungsstellen, Zertifikaterteiler etc.

Mit einer solchen Matrix ist es bedeutend einfacher, entsprechende image- und bekanntheitsgradpflegende und -fördernde Maßnahmen zu realisieren.

> **Das zeigt folgendes Beispiel:**
>
> Eine Unternehmung, die im Bereich der Herstellung von Trennwänden und Kastenelementen tätig ist, hatte als Vertriebspartner Innenausbauer und Schreinermeister. Der Bekanntheitsgrad und die Kundenbindung sollten jedoch erhöht werden. In Zusammenarbeit mit der Fachzeitschrift Holzbau, die als Patronatsgeberin auftrat, realisierte er ein Seminar zu dem Thema „So verkaufen Sie ihren Innenausbau erfolgreicher!". Er lud dazu bisherige und potenzielle Kunden der Branche zum Halbtages-Seminar ein. Dieses Seminar war selbstverständlich nicht kostenlos. Nach dem ersten Seminar erschien eine einseitige Reportage in der Fachzeitschrift. Die Ausschreibung der nächsten Seminare war so erfolgreich, dass innerhalb von drei Monaten drei zusätzliche Seminare angeboten werden mussten. Diese Form der Bekanntheitsgradförderung war zur Gewinnung von neuen Absatzpartnern viel effizienter als alle bisherigen Gewinnungsmaßnahmen. Die Außendienstmitarbeiter konnten die neuen, bisher teilweise unbekannten, Interessenten viel einfacher als aktive Wiederverkaufspartner gewinnen. Mit dem zusätzlich erlangten Wissen kann das Unternehmen die Entscheidungsträger oft auch für Folgeseminare begeistern. Auf diese Weise ist es möglich, ohne zusätzliches Marketing-Budget den Bekanntheitsgrad zu fördern. Die Teilnahmegebühr der Entscheidungsträger macht eine solche Maßnahme zu „Marketing zum Nulltarif". Das Unternehmen hat sich auf die Kernzielgruppe beschränkt und diese durch den Medienmix mit folgenden Aktivitäten umworben:
> ▶ Inserat in der Fachpresse,
> ▶ Einladungs-Mailing,
> ▶ Telefonisches Nachfassen durch den Innen- und Außendienst,
> ▶ Pressebericht und nächste Ausschreibung.
>
> Durch die Unterstützung der Fachpresse erhielt diese Maßnahme eine hohe Glaubwürdigkeit und Akzeptanz, die sich auch auf das Unternehmen, die Leistung, die Mitarbeiter, den Dozenten und letzlich auf das Produkt übertrug. Sich in einem solchen Verbund zu bewegen ermöglicht einen raschen und kontinuierlichen Ausbau des Bekanntheitsgrades.

Um überregional und/oder national einen entsprechenden Bekanntheitsgrad zu erlangen, sind pro Jahr mehrere solcher Maßnahmen notwendig. Dazu ist selbstverständlich eine strategische Beziehungspflege sinnvoll.

Produkteinführung in kurzer Zeit – Erhöhung von Time to Market

In den heute stark gesättigten Märkten kommt der Einführung von neuen Produkten eine äußerst hohe Bedeutung zu. Jeder Konsument – ob im Geschäfts-Geschäftsbereich oder privat – interessiert sich nur noch für die Neuigkeiten auf dem Markt. Daher müssen Produkt-Einführungen genau terminiert werden werden. Die vorhandenen Zeitfenster werden dabei immer enger. Ideal sind die Monate März, April sowie September, Oktober. In diesen Monaten wird die Bevölkerung durch Messen und Produktankündigungen im Privatbereich sehr stark für Neues sensibilisiert. Diese Neugierde können Sie sich für Ihr Produkt zu Nutze machen.

Damit die eigene Produkteinführung nicht untergeht, ist die Wahl der Botschaft und des Auftritts jedoch enorm wichtig. Betrachten wir vorerst die „technische" Seite, das heißt die Konzeption des Auftritts.

Telefon-Marketing (TM)	Sensibilisierungs-Mail	Plakate/PR-Artikel/ TV-Spot
Bemusterung	Angebots-Mail	Zeitungs-Annoncen
Test-Angebot	TM	Mail
Außendienst	Fachmesse	Publikums-Messe
Database (DB)	Angebote Außendienst DB	TM Außendienst DB
Ereigniskette mit hohem Start-Involvement	Ereigniskette mit Förderung des Bekanntheitsgrades	Ereigniskette mit Einsatz größerer finanzieller Mittel

Für die Gestaltung des Auftritts ist es wichtig, dass Sie

- Emotionen auslösen,
- in den ersten drei bis fünf Sekunden die Aufmerksamkeit gewinnen,
- beim Empfänger der Botschaft Haltepunkte realisieren, damit er sich mehr als 20 Sekunden mit dem neuen Angebot beschäftigt,
- es eine Belohnung oder ein Reiz gibt, der den Empfänger der Botschaft zu einer Reaktion motiviert,
- Wohlbefinden, Komfort, Sicherheit, Gewinn, Qualität und Freude mit dem neuen Produkt erreicht werden können.

Zögerlich realisierte Produkteinführungen laufen Gefahr, während der Einführungsphase vom Wettbewerb überholt zu werden. Da bei den meisten neuen Produkten das Herstellungs-Know-how nicht mehr so entscheidend ist, kann eine Kopie bereits in wenigen Monaten angefertigt werden. Der Vorteil des Produkt- und Leistungskopierers liegt in der Vermeidung der ersten Fehler. Dazu kommt, dass der Zweite auf der Werbewelle des Ersteinführers mitreiten kann. Als Ersteinführer eines neuen Produktes sollten Sie daher auf Folgendes achten:

- Bauen Sie große Eintrittsbarrieren für einen Nachahmer auf.
- Stellen Sie nicht auf den ersten Blick alles Know-how kopierbar dar.
- Besetzen Sie den Markt rasch und flächendeckend.
- Besetzen Sie mit der Markteinführung wichtige, strategische Brückenköpfe, die später ein gutes Reference-Selling (über Referenzen verkaufen) ermöglichen.

Der Marketing-Datenbank kommt auch bei einer Produkteinführung höchste Bedeutung zu. Um den Fortschritt der Einführung umfassend überwachen und steuern zu können, ist die Erfassung aller Marktinformationen zu Produkten und Interessenten äußerst wichtig.

Um die Markteinführungszeit verkürzen zu können, sind neben der klassischen integralen Marktbearbeitung noch weitere, beschleunigende Maßnahmen notwendig. Der Zeitfaktor bestimmt hier maßgeblich Ihren Erfolg. Kunden und Interessenten müssen in einer großen Zahl, in kürzester Zeit über ein umfassendes Wissen der neuen Lösung verfügen. Lösungsansätze für diese Anforderungen sind:

- Präsentation der Neuheiten anlässlich speziell organisierter Hausmessen,
- Durchführung von Seminaren, Workshops oder Fachseminaren, in denen die neue Leistung vorgestellt wird,
- Realisierung von dezentralen Events zur Einführung der neuen Leistung, in denen die Lancierung showmäßig inszeniert werden kann.

Beachten Sie bei diesen Maßnahmen, dass nicht der Charakter des „Schon gesehen", „Nichts Neues", „Jetzt kommen die auch noch mit einer solchen Lösung" auftritt. Je persönlicher die Einladung und je ausgefallener die Aufmachung und der Rahmen für die Präsentation der neuen Leistung sind, desto eher sind die eingeladenen Zielpersonen auch anwesend. Je nach Bekanntheitsgrad und Image des Unternehmens sollten Journalisten und Redakteure entsprechender Zeitungen und Fachzeitschriften eingeladen werden.

Voraussetzung einer Produkt-/Leistungseinführung sind positiv realisierte Markttests, in denen auch Preisrahmen in einem eingeschränkten Testmarkt festgelegt werden können. Die Marktforschung kann in vielen Fällen immer nur annähernd klare Antworten erbringen.

> **Auch dazu ein Beispiel:**
>
> Ein Verlag von Nachschlagewerken beauftragte eine Marktforschungs-Gesellschaft, die Marktbedürfnisse, die Marktakzeptanz, das Marktpotenzial sowie die Verkaufshindernisse für ein neues Nachschlagewerk abzuklären. Nach einer repräsentativen Umfrage und über Interviews empfahl das Institut dem Verlag, das Werk zu realisieren. Neun Monate nach dieser Empfehlung konnte die Produkteinführung realisiert werden. Dabei stützte sich der Verlag auf die Aussagen der Studie. Bis hierher war das Vorgehen absolut regelkonform. Leider konnte das Marktforschungsinstitut die Bedarfs- und Marktanalyse nur auf einer theoretischen Beschreibung des Werkes vornehmen, da es bisher nur in den Köpfen der Verlagsleitung existierte. Bei der Produkteinführung wurde dann realisiert, dass ein solches Werk wohl von Interesse ist, die Umsetzung aufgrund des Umfangs und der Art für die Kernzielgruppe jedoch kaum in Frage kommt.
>
> Bei der Ursachenermittlung des Misserfolgs im realen Verkaufsprozess kamen ganz andere Aussagen zum Tragen als anlässlich der Marktforschung. Dieses Phänomen konnte ich im Laufe der Jahre immer wieder beobachten. Erst der echte Test im Verkaufsprozess beweist, ob eine Leistung auch wirklich markt- und bedarfsgerecht aufgebaut ist. Alles, was vor diesem Prozess ermittelt werden kann, hilft zwar bei der Entscheidung mit, kann das Restrisiko des Flops jedoch nicht ausschließen. Im oben geschilderten Fall mussten die bereits realisierten Nachschlagewerke auf Lager gelegt werden. Die Nachlieferungen wurden gestoppt und die Verkaufsanstrengungen für dieses Werk wurden nur noch unter „ferner liefen" weitergeführt. Die ganze Übung verschlang jedoch Hunderttausende.

Messebeteiligung mit hoher Wirkung

Die Fach- und Publikumsmesse erlebt wieder eine Renaissance. Dabei hat sich gegenüber den „satten" 80er Jahren ein Wandel vollzogen. In den 90er Jahren und sicher auch in diesem Jahrtausend, müssen Messen messbare Erfolge erbringen. Nur um gesehen zu werden und mit guten Kunden gemeinsam etwas zu trinken, wird heute wohl kaum eine Messebeteiligung realisiert. Für eine Messebeteiligung mit hoher Wirkung sind folgende Maßnahmen notwendig:

1. Setzen Sie klare Messeziele in qualitativen und quantitativen Größen.
2. Entwickeln und realisieren Sie ein Standkonzept, das die gültige Corporate Identity voll unterstützt, für die Besucher einen absolut

leichten Zugang ermöglicht Leistungen klar und schnörkellos darstellt.

3. Setzen Sie eine Standmannschaft ein, die die Messeziele kompromisslos und zielstrebig umsetzt und neue, unbekannte Messe- und Standbesucher anspricht, um systematisch die Bedarfsklärung zu realisieren.
4. Gestalten Sie die Einladungen und die Nachbearbeitung der Messekontakte so, dass die wertvollen Kontakte mit einer sehr hohen Konsequenz in konkrete Abschlüsse umgewandelt werden können.
5. Führen Sie vor, während und nach der Messe eine Erfolgskontrolle durch. Finden Sie heraus, wie sich die Mengen verhalten, welches die Hauptaussagen sind und welche Leistungen von den Besuchern besonders beachtet werden.

Frequenzförderung für Fachmessen

Die Frequenzförderung für Fachmessen wird immer wichtiger. Nur wer ein Produkt verkauft, das für alle anwesenden Besucher interessant ist, sollte teures Geld in die Frequenzförderung investieren. Richtet sich die Leistung an eine definierbare Zielgruppe, so ist diese zu informieren. Dabei kann die Gesamtzielgruppe oft in eine Kern- und mehrere Randzielgruppen eingeteilt werden.

Kommunizieren Sie vor einer Messe intensiver mit der Kernzielgruppe als mit der Randzielgruppe. Die Kernzielgruppe umfasst alle jene Zielpersonen, die in der Lage sind, einen Auftrag zu platzieren. In vielen Fällen sind in der Randzielgruppe Beeinflusser, Vermittler und in gewisser Weise auch Meinungsbildner enthalten. Eine Messebeteiligung kann gut zu einer Produkteinführung genutzt werden.

> **Auch dazu ein Beispiel:**
>
> Eine Gewürzmühle beschließt zu Jahresbeginn die Einführung eines Sortiments an Premium-Saucen für den Kanal Gastro einzuführen. Da sich Premium-Saucen im oberen Preissegment bewegen, war es notwendig, zum ersten Mal einen teuren, qualitativ hoch stehenden Prospekt zu produzieren. Die Produktsensibilisierungsphase wurde auf den Zeitraum von Juni bis September, die Produktdarstellungs- und Testphase auf den Zeitraum von Oktober bis Dezember gelegt. Dazwischen lag die größte Nahrungsmittel- und Gastro-Fachausstellung, an der das Unternehmen auch teilnahm. Dadurch konnte der Messebeteiligung eine ganz andere Zielsetzung verpasst werden und alle Mitarbeiter hatten ein klares mittelfristiges Ziel: die erfolgreiche Markteinführung der Premium-Saucen auf der Fachmesse.

Auf der Basis dieses Beispiels werden nun im Folgenden die einzelnen Schritte aufgezeigt:

1. Zielsetzung
80 Prozent der Entscheidungsträger der Kernzielgruppen sind auf der Messe über die Neuheit zu informieren. Pro Messetag werden 90 Prozent aller Standbesucher und Passanten über das neue Sortiment kurz, wirkungsvoll und prägnant informiert. Pro Messetag hat jeder Mitarbeiter mindestens 20 Rapporte erstellt, die die Gespräche mit den Besuchern dokumentieren.

2. Frequenzförderung
Die Frequenzförderung wird mit einem mehrteiligen Messegeschenk gesichert (im Beispiel in Form einer Gewürzdose mit goldenem Deckel. Die Gewürzdose wurde leer und ohne Deckel versandt. Am Messestand konnte die mit Curry gefüllte Gewürzdose inklusive des goldenen Deckels in Empfang genommen werden.) Diese banal erscheinende 2-Stufen-Maßnahme brachte eine Einlösungsquote von mehr als 60 Prozent der Entscheidungsträger aus der Kernzielgruppe.

Um eine gesicherte Frequenzförderung zu erreichen, ist ein Messegeschenk absolut notwendig. Dagegen kann eher auf Inserate in der Fachpresse und Tagespresse verzichtet werden, weil über diese Ausgaben die wenigsten Standbesucher gewonnen werden können.

Um einer Zielperson den Messebesuch schmackhaft zu machen, sind in der Regel
- ein Sensibilisierungs-Brief (Information) und
- ein persönlicher Einladungsbrief mit dem ersten Teil des Messegeschenks

zu versenden.

Die Sicherung der Frequenzförderung kann nur durch die Vereinbarung von Terminen erfolgen. Diese Termine sind halbtagsgenau zu fixieren. Dabei können neben dem Außendienst auch der Innendienst und die Servicetechniker sehr gut Termine fixieren. Wenn bereits im Vorfeld feststeht, wie viele Besucher an welchem Tag und ungefähr zu welchem Zeitpunkt kommen, ist der Standchef in der Lage, die im Einsatz stehende Mannschaft aufzustocken oder abzubauen.

3. Standgestaltung
- Ungünstige Grundriss-Gestaltung
- Optimale Grundriss-Gestaltung

Beispiele für die Standgestaltung sehen Sie auf der folgenden Seite.

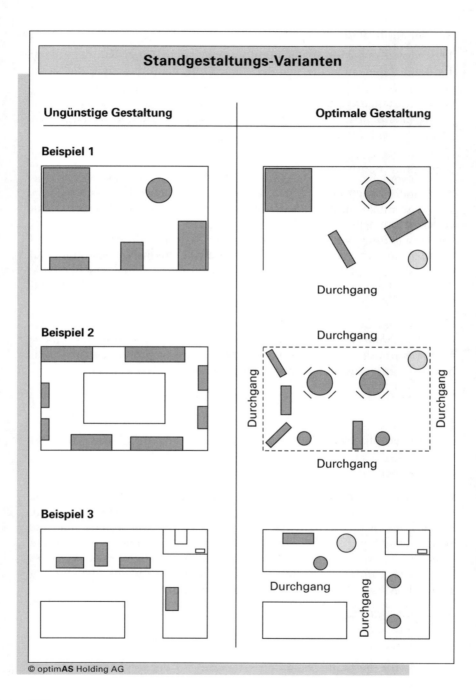

4. Standkommunikation

Das Motto der Messebeteiligung enthält einen klaren Kundennutzen. Es kann daher auch die Leitidee einer Unternehmung sein, die sie zu dieser Gelegenheit wieder einmal darstellen kann. Die Kommunikation auf Schrifttafeln, Schaubildern und Informationen zu den Produkten sind immer aus der Sicht der Kunden mit entsprechenden Nutzenargumentationen zu realisieren.

5. Gesprächserfassung

Alle Gespräche mit Kunden und potenziellen Interessenten werden über ein Rapportsystem erfasst. Der Rapport bildet dabei das Gerüst für das Messegespräch und unterstützt gleichzeitig den Verkäufer bei den geplanten Nachfass-Maßnahmen. Nach etwa zwei bis vier Monaten (abhängig vom Inkubations-Prozess für die angebotenen Leistungen) beurteilt die Geschäftsleitung abschließend die Messebeteiligung.

Beispiele unterschiedlicher Rapport-Systeme zeigen die Abbildungen auf den folgenden Seiten.

6. Messe-Training

Mit dem Messetraining wird die spezielle Kommunkation einer Messe geübt. Die Erfahrung zeigt, dass Verkäufer, die im Zwei-Jahres-Rhythmus eine Fachmesse betreuen, immer wieder ein aufbauendes Kommunikationstraining benötigen. Darin werden neue Ziele und neue Leistungen geklärt, aber auch das eigentliche Üben der Gesprächsführung darf nicht zu kurz kommen. Folgende Bereiche sind dabei sehr wichtig:

- Kunden- und Passanten-Ansprache,
- Steigerung von Image und Bekanntheitsgrad,
- Positionierung der Unternehmung und ihrer Leistungen,
- Systematische Bedarfsklärung in einer messegerechten Kurzfassung,
- Effektive Nutzendarstellung und Lösungspräsentation,
- Gesprächsrapportierung,
- Gesprächsabschluss mit Terminvereinbarung oder klar definiertem Nachfassprozedere.

Die Praxis zeigt, dass kaum je eine Verkaufsmannschaft fit genug ist, um wirklich auf ein Messetraining verzichten zu können. Die Rollengespräche zeigen enorme Lücken, die im Training, das ein bis vier Tage vor der Messe stattfindet, geschlossen werden.

Rapport Publikums-Messe (Beispiel)

GUTSCHEINE à 25 l Benzin

Wieviele PS hat der KIA Sephia Leo 1.5 SLX?

☐ 79 PS ☐ 81 PS ☐ 83 PS

Wieviele Liter Tankinhalt hat der Kia Sephia Leo 1.5 SLX?

☐ 40 Liter ☐ 45 Liter ☐ 50 Liter

Ihre Kontaktperson

☐ N. Müller ☐ S. Friedrich ☐ F. Meyer ☐ Z. Oberholzer

Name/Vorname _____
Adresse _____
PLZ/Ort _____
Telefon P_____ G _____
Geburtsdatum _____
Mein jetziges Fahrzeug _____
Km-Stand _____

Wechsel im ☐ 98 ☐ 99 ☐ 00 ☐ 01

© optimAS Holding AG

Rapport technische Fachmesse

Datum: _____ Kurzzeichen: _____

Visitenkarte oder
Firma: _____ Telefon: _____

Name: _____ Privat-Adr.: _____

Vorname: _____

Straße: _____

PLZ/Ort: _____

Funktion: ☐ Inhaber   ☐ Einkauf   ☐ Produktion   ☐ _____

Tätigkeitsbereich: ☐ Restaurant   ☐ Hotel   ☐ Personalrestaurant
                    ☐ Spital, Heim, Klinik   ☐ Industrie/was _____

Interesse an: <u>Art.</u>   <u>Anzahl/Mt.</u>   <u>Art.</u>   <u>Anzahl/Mt.</u>
                ☐ Einweg-Geschirr   _____   ☐ Packern   _____
                ☐ Einweg-Menuformen _____   ☐ Gewürz   _____
                ☐ C + A-Pet   _____   ☐ Food   _____

Essen pro Tag: _____
Produktionseinheiten pro Tag: _____   was: _____

Der Besucher sucht:

Nächste Schritte: ☐ Unterlagen senden
                    ☐ Besuch bestätigen am _____ um _____ in _____
                    ☐ Besuch verdanken
                    ☐ Offerte senden (gemäß ß en)
                    ☐ Auftragsbestätigung

Ausgeführt: Kz _____   Datum _____
Retour an: Kz _____   Datum _____

© optimAS Holding AG

7. Messe-Nachbearbeitung

Die Messe-Nachbearbeitung (vgl. Abbildung auf der folgenden Seite) soll den getätigten Einsatz und die Investition in klingende Münzen umwandeln.

Mit einer in drei Potenzial-Stufen gegliederten Planung kann die Nachbearbeitung zeitlich gut gestaffelt werden.

Zur Nachbearbeitung gehört auch die Information der Presse über Messe- oder Sortimentsneuheiten. Mit einer vorgefertigten Pressemitteilung ist die Chance am größten, dass die Neuheit auch wirklich publiziert wird.

Das Beispiel einer idealen Gesamtplanung einer Messe finden Sie auf Seite 110.

Kalkulation einer Messebeteiligung

Die Messebeteiligung muss einem Unternehmen messbare Vorteile bringen, beispielsweise Geschäfte anzubahnen, Kunden systematisch zu pflegen und neue Interessenten zu gewinnen. Die Kosten der Messebeteiligung müssen sich lohnen. Die Kalkulation basiert auf Erfahrungswerten und einer durchschnittlichen Messebeteiligung mit Standgrößen von 50 bis 500 qm.

	Kalkulation der Kosten	
Hauptbereiche	**Kosten nach Erfahrungswerten (in €)**	
Standfläche	pro qm	150 bis 300
Standmaterial/Aufbau	pro qm	100 bis 200
Ausstellungsgegenstände, sofern diese nicht speziell hergestellt werden müssen und keine Wiederverwendung vorhanden ist	pro qm	30 bis 60
Werbung – Einladung	pro 100 Adressen	1 000 bis 1 500
Werbung/PR		5 000 bis 25 000
Messenachfassung	pro 100 Adressen	1 500 bis 2 500
Messegeschenke	pro Besucher	10 bis 30

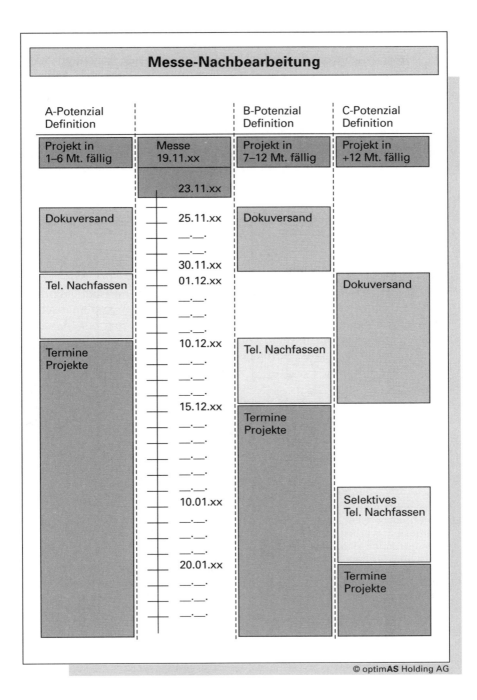

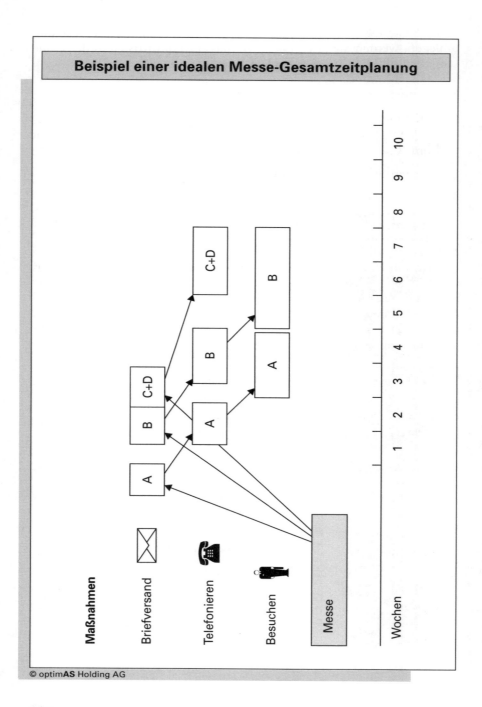

Wenn Sie als Messeplaner die Kosten auf die nächste Messebeteiligung umlegen, werden Sie rasch erkennen, dass pro qm Kosten in der Höhe von etwa 600 bis 750 € entstehen.

Kalkulation des Erfolgs

Den Kosten stehen die Kontakte gegenüber. Nehmen wir einmal folgenden Fall an: Sie belegen an einer Fachmesse einen Messestand mit 200 qm.

Die Kosten belaufen sich somit auf etwa 150 000 €.

Sie setzen zur Betreuung der Besucher 20 Verkäufer ein. (pro 10 qm = 1 Verkaufsperson)

Die Messe dauert fünf Tage. Somit können Sie 100 Verkaufstage à 8 Stunden = 800 Verkaufsstunden einsetzen. Dabei sollen pro Stunde drei bis vier, mit einem Rapport belegte Kontakte, erzielt werden. Sie haben am Schluss der Messe rund 2 400 bis 3 200 qualifizierte Kontakte. Die Kosten pro messbaren Kontakt belaufen sich also auf 45 bis 65 €. Wenn Sie diese Zahlen erreichen, sind die Kontaktkosten über die Zeit von ein bis zwei Jahren klar amortisierbar. Die Aufteilung der Kontaktqualität sieht aus der Erfahrung in etwa so aus:

15 – 20 Prozent	= A-Potenzial	Kontakte, die innerhalb von ein bis sechs Monaten Projekte/Aufträge erteilen können.
20 – 30 Prozent	= B-Potenzial	Kontakte, die innerhalb von sieben bis zwölf Monaten Projekte/Aufträge erteilen können.
50 – 60 Prozent	= C-Potenzial	Kontakte, die längerfristig geringeres Potenzial für einen Auftrag besitzen.

Nach einem Nachfasszeitraum von zwei bis drei Monaten sollte jede Unternehmung eine klare Standortbestimmung in Bezug auf den realisierten Messeerfolg vornehmen. Dabei werden die Resultate der Potenzialgliederung entsprechend präsentiert.

Messe-Nachbearbeitung

Mit dem folgenden Raster haben sehr viele Unternehmen die Messenachbearbeitung optimal realisiert und sichergestellt, dass die potenziellen Interessenten auch sofort bedient wurden.

Zeitraum nach der Messe	A-Potenzial	B-Potenzial	C-Potenzial
1 – 5 Tage	Dankesbrief Dok.Versand		
6 – 12 Tage		Dankesbrief Dok.Versand	
12 – 20 Tage	telefonische Nachfassung		Dankesbrief Dok.Versand
15 – 30 Tage	Besuchstermine	telefonische Nachfassung	
30 – 45 Tage		Besuchstermine	telefonisches Nachfassen
45 – 60 Tage			Selektive Besuchstermine
60. Tag	Auswertung der Resultate – Anzahl der Angebote – Anzahl der Abschlüsse – Anzahl der Projekte für den Zeitraum von 3 bis 24 Monaten nach der Messe – Anzahl der verlorenen Projekte und Aufträge (Gründe)		

Wer die Nachbearbeitung einer Messe so plant und umsetzt, kann die Kapazitäten des Außen- und Innendienstes gut ausnutzen. Gleichzeitig wird auf diese Weise jedermann bewusst, wie wertvoll die erzielten Kontakte auf der Messe sind.

3. Verkaufsoptimierung – Die Steigerung der Vermarktungsstärke

Verkaufsoptimierung will mit dem gegebenen Budget das maximal erreichbare Verkaufsergebnis erzielen oder – bei einer Erhöhung des Budgets – das Verkaufsergebnis überproportinal steigern. In den 80er Jahren wurden gerade durch die Erhöhung der Budgets auf diese Weise neue Märkte gekauft. Schon in den 90er Jahren standen sehr vielen Unternehmen die zusätzlichen Budgetposten nicht mehr zur Verfügung. Somit sind diese Unternehmen gezwungen, ganz systematisch eine Verkaufsoptimierung mit dem gegebenen Budget zu realisieren.

Vermarktungsstärke

Die Mittel dazu sind Vermarktungsstärke und Vermarktungsdruck. Vermarktungsstärke erreichen Sie durch besondere Fähigkeiten, Können, Ideenvielfalt und unkonventionelles Vorgehen. Der Vermarktungsdruck hängt von den zur Verfügung stehenden Mitteln ab, die die Frequenz steigern, zum Beispiel Preis-Aktionen, Wettbewerbe, Anzeigen, Radio/TV-Spots, Plakate etc.

Die großflächige Realisierung des Vermarktungsdrucks lässt sich heute nur noch von der Konsumgüter-Industrie, den Großverteilern im Detailhandel, Banken, Versicherungen, Reiseveranstaltern, Markenartikelherstellern und Automobilherstellern vornehmen.

Unternehmen aus anderen Branchen müssen den Vermarktungsdruck durch eine gezielte Ansprache von klar segmentierten Zielgruppen realisieren. Dabei ist besonders auf eine präzise Botschaft mit interessanten, wechselnden Inhalten zu achten. Der Vermarktungsdruck lässt sich durch die Budgetgröße und die beachteten Frequenzen leicht messen.

Die Messung der Vermarktungsstärke ist dagegen bedeutend schwieriger.

Messung der Vermarktungsstärke

Die Vermarktungsstärke wird an folgenden Elementen erkannt und gemessen:

- Orientierung der gesamten Kommunikation am Kundennutzen,
- Aufbau und Umsetzung einer Kommunikation, die Erlebnisse vermittelt,
- erlebbare Systematik im gesamten Verkaufsprozess,
- systematische Pflege der Kundenkontakte mit speziellen Programmen für die einzelnen Kundenkategorien,
- erlebbare Stärke im Verkauf bei den einzelnen Exponenten im persönlichen Kontakt (erlebbar durch Zielstrebigkeit und Ideenvielfalt bei der Leistungsentwicklung sowie im Abschlussverhalten, Abschluss nicht mit Druck, sondern mit bedürfnisgerechten Ideen und Lösungen),
- die erlebte Verkaufsstärke wird in systematischen Angeboten und Auftragsbestätigungen wiedergegeben, damit die Zielperson das Erlebte einfach und bequem im innerbetrieblichen Prozess weitervermitteln kann.

Um die eigene Position und vor allem die Chancen gegenüber der Konkurrenz besser kennen und nutzen zu können, ist die Kenntnis über die eigene Vermarktungsstärke ausschlaggebend.

> **Zur Verdeutlichung ein Beispiel:**
>
> Ein noch junger, erst seit kurzem in der Unternehmensberatung tätiger Mitarbeiter, akquirierte einen Kunden, der sich in den nächsten sechs bis acht Wochen für eine Unternehmensberatung entscheiden wollte. Im ersten Gespräch stellte der junge Mann dem Kunden ein sehr umfangreiches – überdimensioniertes – Package vor. Dabei war er in seiner Begeisterung zu unsensibel um herauszuspüren, dass der Kunde gar nicht soviel hören, geschweige denn kaufen wollte. Darüber hinaus wurde kommuniziert, dass noch andere Wettbewerber zu dieser Thematik eingeladen wurden.
>
> Die Mühe und Aufwendung des jungen Beraters wurden zwar anerkannt, weil das wirkliche und jetzt aktuelle Bedürfnis jedoch nicht berücksichtigt wurde, erhielt der Wettbewerber mit der feineren Nase für das Kundenbedürfnis den Auftrag.

Diese Geschichte zeigt, dass Vermarktungsstärke auch sehr viel mit Gefühl für den Entscheidungsprozess beim Kunden zu tun hat. Wenn Sie spüren und wissen, wie die Entscheidungsfindung abläuft, können Sie verkaufsstarke Lösungen anbieten. In einem Verkaufsteam kann die

Verkaufsstärke auch mit der Umwandlungsquote von Angeboten in Auftragsbestätigungen gemessen werden. Diese Quote ist die entscheidende Messgröße, um das Umsatzziel zu erreichen. Wenn ein Verkäufer immer nur mit der Anzahl Angebote und der Angebotssumme prahlt, ist der Umwandlungsfaktor zur Auftragsbestätigung meistens schlecht.

Vermarktungsstärke zeigt sich auch daran, wie ein Verkäufer die Abschlussfrage-Technik beherrscht. Verkäufer, die konsequent und systematisch nach Auftragsbestätigungen und nicht nach Angeboten fragen, haben eine hohe Vermarktungsstärke. Dazu braucht es Mut und eine Portion Selbstbewusstsein dem Nein des Kunden gegenüber. Der Verkäufer, der sich auf die Auftragsbestätigung konzentriert, benötigt auch immer wieder einen guten Ausweg, wenn der Kunde unbedingt ein Angebot verlangt. Deshalb bildet die Angebotsgestaltung ein zentrales Element auf dem Weg zum Verkaufserfolg. Der Gestaltung des Angebotes kommt in der heutigen Zeit eine immer größere Bedeutung zu. Entscheiden sich doch immer mehr Geschäftsleitungen oder Abteilungsleiter gemeinsam für einen Lieferanten, Partner oder für eine Leistung, damit bei Versagen der Leistung oder des Partners nicht eine einzelne Person die Schuld tragen muss. Bei kollektiv gefällten Entscheidungen heißt es „mitgefangen-mitgehangen".

Die laufende Überprüfung der eigenen Vermarktungsstärke ist immens wichtig, um die Verkaufsmannschaft fit zu halten. Suchen Sie bewusst die Auseinandersetzung mit Wettbewerbern, und befragen Sie auch Ihre Kunden, wie sie Ihre Vermarktungsstärke gegenüber dem Wettbewerb einschätzen und warum Ihre Vermarktungsstärke besser oder schlechter ist. Damit Sie aussagekräftige Resultate erhalten, sind die Kunden mehrerer Verkäufer zu befragen. Wenn Sie Maßnahmen ergriffen haben, um Ihre Vermarktungsstärke zu steigern, sollten Sie Ihre Kunden ganz einfach nach jedem Schritt, den Sie umgesetzt haben, fragen,was sie davon halten.

Angebotsgestaltung – Das zentrale Element für den Geschäftserfolg

Der Interessent will heute neben den technischen und kommerziellen Inhalten vermehrt auch seinen Nutzen sehen. Der Angebotsgestaltung kommt daher eine immer größere Bedeutung zu. Angebote, die zum Beispiel jeden zweiten Satz mit „Wir" beginnen, sind und können nicht aus der Sicht des Kunden geschrieben sein. Je weniger greifbar ein

Produkt ist, desto stärker muss das Angebot mit konkreten Inhalten gefüllt sein. Gerade in unserer Dienstleistungsgesellschaft erhält dieser Faktor ein immer größeres Gewicht.

Um ein *kunden-nutzen-orientiertes* Angebot gestalten zu können, muss der Verkäufer das eigene Unternehmens- und Leistungswerte-System sowie den Ablauf des Entscheidungsprozesses beim Kunden kennen. Im Gespräch über den Kundennutzen erkennt der Verkäufer rasch, auf welche Elemente der Interessent besonders Wert legt. Diese Elemente sind im Angebot entsprechend stark herauszuheben.

Die Form der Angebotsgestaltung ist grundsätzlich vom Erklärungsbedarf der Leistungen abhängig. Je erklärungsbedürftiger eine Leistung ist, desto umfassender muss das Angebot sein. Je niedriger der Erklärungsbedarf, desto einfacher darf das Angebot sein. Zeichnen sich die Produkte mit geringem Erklärungsbedarf jedoch durch wirkliche Einzigartigkeiten aus, wird es wiederum wichtig, genau diese Punkte im Angebot besonders zu erwähnen. Die Gefahr, dass die Angebote ohne Erwähnung dieser Punkte nur über den Preis und die Konditionen verglichen werden, ist sonst zu hoch.

Gerade in gesättigten Märkten wird es immer wichtiger, dass die Besonderheiten hervorgehoben werden, damit auch Beeinflusser und Entscheidungsträger, die während der einzelnen Verhandlungen nicht anwesend waren, die Vorteile und Nutzen erkennen können. Die Formulierungen müssen daher rasch die Vorteile aufzeigen und den Nutzen und die Besonderheiten gegenüber ähnlichen Anbietern transparent darstellen. Nur wer in seinen Angeboten für nicht anwesende Entscheidungsträger die Begründungen und Vorteile klar darstellt, kann einen über die Produkte und Leistungen erarbeiteten Wettbewerbsvorteil auch sicher zum Ziel führen.

Achten Sie darauf, dass Ihr Angebot nicht nur über den Preis und die Konditionen verglichen wird. Das Angebot muss deshalb so gestaltet werden, dass sich die Entscheidungsträger stärker mit ihm beschäftigen. Dabei ist das Wort „beschäftigen" enorm wichtig. Wie bereits zum Direct-Marketing (Mailing) beschrieben, kommt es auch beim Angebot auf die Aufmerksamkeit an, die über den Inhalt und die Gestaltung erregt wird. Je intensiver der Entscheidungsträger sich mit Ihrem Angebot beschäftigt, desto größer ist die Chance, den Zuschlag zu erhalten. Deshalb kommt auch der systematischen Analyse von Mitbewerber-Angeboten eine so hohe Bedeutung zu. Das Angebot muss so konzipiert sein, dass es auch ohne Gespräch den Kundennutzen zeigt. Betrachten wir die Entscheidungsfindungsprozesse beim Privatkonsum, außerhalb des Einkaufs des täglichen Haushaltbedarfs, so zeigt sich, dass oft nur ein Haushaltsmitglied die Informationen beschafft, jedoch später im Team die Entscheidung gefällt wird. Ob dies auf der Basis eines schriftlichen Angebotes erfolgt oder ob das mündliche Angebot evaluiert wird, ist eher Nebensache. Wichtig ist, dass für die Entscheidung im Team eine gute Grundlage vorhanden sein muss, damit alle Vor- und Nachteile abgewogen werden können.

Systematischer und umfassender wird der Entscheidungsprozess im Geschäftsbereich ausgeführt. Hier ist das schriftliche Angebot fast immer die Basis, auf der später die Entscheidung getroffen wird. Sachbearbeiter sammeln Fakten und Daten, treffen eine Vorauswahl und präsentieren diese vor dem oder den Abteilungsleitern oder der Geschäftsleitung (Verwaltungsrat/Aufsichtsrat). In diesem Prozess ist es besonders wichtig, dass das schriftliche Angebot Situation, Ziele, Vorgehen, Inhalte, Kalkulation, Termine und Nutzen umfassend darstellt.

Gliederung von Angeboten

Selbstverständlich hängt die Gliederung von Angeboten von den jeweiligen Branchen ab. Für ein Produkt mit einem mittleren Erklärungsbedarf empfiehlt sich jedoch folgende Gliederung:

Situation oder Ausgangslage

Schildern Sie die Situation des Kunden, seine aktuelle Marktposition und die Gründe, die zu Ihrem Angebot geführt haben. Darüber hinaus sollten Sie auf die längerfristigen Ziele des Unternehmens eingehen. Zeigen Sie, wie Mitarbeiter auf die neue Leistung eingestellt werden können und was der Kunde vom Produkt und der Leistung erwartet, welche Schwerpunkte gesetzt werden und worauf besonders geachtet werden soll.

Beispiel:

„Die Firma XY ist eine namhafte Herstellerin der Produkte Z. Sie nimmt im Markt eine bedeutende Stellung ein. Dank einer konsequenten Ausrichtung auf die Kundenbedürfnisse konnte die Marktstellung im Laufe der letzten fünf Jahre systematisch ausgebaut werden. Durch diesen laufenden Ausbau der Qualität und der Produkte-Leistungen wird es jetzt notwendig, in der Fabrikation und in der Verwaltung ein umfassendes System zur Sicherung der Qualität aufzubauen. Die Gesellschaftsversammlung hat der Geschäftsleitung den Auftrag erteilt, dieses Ziel innerhalb der nächsten 18 Monate zu realisieren. Ziel ist das Zertifikat nach ISO 900X."

Durch Schilderung der Ist-Situation wird jeder, der am Entscheidungsprozess beteiligt ist, gezwungen, die Situationsschilderung genau zu lesen. Schon oft konnte ich feststellen, dass ein Kunde sich viel intensiver mit der Beschreibung der Ausgangssituation beschäftigte als mit dem Rest des Angebots. Manchmal verlangt der Kunde sogar die Ergänzung der Ausgangslage mit seinen persönlichen Korrekturen. Diese Anforderung kam immer dann, wenn das Angebot zur Auftragsbestätigung umgewandelt wurde.

Ziele oder Zielsetzungen

Geben Sie im zweiten Teil des Angebots die Ziele des Kunden wieder. Für eine möglichst exakte Darstellung ist die Unterteilung in Hauptziele und Detailziele sinnvoll. Auf die Zielhierarchie kann später bei der Präsentation der Leistungen zurückgegriffen werden, da die richtige Form der Zielformulierung bereits eine erste qualitative Abgrenzung des Angebots ermöglicht. Eine solche Zielformulierung könnte für das Beispiel der ISO-Zertifizierung so aussehen:

	Beispiel: Zielformulierung der ISO-Zertifizierung
Hauptziel	18 Monate nach der Gesellschafterversammlung soll das Unternehmen XY durch einen offiziellen Auditor nach ISO 900X zertifiziert sein.
Detailziele	■ Das Unternehmen braucht einen externen Berater, der es in allen diesen neuen Prozessen unterstützt. ■ Der Partner wählt aus dem Team der Abteilungsleiter einen Q-Beauftragten aus. ■ Der Partner organisiert mit dem Q-Beauftragten die einzelnen Abläufe und unterstützt die Abteilungsleiter und deren Teams in der Erstellung des Q-Manuals. ■ Der Partner garantiert wegen seiner Branchenerfahrung und der umfassenden Q-Systematik dafür, dass die Zertifizierung nach dem ersten Audit erreicht wird. ■ Zur Sicherung des Hauptzieles werden in regelmäßigen Abständen entsprechende Fortschrittskontrollen realisiert. Diese sind mit professionellen Präsentationen auszuführen.

Vorgehen/Ablauf der Leistungserbringung

Beschreiben Sie hier die Hauptschritte, in denen Sie die Leistung/das Produkt von A – Z erstellen. Gleichzeitig können Sie hier auch die Schnittstellen darstellen. Sinnvoll ist es, wenn Querverweise zu den Zielen vorgenommen werden. Wiederum an unserem Beispiel der Q-Zertifizierung sieht das so aus:

	Beispiel: Vorgehen
Schritt 1:	Systematische Ist-Aufnahme aller Haupt- und Teilprozesse durch den Berater und den Abteilungsleiter, um eine breit abgestützte Ausgangslage festzulegen und die Teamarbeit zu fördern.
Schritt 2:	Bildung der entsprechenden Projektgruppen pro Abteilung und Geschäftsbereich.
Schritt 3:	Workshop zur Erarbeitung und Definition der Arbeitsweise in den Projektgruppen, sodass das Ziel innerhalb des vorgegebenen Zeitrahmens erreicht werden kann.
Schritt 4:	Erteilung der ersten Aufgaben mit dem Ziel in der ersten Zwischenpräsentation die Grundstruktur des Q-Manuals pro Abteilung darstellen zu können.
Schritt 5:	Verfeinerung und Abstimmung aller Teil-Manuals. Zweite Zwischenpräsentation.
Schritt 6:	Ausbildung des zum Transfer-Trainer bestimmten Abteilungsleiters und Training der Mitarbeiter in der Anwendung der Q-Manuals, damit Q aktiv im Unternehmen lebt und die notwendigen Optimierungen tatsächlich in die Praxis umgesetzt werden.
Schritt 7:	Internes Audit mit drittem Zwischenbericht neun Monate nach dem Start.
Schritt 8:	Externes Audit zwölfter bis vierzehnter Monat nach dem Start. Koordination und Unterstützung durch den externen Berater.

Inhalt/Produktedetails

Anhand der Beschreibung der Inhalte oder Produktedetails soll der Interessent die Leistungen, die er erhält, genau nachvollziehen können. Schwer verständliche Details können durch zusätzliche Zeichnungen, Ablaufpläne, Stundenpläne, Grafiken oder auch Fotos veranschaulicht werden. Auf diese Weise erkennt der Kunde, dass an alle gedacht wurde. Die Detailbeschreibung sollte alle aufgezeigten Schritte umfassen. Der Kunde muss auch den Zeitbedarf daraus ablesen und sich zu den einzelnen Punkten ein genaues Bild machen können. Als Beispiel habe ich die Beschreibung des Transfer-Trainings ausgewählt, um zu zeigen, wie hoch der Detaillierungsgrad sein sollte. Da der Unterschied zwischen dem Verkauf einer Leistung und dem Verkauf eines Produkts recht groß ist, folgt die Beschreibung eines Personal Computers:

Beispiel: Detailinhalte – Transfer-Training (Schritt 6)
Aufbau und Ablauf des Transfer-Trainings Block I   Aufbau des Systems mit der Projektgruppe 2 Tages-Seminar   09.00 – 17.00
Inhalt 1. Tag ■ System des Transfer-Trainings ■ Aufbau und Gliederung der Qualitäts- und Wirkungsziele ■ Darstellung der Führungsinstrumente und Aufbau des Wochen- und Tageskalenders ■ Entwicklung der Qualitätsziele – Fabrikationsqualität, Adminstrativqualität, Verhaltensqualität ■ Präsentation der Qualitätsziele ■ Diskussion über die Einführung der Systematik im Betrieb.
Inhalt 2. Tag ■ Résumée des ersten Tages ■ Umsetzung der generellen Ziele in die Wochenziele für alle Abteilungen für zehn Wochen ■ Präsentation und Abstimmung der Wochenziele ■ Umsetzung der Wochenziele in Tagestrainings von zehn bis 15 Minuten ■ Definition der Kontrollmechanismen ■ Training von Tageslektionen, Darstellung der Trainerfunktion und Umgang mit den Tageskalendern ■ Planung der Train-the-Trainer-Workshops für die Gruppenleiter
In diesem Konkretisierungsgrad kann der Kunde das Folgende genau ablesen: ■ wird das Ziel erreicht, ■ sind genügend Übungen eingebaut, ■ ist die Vermittlungsgeschwindigkeit an das Unternehmen angepasst?

Beispiel: Personal Computer	
Personal Computer konfiguriert nach Ihren Anforderungen	
technische Beschreibung	**Beschreibung des Nutzen für den Kunden**
128 MB-Arbeitsspeicher	Damit Sie Windows-Applikationen und Access-Datenbanken in einer komfortablen Geschwindigkeit bearbeiten können.
700 – 1 000 MHz-Taktfrequenz	Alle Rechenoperationen werden so rasch ausgeführt, dass Sie beim telefonischen Verkauf schnell genug alle wichtigen Daten abfragen können.
4 – 10 Gigabyte Massenspeicher	Sie können mit dieser Speicherkapazität alle modernen Programme locken und umfangreiche Berechnungen bequem abspeichern.

Kalkulation

Die Kalkulation hängt stark von der Art der Leistungen und Produkte ab. Beim Verkauf von Investitions- und Anlagegütern ist dieser Part sehr ausführlich und wird in der Regel an den Kaufvertrag gekoppelt. In vielen anderen Branchen ist die Kalkulation jedoch Teil der Produktebeschreibung. Daher wird der Kunde beim Studium der Unterlagen mit dem Preis konfrontiert. Die Anzahl der möglichen Haltepunkte wird dadurch reduziert. Die Kalkulation kann in folgende Bereiche gegliedert werden:

- Machbarkeits-Studien, Abklärungen, Vorbereitungen, Tests,
- Herstellung der Produkte, Durchführung der Leistung, Kalkulation der Hauptprodukte,
- Ersatzteile, Zusatzleistungen, Zusatzteile, Optionen,
- Ausbildung, Training, Instruktion,
- Verpackung, Versicherung, Zahlung, Konditionen, Lieferung,
- Garantie, Interventionszeit, Garantie für Ersatzteillieferungen.

So kann der Preis mit Leistungen und Garantien verpackt werden. Dadurch wird eine einseitige Betrachtung ohne Berücksichtigung der zusätzlichen Leistungen, die den Preisunterschied begründen, verhindert.

Terminplan

Ein konkreter Terminplan sichert Sie dem Kunden gegenüber ab. Der Vorteil liegt auch hier in der Darstellung der Detailschnittpunkte. Durch die Gliederung des Terminplans nach *Datum, Tätigkeit, Zuständigkeit* übernimmt auch der Kunde die Verantwortung dafür, dass der Zeitplan eingehalten wird. So wird die Leistung bewusst partnerschaftlich erbracht. Bei Waren, die ab Lager lieferbar sind, sieht die Planung so aus:

Datum	Tätigkeit	Zuständigkeit
KW 1	Studium der Offerte	Kunde
KW 2	Auslösen der Bestellung	Kunde
KW 3	Lieferung der Lagerartikel	Lieferant
KW 4	Prüfung der Zufriedenheit mit der Lieferung	Verkäufer – Lieferant
KW 6	1. Teillieferung der speziell beschafften Artikel, siehe Details der Artikelaufstellung	Lieferant
KW 10	2. Teil- und gleichzeitig Schlusslieferung	Lieferant

Nutzen für den Ersteller und den Empfänger

In diesem Kapitel werden die einmaligen Nutzen der Leistung für den Kunden dargestellt. Achten Sie dabei besonders darauf, dass die Nutzen greifbar, erlebbar und kontrollierbar sind. Wählen Sie Beispiele, auf die der Kunde ganz besonders anspricht, und wiederholen Sie die Nutzen, die er selber erwähnt hat oder auf die er sich nach Aussagen seiner Vorgesetzten berufen hat. Hier können Sie noch einmal zeigen, dass Sie die Kundenbedürfnisse erkannt haben.

Weil Einkäufer oft zuerst auf die letzte Seite schauen und dort den Preis suchen, ist es vorteilhaft, wenn diese Aufgaben und Nutzen am Schluss des Angebots aufgeführt werden. Wird der Preis jedoch in die Kalkulation eingebaut, so ist er zwischen den Kapiteln *Terminplanung* und *Nutzen für Sie* umfassend verpackt. Am Beispiel der Q-Einführung sieht die Nutzenformulierung in etwa so aus:

Beispiel:

▶ Sie profitieren von einer langjährigen Erfahrung in der Branche X. Sie müssen daher nicht erst dem externen Berater die notwendigen Brancheneigenheiten vermitteln. Sie sparen daher den Aufwand für das Briefing, das bei einem Betrieb Ihrer Größe erfahrungsgemäß etwa zwei bis drei Arbeitstage für ein bis zwei Personen verursacht.

▶ Mit dem Transfer-Training sichern Sie langfristig die systematische Umsetzung der Q-Anforderungen. Durch die einfache Anwendung können alle Führungsebenen eine aktive und kontrollierbare Mitarbeiterführung realisieren. Die Einbeziehung des Vorschlagswesen garantiert eine laufende Erfassung und erste Prüfung der Vorschläge. Die Geschäftsleitung hat so einen direkten Zugang zum Führungsverhalten im Unternehmen.

▶ Das Transfer-Training bindet keine Kapazitäten, sondern lässt sich täglich während zehn Minuten im Team realisieren. Ideal ist die Umsetzung bei Arbeitsbeginn. Dann wird das Training zur Normalität wie Zähneputzen.

Wenn ein Angebot mit diesem Aufwand erstellt wird, muss es selbstverständlich einen entsprechenden Umsatz umfassen. Je nach Verkaufsart ist es auch möglich, den Nutzenteil dem Kunden vor Ort als Beiblatt abzugeben. Dies empfiehlt sich besonders im Direktverkauf im Hause des Kunden.

Ein Beispiel zur Form der Angebotserstellung:

Ein Unternehmen der Baumontagebranche meinte, dass seine Angebote aus Preisgründen nicht angenommen werden, obwohl die Kalkulatoren regelmäßig Verbesserungsvorschläge und Optimierungen eingebaut hatten. Um sich die Arbeit so einfach wie möglich zu machen, füllten die Kalkulatoren die Angebote immer auf den zugesandten Standard-Formularen aus, auf denen der Gesamtpreis auf der Frontseite einzutragen war.

Die Analyse des Entscheidungsprozesses ergab jedoch, dass die Architekten eine erste Vorauswahl aufgrund des Gesamtpreises auf der Frontseite vornahmen und daher die Chance des Variantenstudiums nicht immer wahrnahmen.

Das Unternehmen veränderte daraufhin die Angebotsgestaltung:

1. Die Angebotsanfragen wurden umfassender geprüft. Anfragen, die nicht mindestens 80 Prozent der Kernleistung des Unternehmens erforderten, wurden abgelehnt, sodass für eine professionellere Angebotsgestaltung Kapazität freigesetzt wurde.

2. Eine neue Gliederung zwang die Architekten, die Angebote mit den Varianten und Optimierungen genau zu lesen. Bei der systematischen Nachfassung der Angebote drei Tage nach Eingang beim Architekten konnte bereits im ersten Monat eine bedeutend positivere Reaktion festgestellt werden.

3. Die Umwandlungsquote von Angeboten in Auftragsbestätigungen konnte innerhalb eines Jahres von 20 Prozent auf 40 Prozent gesteigert werden.

Kundenführung mit System

Eine wirkungsvolle Kundenführung in der modernen Marktbearbeitung, speziell im Bereich der Business-to-Business-Beziehungen, spielt eine immer wichtigere Rolle. Die Automobil-Industrie hat in den letzten Jahren gezeigt, was darunter zu verstehen ist: Wer ein Auto kauft, wird im Laufe von zwei bis drei Jahren regelmäßig mit Dankesbriefen, Fragebogen zur Zufriedenheit, Einladungen zu Veranstaltungen daran erinnert, dass es den Hersteller, Importeur und das Autohaus immer noch gibt. Dieses Kundenführungssystem wird auch Kundenkontakt-Programm genannt. Achten Sie bei solchen Kontaktprogrammen darauf, dass die Anzahl der Briefe gut und sinnvoll dosiert ist. Dann kann eine effiziente Kundenbindung erreicht werden. Wenn die Verkäufer des Autohauses zusätzlich die entsprechenden telefonischen oder persönlichen Kontakte aktiv pflegen würden, könnten aufwendige Werbekampagnen mit klassischen Werbemitteln einfacher und günstiger gestaltet werden.

Für einen Kunden ist es äußerst lästig, permanent mit Briefen überschüttet zu werden, deren Notwendigkeit (Nutzen) er nicht erkennen kann. Anstelle von langjähriger Sympathie-Sicherung, erzeugen die Briefe nur noch Antipathie und Ablehnung. Ein dadurch verärgerter Kunde wird kaum mehr ein neues Fahrzeug derselben Marke kaufen.

Neben diesem Kundenkontaktprogramm ist es je nach Art des Geschäftes notwendig, ein Interessenten-Kontaktprogramm aufzubauen. Darin werden alle Kontakte gepflegt, die im Laufe der Zeit persönlich geknüpft worden sind, jedoch aus irgendwelchen Gründen noch nicht mit einem Auftrag abgeschlossen wurden. Dies kommt besonders in den Bereichen Dienstleistungen (Versicherungen, Unternehmensberatungen, Banken etc.) sowie im Tourismus vor. Dort gibt es viele Interessenten, die regelmäßig informiert werden, aber noch keinen Abschluss tätigten.

Managementrapport versus Kundenführungs-Brief

Der Besuchs-/Gesprächsbericht (Rapport) ist in der Verkaufsführung ein ehernes Führungsinstrument. Die Berichtssysteme sind vielfältig und reichen vom Wochenformular mit einem Einzeilen-Eintrag pro Besuch bis zum Berichtsformular DIN A4 pro Besuch. Alle diese Berichte haben eines gemeinsam: die Information der Verkaufsleitung oder Geschäftsleitung über die realisierten Gesprächsinhalte und Ergebnisse. Mit einem entsprechenden Aufwand wird viel für das Unternehmen getan, jedoch wenig bis gar nichts für den Kunden. So gesehen empfiehlt es sich, mit dem Aufwand die Wirkung am Markt zu erzielen und gleichzeitig den Berichtsinhalt verbindlicher werden zu lassen. Also weg von Absichtserklärungen hin zu klaren kontrollierbaren Versprechen. Vgl. hierzu die Abbildung auf der folgenden Seite.

Der Kundenführungsbrief

Wenn ein nach Außen gerichtetes Berichtswesen aufgebaut wird, steigen die Anforderungen an das Verkaufspersonal. Verkäufer und Berater müssen rasch und gut schriftlich formulieren können. Die Gestaltung des Kundenführungsbriefes kann zwar ungefähr mit Textbausteinen vorgezeichnet werden. Die genauen situationsspezifischen Inhalte sind jedoch nur durch den Gesprächspartner zu verfassen. Er allein ist in der Lage, den richtigen Ton und Stil in einem Brief zu treffen, da er persönlich am Gespräch teilgenommen hat. Wenn ich einer Verkaufsmannschaft das System der Kundenführungsbriefe vorschlage, höre ich immer

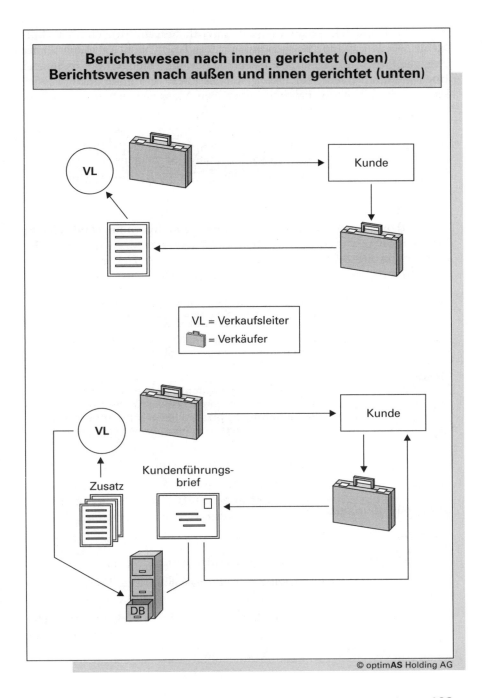

Kundenführung mit System

lautes Stöhnen. Die Frage ist grundsätzlich berechtigt: „Wie viel Aufwand soll in Zukunft noch betrieben werden?" Nun, die Antwort ist ganz einfach: Der Verkäufer oder Berater, der eine sehr persönliche Kunden-/Interessentenbeziehung aufbauen will und diese auch schätzt, leistet sich den Aufwand, nach wichtigen Gesprächen einen Kundenführungsbrief zu schreiben. Der Kundenführungsbrief ist das sympathische und systematische Follow up nach einem Gespräch, das mehrere wichtige Inhalte besaß und entsprechende Zwischenergebnisse erbrachte. Gleichzeitig sollte das Gespräch auch auf beiden Seiten gewisse Aufgaben hinterlassen, die von beiden Partnern zu erfüllen sind.

Aufbau eines Kundenführungsbriefes

Neben dem Bezug auf das gemeinsame Gespräch, dem Dank für die Informationen, Bewirtung, gemeinsames Essen etc., gliedert sich der Kundenführungsbrief in die Bereiche:

Situation	Schilderung der aktuellen Situation, Darstellung der erkannten und/oder zur Kenntnis gebrachten Veränderungen
Ziele	Skizzieren der neuen Ziele des Kunden und/oder des „Lieferanten", Aufzeigen der möglichen Detailziele
Maßnahmen	Darstellung der Schritte und Maßnahmen zur Zielerreichung mit gleichzeitiger Aufgabenteilung zwischen dem Kunden und dem Lieferanten. Dabei ist natürlich wichtig, dass die Aufgaben, die jeder zu lösen hat, klar beschrieben sind und mit einem verbindlichen Termin versehen sind.

In dieser Form gleicht der Kundenführungsbrief bereits im ersten Teil der Gestaltung des neuen Angebotswesens. Je konkreter solche Briefe zu Projekten passen, die später in ein umfassendes Angebot einfließen, desto stärker wurden schon umfassende Vorarbeiten geleistet.

Die Vorteile des Kundenführungsbriefes sind:

▶ Zusammenfassung der Gesprächsergebnisse.
▶ Der Verkäufer ist gleichzeitig der „Protokollführer". Wer das Protokoll führt, steuert.
▶ Erzielen einer unendlichen Menge von weiteren Haltepunkten. Der Kunde liest diesen Brief garantiert, weil er sein Geschäft und seine Wünsche darin wiederfindet.

▶ Der Brief liefert einen Grund, drei Tage nach Eingang den Kunden nochmals anrufen zu können, um nachzufragen, ob alle besprochenen Punkte enthalten sind, ob Ergänzungen notwendig sind, ob die Termine auch drei Tage nach dem Gespräch soweit in Ordnung sind und ob der Kunde noch etwas vergessen hat, das für die gemeinsame Zielerreichung wichtig ist.

Besonders wichtig ist der Kundenführungsbrief, weil er die Voraussetzung schafft, nochmals einen persönlichen Kontakt herstellen zu können. Gerade wenn mehrere Anbieter sich um ein größeres Projekt bewerben, erzielt der Partner mit dem System der Kundenführungsbriefe schon beim Start eine stärkere Kunden-Partnerbeziehung. Der Verkäufer, der das System der Kundenführungsbriefe nutzt, kann die Feinheiten des Beziehungsaufbaus bedeutend besser spüren. Er erhält ein differenziertes Feedback über Lösungsansätze, Wünsche im Vorgehen, Genauigkeit in der Abwicklung von Vorabklärungen etc. Auf diese Weise macht er sich die Beeinflusser und Entscheidungsträger rascher zu „guten Bekannten" als nur zu interessanten Gesprächspartnern. Wir alle wissen, wie schwierig es ist, einen guten Bekannten als Mitbewerber aus dem Rennen zu werfen. Ein guter Bekannter als Partner kann es sich auch in gesättigten Märkten noch leisten, zwischen zehn und zwanzig Prozent über dem günstigsten Preis zu liegen, vorausgesetzt seine Leistung und sein Service stimmen.

Der Kundenführungsbrief ist also ein Instrumente mit dem Sie rascher und gezielter zur notwendigen Anzahl „guter Bekannter" kommen. Besonders entscheidend ist dies beim Aufbau eines neuen Geschäftes, bei der Einführung eines neuen Produktes oder bei der Einführung eines neuen Mitarbeiters.

Die Wirkung beim Kunden

In meiner 20-jährigen Karriere als Verkäufer und Berater habe ich von Kunden höchst selten ein Kompliment in Bezug auf die Kundenführungsbriefe erhalten. Die Wirkung war in über neunzig Prozent der Fälle jedoch immer dieselbe. Anlässlich des nächsten Gesprächs hatte der Gesprächspartner den Kundenführungsbrief an oberster Stelle des Dossiers. In der Regel waren wichtige Punkte markiert. Ergänzungen mit Bleistift direkt in den Text eingetragen und Lösungsansätze oder Antworten zu aufgeworfenen Fragen in Form von Randnotizen angebracht.

Die Wirkung nochmals kurz zusammengefasst:

▶ Der Kundenführungsbrief wird vom Kunden als Hilfsmittel und Arbeitsinstrument genutzt.

▶ Mit diesem Brief ist der Kunde in der Lage, intern die notwendigen Informationen rasch weiterzugeben und Aufgabenzuteilungen einfacher zu realisieren.

▶ Der Entscheidungsträger schätzt die Unterstützung. Er selbst muss nicht Protokoll führen und kann sich auf seine Hauptaufgabe besser konzentrieren. Ihm wird Zeit geschenkt. Als Verkäufer machen Sie so ein Versprechen aus Ihrem Wertesystem wahr.

Die nachfolgenden zwei Beispiele zeigen auf, wie kompakt oder ausführlich Kundenführungsbriefe sein können.

Beispiel 1: Kundenführungsbrief nach Erstgespräch

Leistungspräsentation vom 12. August 20xx

Sehr geehrter Herr Muster,

vielen Dank für den freundlichen Empfang am 12. August in Ihrem Hause. Die umfassende Darstellung der aktuellen Situation Ihres Hotels war sehr aufschlussreich. Dank dieser Informationen sind wir in der Lage, die geplanten Abklärungen für Sie rasch und umfassend zu realisieren. Damit für Sie und für uns die nächsten Schritte effizient realisiert werden können, fasse ich hier das Gespräch mit der gemeinsam besprochenen Aufgabenteilung zusammen.

Situation

Ihr xy-Hotel liegt in einer prächtigen Erholungslandschaft. Dank dieses Standort-Vorteils sind Sie besser ausgelastet als ähnliche Häuser in anderen Lagen Ihrer Region. Damit dieser Standortvorteil von Gästen und potenziellen Gästen jedoch auch erkannt wird, müssen Sie die Werbeausgaben entsprechend hoch ansetzen. Leider haben die erhöhten Werbeausgaben bisher nur die Bekanntheit, jedoch nicht die Auslastung, entsprechend gesteigert. Die Frage ist nun: Was muss getan werden, damit die Auslastung in den nächsten zwei Jahren systematisch auf sechzig bis siebzig Prozent gesteigert werden kann? Die aktuelle Auslastung liegt zur Zeit bei 48–49 Prozent.

Ziele

Mit einer möglichen Zusammenarbeit verfolgen Sie folgende Ziele:
▶ Entwicklung von kostengünstigen Gästegewinnungs-Maßnahmen.
▶ Systematische Steigerung der Gästeauslastung pro Saison durch Gästegewinnungs-Maßnahmen sowie durch Reaktivierung von Stammgästen.
▶ Aufbau einer Verkaufskultur im Bereich Rezeption und Restaurant.

Maßnahmen

Vor der Abgabe eines verbindlichen Angebots sind auf Ihrer wie auch auf unserer Seite noch entsprechende Fragen umfassend zu klären. Diese werden wir gemeinsam während des nächsten Gesprächs erörtern, um die Eckpunkte für einen Kooperationsvertrag zu erörtern. Folgende Aufgaben und Fragen sind als Vorbereitung für das nächste Gespräch zu lösen:

Aufgaben	Zuständig	Termin
1. Aufstellung der realisierten Werbeaktionen	Hotel	25. August
2. Entwicklung eines Konzepts, um neue potenzielle Zielgruppen zu erreichen	Berater	30. August
3. Darstellung des Adressmengengerüstes	Hotel	30. August
4. Zusendung der Planung Wintersaison	Hotel	20. August
5. Überarbeitung der Planung Wintersaison	Berater	30. August
6. Budget – Kosten + Ertrag	Hotel	30. August

Mit der termingerechten Erfüllung der entsprechenden Aufgaben legen wir gemeinsam den Grundstein für eine erfolgreiche, partnerschaftliche Zusammenarbeit. Zur Klärung möglicher Fragen werde ich Sie im Laufe der nächsten Woche kurz kontaktieren.

Nochmals vielen Dank für das interessante und offene Gespräch. Ich freue mich, mit Ihnen zusammen die anforderungsreichen Ziele in Angriff zu nehmen und sichere Ihnen eine termingerechte Ausführung der ersten Aufgabenstellungen als Beweis unserer Leistungsfähigkeit zu.

Mit freundlichen Grüßen

PS: Als Ergänzung erhalten Sie ein Beispiel eines wirkungsvollen, einfachen Mailings, das für ein Hotel einer anderen Region bereits realisiert wurde.

Beispiel 2: Kundenführungsbrief bei einer bestehenden Kundenbeziehung

Standortbestimmung vom 12. August

Sehr geehrter Herr Muster,

die gemeinsame Standortbestimmung unserer weiteren Zusammenarbeit ist äußerst positiv verlaufen. Ich freue mich, dass Sie mit den realisierten Aufträgen bei Ihren Kunden soviel Lob und Anerkennung erhalten haben. Auch von meiner Seite ein herzliches Dankeschön für das Vertrauen und die positive Abwicklung der erteilten Aufträge. Aufgrund der reibungslosen Abwicklung wollen Sie auch in der zweiten Jahreshälfte mit uns im selben Rahmen zusammenarbeiten.

Damit Sie jedoch weiterhin die entsprechenden Vorteile am Markt beibehalten können, sind Sie gezwungen, dem Preisdruck Ihrer Kunden zu entsprechen. Daher werden wir gemeinsam die Kalkulation überprüfen und Einsparungsmaßnahmen aufzeigen. Dies ist die Ausgangslage unserer Zusammenarbeit bis Ende Dezember dieses Jahres.

Ziele

- Weiterhin aktive Zusammenarbeit und Lieferung der Baugruppen für Ihr Produkt XY.
- Reduktion der Einkaufspreise um zehn Prozent für Lieferungen bis zum 31. Dezember bei gleich bleibender Qualität und Service.
- Entwicklung einer neuen Baugruppe für Ihre neue Produktserie, die ab März des nächsten Jahres ausgeliefert wird.

Maßnahmen

Bis zu unserem nächsten Gespräch am 28. August werden beide Seiten folgende Punkte genau prüfen und konkrete Vorschläge entwickeln:

Maßnahmen	Zuständig
1. Überprüfung der Kalkulation und Darstellung der Einsparungsmöglichkeiten	Lieferant
2. Überprüfung der Abnahmegarantien für das zweite Halbjahr	Kunde
3. Kalkulation der neuen Baugruppen als Richtpreis für die Gesamtkalkulation unter Einbezug der Entwicklungskosten und der Werkzeugamortisation	Lieferant
4. Aufbau eines 3-Jahres-Liefervertrages mit umfassenden Serviceaufgaben, Interventionszeit Europa max. 48 Stunden, Übersee max. 96 Stunden	Lieferant

Die Ausarbeitung dieser neuen Vorschläge schätzen wir als Zeichen Ihrer Loyalität und Verbundenheit unserem Hause gegenüber. Anlässlich der Besprechung am 28. August wären wir dankbar, wenn Sie zur Präsentation der Vorschläge die notwendige Infrastruktur zur Verfügung stellen können. (Hellraum-Projektor und Flip Chart). Laptop und Projektor werden von uns zur Verfügung gestellt.

Zum Zeichen Ihres Einverständnisses mit der Aufgabenteilung und den Maßnahmen-Inhalten bitten wir Sie, die Kopie dieser Zusammenfassung gegengezeichnet zu retournieren.

Mit freundlichen Grüßen

PS: Sie erhalten diesen Brief in 4-facher Ausführung, damit Sie die Kopien gleichzeitig zur Information der Geschäftsleitung und den „wichtigen" Abteilungsleitern verwenden können.

Multiplikatoren setzen – Die Dynamisierung der Akquisition

Kunden zu gewinnen ist einer der wichtigsten Prozesse, der in der Unternehmenskultur heute neu definiert werden muss. Besonders in gesättigten Märkten ist es wichtig, neue Ideen zu besitzen, um Kunden zu überzeugen. Wenn ich als Berater in öffentlichen Unternehmerseminaren nach den aktuellsten Engpässen im Unternehmen frage, wird regelmäßig die mangelnde Akquisitionsstärke genannt. Viele Verkaufs- und Marketingleiter zerbrechen sich den Kopf darüber, wie sie rascher und vor allem bequemer und einfacher zu neuen Kunden kommen. Nur wenige Unternehmen haben eine klare Akquisitionskultur.

Chancen und Möglichkeiten

Wie wir bereits im Kapitel zur Akquisition und Kundenbindung gesehen haben, ist es wichtig und vor allem günstiger, bestehende Kunden zu aktivieren und auszubauen als neue zu gewinnen. Doch um den notwendigen Umsatz auszubauen oder zumindest halten zu wollen, ist es ein absolutes MUSS neue Kunden zu gewinnen.

Das „Setzen von Multiplikatoren" basiert auf dem Dynamik-Prinzip von Prof. Dr. Cuno Pümpin, Dozent an der Universität St. Gallen. Das Dynamik-Prinzip besteht aus drei Grundüberlegungen. Diese sind:

- *Dynamisieren* = Realisieren Sie Prozesse schneller als der Wettbewerb.
- *Nutzen stiften* = Geben Sie Ihren Kunden einen Mehrwert für das „selbe" Geld.
- *Multiplizieren* = Setzen Sie Prozesse, Informationen, Produkte und Leistungen mehrfach ein. Vermitteln Sie zur gleichen Zeit mehr Informationen, und geben Sie die Informationen an mehrere Adressaten weiter.

Die Zeit ist die Ressource, die – wenn sie nicht genutzt wird – unwiederbringlich verloren ist. Somit muss die Multiplikation mit dem Schwerpunkt auf den Zeitfaktor gelegt werden. Finden Sie Systeme, Maßnahmen, Auftritte, Anlässe und Vorgehen, bei denen von einem einmaligen Einsatz Mehrere profitieren oder aber mehrere Personen für

Sie etwas tun werden. Die interessantesten Multiplikatoren sind die aktiven Voll-Referenzen. Das sind die Kunden, die so begeistert von Ihnen sind, dass sie bei anderen potenziellen Kunden so positiv darüber sprechen, dass diese automatisch bei Ihnen anfragen. Im Volksmund wird diese Art des Verkaufens auch als Mund-zu-Mund-Propaganda bezeichnet. Zufriedene Kunden sprechen so positiv über das Einkaufserlebnis, dass Bekannte, Verwandte oder Freunde dasselbe ebenfalls erleben möchten. Diesem einfachen Prinzip der Multiplikation kann und sollte man heute etwas nachhelfen. Mit einem klaren Programm ist es möglich, vorhandene Potenziale umfassend auszuschöpfen.

Freunde gewinnen Freunde – oder wie es bei American Express heißt „MGM" – Member get Member. Im Konsumgüterbereich oder eben bei Kredit-Karten-Organisationen, bei Weinhändlern oder bei Wochen- und Monatszeitschriften ist diese Technik bekannt. Diese Art der Kunden- oder Adressgewinnung funktioniert auch für viele andere Branchen. Die Gelegenheit, bestehende Kunden nach potenziellen neuen Kunden zu fragen, wird jedoch sehr oft verpasst. In vielen Unternehmen gibt es dafür noch kein System und meistens fehlt auch der Mut.

Oft höre ich zum Beispiel: „Ja, soll ich denn meinen Kunden sagen, dass ich neue Kunden suche?" oder „Dann glauben die bestehenden Kunden, es ginge mir nicht gut in meinem Geschäft". Diese Skrupel hindern Unternehmer und Verkäufer daran, die bestehenden Kunden aktiv in ein Kundengewinnungsprogramm einzuspannen.

Vorgehen in der Praxis

Wie soll das nun gemacht werden? Diese Frage kann nie generell beantwortet werden. Schauen wir uns doch einfach einige Branchen an und überlegen, mit welchen Möglichkeiten und Vorgehensweisen ein solches System aufgebaut werden kann. (Alle erwähnten Systeme sind in der Praxis erprobt und funktionieren).

Branche	Engpass	Multiplikation mit „MGM"
Hotellerie	Gewinnung neuer Interessenten ist sehr aufwendig. Neue Zielgruppen zu bearbeiten bringt wenig Erfolg	Gäste, die länger als vier Tage im Hotel übernachten, erhalten am dritten Morgen einen persönlichen Brief des Direktors mit der Bitte, einen Adressbogen mit Adressen potenzieller Gäste auszufüllen.
Bank	Gewinnung neuer Sparkunden	Die Mitarbeiter werden durch Wettbewerb animiert, im Verwandten-, Bekannten- und Freundeskreis Interessenten zu generieren, die ein Gespräch mit dem Fachspezialisten zum neuen Sparprodukt akzeptieren.
Versicherung	Gewinnung neuer Interessenten	Vor dem Abschluss der Versicherung fragt der Berater den Kunden noch nach 5 weiteren Personen, die in einer ähnlichen Lage sind und denen die Beratung eventuell ebenfalls Vorteile erbringen könnte.
Radio/TV	Erhöhung der Laden-Frequenz	Nach dem Gerätekauf fragt der Verkäufer, ob der Kunde bei Bekannten im Laufe der nächsten 2 Monate auf seine neue Errungenschaft aufmerksam machen kann. Wenn sich nun einer der Bekannten bei einem Einkauf auf den Tipp seines Informanten bezieht, erhält der Informant (Multiplikator) beim nächsten Einkauf ein kleines Geschenk.
Augenoptiker	Erhöhung der Laden-Frequenz	Der Kunde, der eine neue Brille gekauft hat, wird im Laufe eines Monats nach dem Kauf regelmäßig auf die neue Brille angesprochen. Wenn er bei dieser Gelegenheit den Optiker empfiehlt, also neue Kunden zu ihm schickt, verspricht der Optiker ihm einen zehnprozentigen Gutschein für jeden Kunden, der deshalb gekommen ist.
Unternehmens-Beratung	Gewinnung von Interessenten	Im Abschlussgespräch wird der Geschäftsführer regelmäßig nach einem möglichen Interessenten gefragt, den der Geschäftsführer persönlich gut kennt und der so mit Bezug auf ihn akquiriert werden kann. Besonders gut ist es, wenn er die Einführung mit einem Telefongespräch sofort realisiert. Inhalt: „Ein Hr./Fr. X wird mit Dir/Ihnen Kontakt aufnehmen, wir haben zum Thema Y mit dieser Firma gute Erfahrungen gemacht."

Das Setzen von Multiplikatoren muss in jedem Unternehmen gut vorbereitet sein. Wie Sie aus den Beispielen erkennen konnten, sind dazu unterschiedliche Hilfsmittel im Einsatz. Bewährt haben sich:

Begleitbrief mit Adresserfassungsbogen. Wichtig ist hier, dass der Adressvermittler seinem „Lieferanten" auch sagt, in welchem Verhältnis oder in welcher Beziehung der Vermittler zur neuen Adresse steht. Der Fragebogen wurde zum Beispiel im Hotelbereich ergänzt mit Rubriken wie:

( ) Geschwister ( ) Eltern ( ) Freunde ( ) Geschäftspartner ( ) Nachbarn

Adresserfassungsbogen. Im direkten Kundengespräch lässt sich der Adresserfassungsbogen einfach und bequem einsetzen. Vor allem in eine Präsentationsunterlage oder in einen persönlichen Vorschlag zum Thema Vorsorge/Absicherung etc. können Sie ihn gut einbauen. Besonders ideal ist es, wenn die Präsentationsunterlagen personalisiert sind, also speziell auf den Kunden ausgerichtet und mit seinem Namen versehen. So kann der Adresserfassungsbogen auch mit einer persönlichen Aufforderung versehen werden. Zum Beispiel: „Herr/Frau Muster, Sie haben nun eine umfassende und systematische Beratung erlebt. Wer von Ihren Verwandten/Bekannten glauben Sie, würde von dieser Art der Beratung ebenfalls umfassend profitieren? Nennen Sie mir doch zwei bis fünf mögliche Adressen, bei denen ich anrufen darf und mich auf Sie beziehen kann".

Gutscheinkarte. Die Gutscheinkarte ist für Detailhandel und Fachgeschäft besonders gut geeignet. Sie kann retourniert werden, wenn zwei Personen zum gekauften Produkt angesprochen worden sind. Das Fachgeschäft kontaktiert den Einsender, wenn der erste der vermittelten Kunden im Geschäft war. Wenn innerhalb von 4 Wochen nach Empfang der Karte noch niemand das Geschäft besucht hat, kann sogar noch eine Erinnerung geschickt werden.

Wettbewerb. Ein Wettbewerb für die Beschaffung neuer, potenzieller Interessenten ist besonders in größeren Betrieben sehr interessant. Unter dem Motto „jeder Mitarbeiter ein Verkäufer", können nämlich zwei Fliegen mit einer Klappe geschlagen werden. Erstens: Jeder Mitarbeiter spricht zu einem Produkt oder einer Leistung in seinem Umfeld potenzielle Kunden an. Dabei wird das Produkt umfassend beherrscht, Image und Bekanntheitsgrad gefördert und noch ein positives Umfeld für das Unternehmen geschaffen. Zweitens: Das Hauptziel, günstig neue, qualitativ gute Adressen zu gewinnen, wird rascher erreicht, als über Direct-Marketing-Maßnahmen.

Persönliche Anfrage im Gespräch. Diese Form verlangt am meisten Mut. Sie ist dafür äußerst effizient. Sie sollten aber nicht vergessen, den Kunden zu informieren, wenn der „eingefädelte" Kontakt stattgefunden hat. Eventuell sollte er auch eine Belohnung erhalten. Lassen Sie sich jedoch nicht „erpressen".

> **Hierzu wiederum ein kleines Beispiel:**
> Ein guter und loyaler Kunde von mir versteht es besonders gut, Preise zu drücken. Um immer wieder eine gute Ausgangsposition für Rabatte und Vergünstigungen zu erzielen, wirkt er systematisch und unaufgefordert als aktive Vollreferenz. Bei jeder Besprechung eines neuen Auftrags kommt dann die „alte" Geschichte des „damals vermittelten Auftrags" zur Sprache. Grenzen Sie sich in solchen Fällen klar ab, zum Beispiel mit einer exakten Provisionsregelung.

Der Sponsor – Der Sponsor kann ebenfalls als Multiplikator eingesetzt werden. Sponsoren sind Personen, die als Verkäufer oder als Unternehmer für eine gewisse Tätigkeit angeheuert werden. Wie funktioniert das? Ich unterhalte eine von mir *direkt* gesponserte Person, die nur durch ihre Beziehungen Türen öffnen kann. Ideale Sponsoren sind PR-Berater, Journalisten, Unternehmensberater, Personalberater, Verwaltungsräte, Bankiers, Politiker, Mitglieder von Stadt- oder Kantons-/Bundeslandregierungen, Geschäftsführer großer Konzerne, Professoren mit einem Lehrstuhl etc. Persönlichkeiten, die für das betreffende Unternehmen am richtigen Ort und zum richtigen Zeitpunkt über den Auftraggeber sprechen, sind äußerst wertvoll. Wenn Sie auf diese Weise pro Monat zu ein bis zwei Kontakten kommen mit dem Umsatzpotenzial eines A-Kunden, brauchen Sie sich für die Zukunft kaum noch Sorgen zu machen. Dass ein solcher Sponsor etwas kostet, ist logisch. Setzen Sie doch für diese Tätigkeit einen Betrag zwischen 1 500 und 2 500 € pro Monat ein. Dann können Sie gute Ergebnisse erwarten.

Der Sponsor muss jedoch durch Sie genau geführt werden. Sie sollten gemeinsam die nächsten Schritte definieren. Halten Sie am besten beinahe wöchentlich per Telefon Tuchfühlung. Einmal im Monat, anlässlich eines Essens, die nächsten Schritte zu planen, ist sehr sinnvoll und empfehlenswert. Der Sponsor benötigt von Ihnen laufend Feedback, wie die Weiterverfolgung der angebahnten Kontakte verläuft. Misserfolge muss er umgehend erfahren. Diese sind unbedingt gemeinsam zu analysieren. Nur so wird es möglich, das eingeführte Sponsoring mit einer hohen Effizienz zu betreiben.

Die Multiplikation auf dem Faktor Zeit – Weg von „One to One" hin zu „One to Many"

Viele Prozesse werden in Unternehmen heute noch im „One to One"-Verfahren ausgeführt. Bedeutend effizienter wäre es jedoch, diese Prozesse im „One to many"-Verfahren zu realisieren. „One to Many" bietet extrem viele Vorteile. Weil mehrere Personen zur gleichen Zeit dieselbe Information erhalten, muss die Qualität der Informationsvermittlung bedeutend gesteigert werden.

Gleichzeitig können auch die Methoden der Informationsvermittlung verändert werden. Wenn im One-to-One-Bereich nur der „einfache" Dialog unterstützt und mit mehr oder weniger guten Dokumentationen angewandt wird, so können die Methoden in One to Many bedeutend interessanter und vielfältiger sein.

Informationsvermittlung, Erfahrungsaustausch und die Entwicklung von Lösungen, können in Workshops, Arbeitsgruppen, Moderationen, Plenumsdiskussionen, Vorlesungen mit tief greifenden Diskussionen etc. bedeutend interessanter realisiert werden. Anwendungsmöglichkeiten für One to Many sind heute immer mehr vorhanden. Als aktuelle Beispiele seien hier erwähnt:

- Produkt-Einführungen über Kundenseminare,
- Bedarfsermittlung neuer Produkte in Kundenbeirats-Seminaren,
- Kurz-Workshops zu aktuellen Themen, um Kunden zu akquirieren (selbstverständlich gegen eine geringe Teilnahmegebühr),
- Referatszyklen mit bekannten Persönlichkeiten,
- Seminare für Mitarbeiter der Kunden,
- Feierabendveranstaltungen für geschlossene Besuchergruppen (Kundenanlässe von Banken, Versicherungen, Autohäuser, Computer-Shops etc., zusammen mit einem externen Referenten),
- Roundtables und Lunchveranstaltungen von Handelskammern, Service-Clubs (Rotary, Lions, Kiwanis),
- Referate bei Weiterbildungsveranstaltungen von professionellen Seminarorganisationen zu einem Fachthema,
- Publikation von Fachartikeln in Fachzeitschriften.

Jeder Verkäufer, der herausgefunden hat, wo sich seine Beziehungsgruppen in einem etwas lockereren Rahmen treffen, kann dort auch auftreten. Gerade bei solchen Auftritten kann er das Firmenimage, den Bekanntheitsgrad und vor allem die Fachkompetenz unter Beweis stellen und steigern. Je mehr Multiplikatoren dieser Art ein Verkäufer pro

Zeiteinheit (Kalenderjahr) setzen kann, desto rascher wächst sein Bekanntheitsgrad und die Marktakzeptanz. Um zu solchen Auftritten zu gelangen, helfen einem wiederum die Kunden und auch die eingesetzten Sponsoren.

Nach einem Auftritt bei einem Multiplikator werden unmittelbar Entscheidungsträger auf Sie zukommen und einen aktuellen Bedarf signalisieren. Durch die klare Fokussierung auf einen Themenbereich, werden die Teilnehmer sehr stark dafür sensibilisiert. Wenn dazu gleichzeitig noch ein Spezialist erreichbar ist, wird das aktuelle Anliegen in der Regel auch vorgetragen.

Dieser Prozess funktioniert in allen Bereichen und Branchen. Personen, die einer Einladung folgen, besitzen grundsätzlich ein Interesse am Thema. Wenn konkrete und gute Lösungen präsentiert werden, befindet sich immer eine „frühe Mehrheit" im Saal, die auf die Lösungsskizze reagiert und davon profitieren will.

Der Promotor = stärkste Form der Multiplikation von One to many

Mit einem Promotor können Sie den Markteintritt eines Produktes oder einer Unternehmung beschleunigen. Wem dieses Kunststück gelingt, der kann etliche Tausende für Werbung und PR einsparen und genießt gleichzeitig noch den Goodwill und das Image des Promotors.

Promotoren zu finden ist in der Regel recht schwierig. Auf folgende Faktoren kommt es dabei an:

- ▶ Er muss dem potenziellen Promotor einen klar erkannten und offensichtlichen Engpass lösen.
- ▶ Der Promotor muss sich in seinem Markt dank dem „Junior-Partner" profilieren können. Er muss als besonders innovativ, karitativ, kreativ oder modern betrachtet werden können.
- ▶ Vom „Junior-Partner" erhofft sich der Promotor Leistungen, die er selber nur mit großem Aufwand erbringen könnte.
- ▶ Der „Junior-Partner" leistet in der Regel einen wichtigen Beitrag zur Kundenbindung oder Kundenentwicklung. Manchmal gelingt es auch, dank dem „Junior-Partner" Interessenten zu gewinnen.

Für den „Junior-Partner" ist diese Form besonders attraktiv, weil der Promotor alles unternehmen wird, damit das Projekt erfolgreich abgeschlossen wird. Eine aktive Unterstützung akzeptiert der Promotor in der Regel gerne, wenn der Junior-Partner dafür sorgt, dass die Verkaufsmannschaft (Innen- und Außendienst) des Promotors genau über den

Inhalt der Veranstaltung oder des Anlasses Bescheid weiß. Er muss sich also bemühen, alle Mitarbeiter mit Kunden- oder Interessenten-Kontakten zu instruieren und ihnen zu zeigen, welche Vorteile dieses gemeinsame Auftreten für ihr Unternehmen besitzt. Mitarbeiter stehen solchen Maßnahmen oft eher skeptisch gegenüber. Sie befürchten, vor allem in größeren bis Großbetrieben, Mehrarbeit und Überzeit leisten zu müssen.

Als Junior-Partner einer solchen Aktion sollten Sie zur Motivation der Mitarbeiter des Promotors entsprechende Incentives vorbereiten, die mit den Entscheidungsträgern des Promotors abgesprochen sind. Auch über die Anzahl der neuen Kontakte, die der Junior-Partner knüpfen konnte, sollte der Promotor informiert werden. Bei der grundsätzlichen Vereinbarung der Zusammenarbeit hat der Junior-Partner darauf zu achten, dass nicht permanent die „Provisionsfrage" diskutiert wird.

Für solche Maßnahmen besitzt der Sponsor ein Budget. Als einer der Hauptakteure haben Sie diese Aufgabe sicher nicht ohne Honorar zu lösen. Das Honorar wird oft mit einem Sockelfixum und einer Erfolgsbeteiligung festgelegt. Offeriert der Promotor die Leistung seinen Zielgruppen jedoch kostenlos, so sollte ein fixes Honorar ausgehandelt werden. Bei der Durchführung der Veranstaltung, des Seminars, der Präsentation, der Vorlesung, der Messebeteiligung etc. und der Zusammenarbeit mit dem Promotor, ist formell die folgende Reihenfolge zu beachten:

1. Der Promotor eröffnet und begrüßt die Gäste. Er stellt die Akteure vor.

2. Die Logos und Embleme des Promotors schmücken den Ort des Anlasses.

3. Der Promotor ist möglicherweise selbst der Moderator oder engagiert einen professionellen Moderator

4. Der Junior-Partner kann während seines Auftrittes umfassend auf sich aufmerksam machen. Er sollte sich jedoch unter allen Umständen darum bemühen, keine Werbeveranstaltung für sich zu realisieren. Wissen, Prinzipien, Grundsätze, Erkenntnisse, Hintergrund-Informationen und Erfahrungen sind gefragt. Die Kompetenz wird durch die Darstellung von realistischen Beispielen gezeigt.

5. Der Junior-Partner kann vor oder nach seinem Auftritt Unterlagen abgeben, auflegen oder einzeln verteilen.

6. Das Schlusswort gehört immer dem Promotor in der Funktion des Hausherrn.

7. Der Abschluss einer solchen Aktivität ist der Dankesbrief für die Anwesenden und eine Zusammenfassung für die Abwesenden, damit auch sie noch etwas von der Veranstaltung mitbekommen. In beiden Fällen wird wiederum die Möglichkeit der Reaktion mit einem Antwortcoupon geboten.

Auch zu dieser Form der Multiplikation ein Beispiel:

Als ich mich 1988 selbständig gemacht hatte, konnte ich auf genau fünf äußerst aktive Kunden zählen. Fünf weitere Kunden durfte ich ohne Konkurrenzverbot meines früheren Arbeitgebers weiterbearbeiten. Um das Unternehmensschiffchen sicher in Fahrt zu bringen, suchte ich mir Promotoren. Ich war sehr rasch fündig. Eine Schweizer Großbank veranstaltete zu diesem Zeitpunkt drei Seminare mit einem Theoretiker. Ich konnte dem damaligen Marketing-Direktor klar machen, dass der Theorie eine Ergänzung aus der Praxis sehr gut tun würde. Er war damit einverstanden, und so veranstaltete diese Großbank etliche zwei-Tages-Seminare mit durchschnittlich zwölf mittelständischen Unternehmern. Alle Akquisitions-Maßnahmen wurden von der Bank bezahlt, so auch mein Honorar. Beinahe aus jedem dieser ungefähr 15 Seminare, war es möglich, drei bis vier konkrete Mandate zu erarbeiten. Der Vorteil als Seminarleiter lag zusätzlich darin, dass die Mandate besser ausgesucht werden konnten als über eine aktive Akquisition.

Mit dieser Art der Zusammenarbeit mit einem Promotor wird man *ge*kauft und muss sich nicht *ver*kaufen. Die eigene Position wird so viel stärker, weil der künftige Kunde anhand der dargestellten Lösung einen bestehenden Engpass lösen will. Nicht Sie als Verkäufer wollen einen Engpass beim Kunden finden, sondern er weiß, dass Sie für ihn einen idealen Engpasslöser darstellen.

Co-Marketing – eine partnerschaftliche Form der Multiplikation

Das Co-Marketing funktioniert nach dem gleichen Grundgedanken wie das Besetzen von Promotoren. Den Ursprung bildet die Idee 1+1 = 3. Zwei, die sich zusammen tun, können einen doppelten Effekt erzielen. Beim Co-Marketing schließen sich zwei ähnlich starke Unternehmen mit ähnlichen Zielgruppen-Anforderungen, jedoch mit unterschiedlichen Leistungen, für die Kundengewinnung zusammen. Auf diese Weise werden Adressbestände von Kunden und Interessenten „zusammengeführt". Beide können dasselbe Werbemittel und dieselbe Logistik verwenden. Die Kosten fallen nur einmal an und können an vielen Stellen durch die Co-Marketer dividiert werden. Jeder Einzelne zahlt nur seinen Anteil und profitiert von einem größeren Auftritt. Fachmessen können als größere Form des Co-Marketings betrachtet werden. Der Unterschied ist, dass ein Messeveranstalter dazwischen geschaltet ist, der klar eine Gewinnzielsetzung verfolgt. Co-Marketing ist auf der Fachmesse beim immer moderner werdenden Stand-Sharing möglich.

Wann eignet sich Co-Marketing? Co-Marketing ist immer dann ideal, wenn zwei bis maximal vier Unternehmen für Teilbereiche des Marketing gleiche Ziele zu ähnlichen Zeitpunkten in derselben Region verfolgen. Interessante Anwendungen sind zum Beispiel:

Präsentation neuer Automodelle im Autohaus	kombiniert	mit der Präsentation der neuesten Sportbekleidung oder Sportgeräte.
Als Co-Marketer kommen zum Beispiel in Frage		
Autohaus Modehaus Radio/TV Metzger	+ + + +	Sportgeschäft am Ort Optiker Uhren und Schmuck Bäcker

Wie gehen nun diese beiden Co-Marketer ans Werk? Circa sechs bis acht Monate vor dem gemeinsamen Anlass sollten sie sich über das Konzept, die Inhalte und Aufhänger unterhalten. Wichtig ist das Abgleichen der Gestaltung der Werbemittel. Wenn jeder der Partner absolut selbständig auftritt (Kostensharing ist dann jedoch nur beschränkt gewährleistet), spielt der Adressabgleich keine Rolle. Soll jedoch das Teamwork und die Zusammenarbeit klar dokumentiert werden, ist es wichtig, dass die gemeinsamen Kunden nicht vier- oder sechsmal anstelle von nur zwei- oder dreimal Post erhalten. Neben dieser Koordination muss abgesprochen werden, wer wann wen per Telefon nachfasst, damit die Veranstaltung auch entsprechend gut frequentiert ist. Sinnvoll ist, wenn beide Partner eine identische Menge Adressen systematisch nach der geplanten Ereigniskette nachfassen. Damit auch nicht direkt informierte Kunden über die Show etwas erfahren, ist selbstverständlich auch die Lokalpresse über PR-Artikel und Anzeigen zu informieren. In einer Checkliste sind nachstehend die einzelnen Aufgaben und Funktionen der Co-Marketingpartner am Beispiel eines Co-Marketing Autohaus und Sportfachhändler aufgeteilt.

Aufgabe	Autohaus	Sportfachhändler
Entwicklung des Aufhängers	X	X
Suche der zusätzlichen Attraktion	Kleinkünstler, Musik, Wettbewerb, Attraktion Sport/Spiel/ Geschicklichkeits-Parcours etc.	
Gestaltung der dreistufigen Einladungs-Maßnahmen	X	X
Versand der Einladungen Sensibilisierungsbrief + pers. Einladung	X	X oder zentral über eine Agentur
Nachfassung der Einladungen per Telefon	X	X
Dekoration des Show-Raumes	X	(X) hilft mit in seinem Bereich
Schalten der Anzeigen	X oder	X
Organisation der Produkte-Päsentation	X → Auto	X → Sportbekleidung und Geräte
Empfang der Gäste	X	
Gegenseitige Vorstellung der Kunden	X	X
Erfassen der Besucher	X (am Empfang)	
Nachfassbriefe mit Angeboten, Vorschlägen oder ein einfaches Dankeschön für den Besuch	X	X
Sicherung der Bedarfsdeckung per Telefon-Nachfassung (selektiv)	X	X
Information der Kunden, die nicht an der Veranstaltung teilgenommen haben, per Brief und Telefon	X	X
Training des Personals für die Ansprache der Gäste und Benehmen anlässlich der Show	externer Spezialist	
Training des Personals für die telefonische Nachfassung (Einladung und Anlass-Nachfassung)	externer Spezialist	

Mit dieser Checkliste ist die Organisation eines Co-Marketing keine große Sache mehr. Der Vorteil liegt in der Kostenteilung und der Wirkungssteigerung für beide Co-Marketer.

Auch dazu ein Beispiel:

Ein Porsche-Autohaus in München und der Hauptsitz einer Kantonalbank in der Schweiz hatten zur gleichen Zeit dasselbe Problem. Das Porsche-Autohaus wollte seinen besten Kunden das neue Modell schmackhaft machen. Die Bank wollte neue Kunden im oberen Segment im süddeutschen Raum kennen lernen und gewinnen. Dank der Zusammenarbeit mit demselben Berater konnten die beiden Unternehmen sehr gut gekoppelt werden. Über eine zweistufige schriftliche Einladung wurden die 30 besten Kunden des Autohauses zu einer Sieben-Pässe-Fahrt mit dem werksneuen Porsche eingeladen. 15 Kunden meldeten sich mit Begleitung zu diesem Weekend an. Von München fuhr die Wagenkolonne über das Allgäu nach Vorarlberg ins Münstertal. Das Mittagessen wurde von der Kantonalbank gesponsert. Somit trat jetzt die Bank als Begleiter auf. Über sechs Schweizer-Pässe landete die Gesellschaft im Herzen von Luzern und wurde wiederum von der Bank bewirtet. Im Vorfeld des Nachtessens stellte die Bank die neuen Produkte und Leistungen für deutsche Kunden vor. Während des Essens wurde jeder Tisch von einem Anlageberater betreut. Am Folgetag reiste die Gesellschaft von Luzern wieder nach München. Mit Tränen in den Augen brachten die Fahrer die Fahrzeuge dem Autohaus zurück. Bei der Bank selber konnten im Laufe von sechs Monaten drei namhafte Depots eröffnet werden. Diese Aktion erfüllte somit für alle einen enormen Nutzen:

Für das Autohaus	Für die Bank	Für die Kunden
■ Kundenbindung ■ Auto schmackhaft machen ■ Kundenbindung mit wenig Aufwand + viel Erlebnis	■ sehr gezielte Kundengewinnung ■ gute Chance für mehrere Abschlüsse	■ Erlebnis ■ Kameradschaft, neue Bekannte ■ Exklusivität

Neben diesem Effekt konnte der Berater auch noch Kunden im Bereich Hotel und Tourismus berücksichtigen. So hatte auch er etwas für seine Kundenbindung getan.

In diesem Beispiel hat sich für alle Beteiligten (Autohaus, Bank und Kunden) der Einsatz überaus gelohnt.

Im nächsten Beispiel, das nach demselben Raster vorbereitet und durchgeführt wurde, lohnte sich der Aufwand für beide Partner nicht:

Beispiel

Ein größeres Autohaus in einer Großstadt suchte für seine B-Kunden ein attraktives Event. Für sie besaß dieses Autohaus noch nichts Passendes. Der Zufall wollte es, dass auch die Bankfiliale am Ort einen Anlass suchte, durch den B-Kunden und neue Kunden betreut und gewonnen werden sollten. So taten sich die beiden Betriebe zusammen. Die partnerschaftlich gestalteten Einladungen wurden von der Bank versandt. Wegen des schleppenden Eingangs an Teilnehmer-Anmeldungen griffen beide Veranstalter am Schluss in die Trickkiste. Sie luden alle ihre besten Kunden ein, damit der Ausstellungsraum wirklich voll besetzt war. Das Autohaus organisierte die Verpflegung. Die Bank stellte den Referenten, einen ausgewiesenen Spezialisten für Anlagepolitik und Wechselkursabsicherungen. Das Referat war hoch interessant, bot jedoch kaum einen Anknüpfungspunkt für „B-Kunden". Der lockere Einstieg des Geschäftsführers des Autohauses versprach einen launigen Abend. Der dafür eher trockene Schluss des Regionaldirektors der Bank passte dann bereits weniger zum Einstieg. Bei der Verabschiedung verpasste der Regionaldirektor auch die große Chance, die anwesenden Kunden beider Unternehmen so zu motivieren, sich bezüglich einer finanzielle Überprüfung ihrer Geldanlagen vertrauensvoll an die Anlageberater zu wenden. Auch fehlte der Hinweis, dass die Anlageberater einfach mal versuchen werden, den Kontakt aufzunehmen. Dasselbe fehlte auch beim Geschäftsführer des Autohauses. Als dann zwei Wochen nach dem Anlass ein Anlageberater doch noch zum Telefon griff und einen ihm bis dato unbekannten Teilnehmer anrief, war er überrascht, dass dieser nichts von ihm wissen wollte. Somit begrub er die Idee sofort wieder, diese Adressen persönlich nachzufassen. In diesem Beispiel wurden folgende Fehler begangen:

Referat	Aus der Sicht der Bank perfekt. Der Nutzen für die anwesenden Teilnehmer war jedoch sehr gering. Die Umlenkung in ein Beratungsgespräch war nicht möglich.
Teilnehmer-Einladung	Weil die Nachfassung bei den ausgewählten und vorbestimmten Teilnehmern zu spät begann, wurden die besten Kunden eingeladen, die einem nicht Nein sagen konnten.
Nachfassung	Die Nachfassung wurde wohl gemeinsam geplant, die Umsetzung fand jedoch nicht statt. Hauptgrund war die mangelnde persönliche Vorbereitung und das zu rasche Aufgeben nach der ersten negativen Reaktion. Die Nachfassung startete auch zu spät. So war die Erinnerung an das Referat und die gegebenen Möglichkeiten bereits wieder verblasst.

Richtig eingesetztes Co-Marketing ist heute eine sehr wirkungsvolle Form der Kundenbindung oder Kundengewinnung. Die Organisation von einmaligen Erlebnissen kann Kunden sehr stark binden. Dabei muss die ganze Sache gar nicht so teuer sein. Schon eine interessante Abendveranstaltung in einem Ladenlokal kann einen unheimlichen Effekt erzielen. Zu beachten ist, dass mit Co-Marketing keine Inflation betrieben wird. Dieselben Kunden oder Interessenten können Sie nicht regelmäßig zu ähnlichen gelagerten Veranstaltungen animieren. Eine gute Selektion der Co-Marketer mit ähnlichen Zielgruppen ist somit notwendig. Aber auch im eigenen Geschäft sind die Kunden- und Interessentengruppen genau auszuwählen.

Nutzenargumentation – Sich in den Kunden hineinversetzen

Verkaufsstärke ist auch die Fähigkeit, sich in den Kunden hineinzuversetzen und aus der Sicht des Kunden Nutzen darzustellen und zu kommunizieren. Die Nutzenargumentation entnehmen Sie dem Unternehmens-, Leistungs- oder Produkte-Wertesystem (siehe Kapitel 1). Durch die bereits geleisteten Basisformulierungs-Arbeit können Sie die entsprechenden Nutzen rasch vorbringen.

Mit der alleinigen Erwähnung des Nutzens ist es jedoch noch nicht getan. Um die Bedeutung der Nutzen für den Kunden zu erkennen, sind natürlich entsprechende Informationen des Kunden notwendig. Verkäufer und Berater, die sich intensiv mit den Wünschen und Bedürfnissen der Kunden beschäftigen, sind in der Lage, die geforderten Nutzen zu ermitteln. Durch aktives Zuhören und strategische Fragen, kann der Verkäufer diese Bedürfnisse rasch genug erkennen. Weil Verkäufern immer weniger Zeit zugestanden wird, Leistung kundenorientiert darzustellen, muss die Darstellung des Nutzens für den Kunden genau geplant werden.

Der Grundsatz lautet:

▶ Beginnen Sie mit der Vermittlung von Nutzen für den Kunden erst, wenn Sie wissen, welche einzigartigen Vorteile er sucht.

▶ Stellen Sie den Nutzen so dar, dass immer wieder ein Element nachgeschoben werden kann. (Berücksichtigen Sie die Gliederung nach der Kommunikationskette).

▶ Versuchen Sie den Hauptnutzen visuell darstellen. Nutzen Sie Skizzen und Zeichnungen, die unmittelbar im Gespräch in einer einfachen Darstellung realisiert werden (Pencil-Selling).

▶ Die Fähigkeit, sich in den Kunden hineinzuversetzen bedeutet auch, sehr rasch seinen Verkaufsprozess zu kennen, zu wissen, wie und was die Kunden verlangen, zu erfassen, wo die Engpässe wohl stecken mögen.

Jeder Verkäufer oder Berater, der unaufgefordert ohne eine umfassende Situations- und Bedarfsklärung einfach die Nutzen von Produkten, Leistungen oder Firma erwähnt, geht zu wenig systematisch vor. Die Nutzenargumentation kann in einem Gespräch mit Kunden oder Interessenten nur eingebracht werden, wenn der Gesprächsplan dies auch vorsieht. Somit ist es notwendig, einen entsprechenden Gesprächsplan zu besitzen.

Der Gesprächsplan mit geplanten Nutzenargumenten

Der Aufbau des Gesprächsplans richtet sich, wie in jedem Verkaufshandbuch dargestellt wird, nach der so genannten AIDA-Formel. (Attention/Intereset/Desire/Action) Mit der Zunahme der Erklärungsbedürftigkeit der Leistungen wird es immer wichtiger, diesen einfachen Gesprächsplan noch um verschiedene Elemente zu erweitern. Sehr gute Erfahrungen, besonders in Erstgesprächen, habe ich mit dem Gesprächsplan auf der folgenden Seite gemacht.

Um in Zeit (30–45 Minuten bei erklärungsbedürftigen Produkten) in die Lösungsentwicklungs-Phase zu gelangen, muss das Stellen von strategischen Fragen beherrscht werden. In vielen Key-Account-Management-Lehrgängen und auch bei Feldbegleitungen mit vielen fällt mir immer wieder auf, wie wenig strategische Fragen gestellt werden. Oft war der Verkäufer der Meinung, er wisse die Antworten zu diesen Fragen bereits. Dabei wurde jedoch nicht berücksichtigt, dass das Geschäft und der Markt des Kunden sich laufend verändern. Nur durch klare, strategische Fragen erhält der Verkäufer laufend Auskunft über die aktuelle Situation des Kunden.

Kurze Begrüßung	Austausch der notwendigen Höflichkeitsfloskeln. Wie: Gut gereist? Parkplatz gefunden?
Kleine Überleitung durch den Verkäufer	Ich habe mir das Gespräch wie folgt vorgestellt:
Klärung der Traktandenliste	■ Zuerst eine kurze Vorstellung der Firma XY, ■ anschließend die wichtigsten Informationen zu Produkten und Leistungen, ■ dann die gemeinsame Suche nach interessanten Anknüpfungspunkten, ■ damit ich dies jedoch gut erfüllen kann, ist es ideal wenn Sie mich zuerst über Ihr Unternehmen, die Produkte, Leistungen und aktuellen Situationen informieren könnten?
Überleitung mit einer ersten strategischen Frage	Hr./Fr. ..... wie ist Ihr Betrieb generell strukturiert?
Nachfassen mit weiteren strategischen Fragen (Realisieren des „Schwamm-Effektes")	Fünf bis sieben weitere strategische Fragen müssen ganz rasch vorgebracht werden. Der Kunde soll keine Gelegenheit bekommen, die Gesprächsführung zu übernehmen.
Überleitung zur Positionierung	Hr./Fr. ... nun haben Sie mir sehr viel über Ihr Unternehmen und Ihre Produkte gesagt. Darauf aufbauend kann ich Ihnen nun das von mir vertretene Unternehmen darstellen.
Klären von Fragen des Kunden/Interessenten zur Unternehmens-Darstellung.	
Überleitung zur Leistungs-Darstellung mit Kundennutzen	**Beispiel** Wie Sie aus der Unternehmensdarstellung gesehen haben, profitieren die Kunden bei der Leistung X von den Nutzen YZ
Überleitung zur Lösungsentwicklung	**Beispiel** Wenn Sie die geschilderten Engpässe rasch lösen wollen, dann empfiehlt sich folgendes Vorgehen: – Mit der Leistung von ... profitieren Sie von einer Umsetzung in der Zeit von ..... – Sie können jederzeit die Anpassung auf Ihre Bedürfnisse realisieren, weil das ganze System nach dem Modul-Prinzip aufgebaut ist. Somit entfallen die Primär-Entwicklungskosten zu Hundert Prozent. Die Kosten für die Anpassung an Ihre Bedürfnisse machen max. 15 Prozent des Grundverkaufspreises aus.

Strategische Fragen

Was aber sind strategische Fragen? Die Definition lautet:

Strategische Fragen sind Fragen, die eine kurz-, mittel- oder langfristige wirkungsvolle Antwort ergeben. Antworten, die für mich als Verkäufer entscheidend sind zur Entwicklung der Nutzenargumentation und der Lösung für den Kunden.

In diesen Antworten stecken zusätzlich Schlüsselworte. Besonders im Bereich des beratenden Verkaufens (Consultancy Selling) ist es enorm wichtig, auf diese Schlüsselworte zu achten. Bei der Vorbereitung der strategischen Fragen macht sich der Verkäufer Gedanken, wo der Kunde wohl die größten Engpässe haben könnte.

▶ Unternehmen/Struktur
▶ Leistungen
▶ Vertrieb und Organisation
▶ Produktion und Produkte
▶ Beschaffung
▶ Forschung und Entwicklung
▶ Führung und Mitarbeiter
▶ Finanzierung und Risiko
▶ Kunden und Märkte

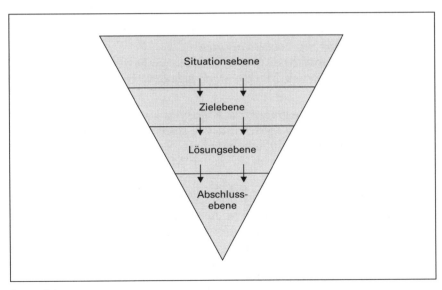

Fragetrichter

Über den Fragetrichter mit den definierten Frageebenen und mit Hilfe der Erfassung der Schlüsselworte kann das Gespräch aufgebaut werden. Dabei ist darauf zu achten, dass die Ebenen erst verlassen werden dürfen, wenn genügend umfassende Hintergrund-Informationen herausgearbeitet worden sind. Diese Methode kann Probleme aufwerfen, wenn der Kunde keine umfassende Auskunftsbereitschaft signalisiert oder sich verschließt. Wesentlich ist, dass die Frageketten über die Schlüsselworte in den Antworten des Kunden weitergeführt werden.

Jeder Verkäufer und Berater sollte innerhalb von drei bis vier Minuten zehn bis zwanzig strategische Fragen in der Vorbereitung problemlos formulieren können. Durch die hohe Formulierungsgeschwindigkeit, die in der Gesprächsvorbereitung trainiert wird, sichert sich der Verkäufer ab, mit seinen Fragen immer das Gespräch zu führen.

Wie sollen diese Fragen gegliedert werden? Jeder Verkäufer oder Berater legt sich am besten seinen eigenen Fragenkatalog zurecht. Dieser sollte auf die Zielgruppen, die Leistungen und die Fähigkeit zur Lösung der Engpässe ausgerichtet sein.

Beispiel eines Fragen- und Antwortkatalogs mit der Hervorhebung der Schlüsselworte in den Antworten:

▶ *Strategische Frage Unternehmenssituation:*
Wie ist die generelle Situation Ihres Unternehmens? Stehen Sie heute eher besser, gleich oder, was ich nicht hoffe, schlechter da?

▶ *Kundenantwort mit Schlüsselworten:*
Wir haben unsere Marktposition *etwas* verbessern können. Dabei haben uns die *neuen* Märkte *stark geholfen*. Das *Risiko ist jedoch auch gestiegen*.

▶ *Strategische Anschlussfragen zur Erfassung von Hintergründen:*
Was heißt *etwas verbessert*? Und *wie stark ist das Risiko* gestiegen? Welchen konkreten Einfluss hat diese Situation auf unsere Beziehung? Wie entwickeln sich die neuen Märkte *mittelfristig*?

Erfassen und interpretieren der Schlüsselworte

Das Erfassen der Schlüsselworte ist die zentrale Aufgabe des Verkäufers. Hier zeigt sich die Fähigkeit des *Aktiven Zuhörens*. Die Schlüsselworte, die aus der Kundenantwort herauszuholen sind, sind diejenigen, die es erlauben, eine weitere strategische Frage zu formulieren. Schlüsselworte beziehen sich immer auf die Faktoren:

- Risiko
- Gewinn
- Erfolg
- Marktanteile
- Einfluss auf die Beziehung
- Informationen zu internen Prozessen, Entscheidungen, Einflüssen, Wünschen
- Informationen zu Anforderungen aus dem Kundenbereich, Normenbereich, Qualitätssicherungsbereich

Beim beratenden Verkaufen ist es wichtig, die Schlüsselworte sofort zu notieren. Dank dieser Notizen ist der Verkäufer auch zu einem späteren Zeitpunkt in der Lage, bewusst nicht gestellte strategische Fragen nachzuholen.

Beschaffungs-Situation

- Sie haben bis heute immer eine Beschaffungs-Strategie auf drei Beinen verfolgt. Was hat sich in dieser Richtung in der letzten Zeit verändert?
- Wie bewerten und beurteilen Sie heute Ihre Lieferanten und Partner?
- Welche Kriterien beeinflussen Ihre Betrachtung?
- Wie bewerten Sie die Logistikkosten und Aufwendungen, wenn Sie die Gesamtkostenbetrachtung stärker in den Vordergrund setzen würden?

Selbstverständlich muss der Verkäufer dieser Bauteilegruppe dem Einkäufer dieser C-Teile – sprich Schrauben – noch weitere Fragen stellen. Mit dem obigen Beispiel wollte ich nur zeigen, worauf es bei den strategischen Fragen ankommt:

- Strategische Fragen gehen vom Übergeordneten zum kleinen aber wichtigen Detail. Es wird grundsätzlich nicht gehüpft. Wenn eine Ebene verlassen wird, kehrt der Verkäufer höchstens in Form eines kleinen PS darauf zurück. So mit der Entschuldigung: „In diesem Zusammenhang wäre es noch interessant zu wissen ...."
- Strategische Fragen sitzen auf Anhieb. Eine einzige Unsicherheit bei der Formulierung wird nicht toleriert. Strategische Fragen treiben das Gespräch konsequent und systematisch in die Tiefe und suchen gezielt nach dem Engpass.

▶ Eine strategische Frage besitzt *immer* eine oder mehrere Präzisierungen. Das erreichen Sie durch den Einsatz von Adjektiven und klaren Eingrenzungen. Wenn Ihnen Ihre Gesprächspartner ausweichen, können Sie die Frage nochmals stellen, dabei insistieren und die Eingrenzung noch feiner ziehen:

Frage: Welche *umfassende Kontrolle* machen Sie in der Marktbearbeitung *regelmäßig und absolut systematisch*?

Antwort: Wir realisieren regelmäßig Kundenmailings und verfolgen den Rücklauf der Bestellungen.

Frage: Wie systematisch verfolgen Sie den Rücklauf?

Antwort: Wir schauen, wieviele Bestellungen eintreffen.

Frage: Wie werden die Nichtreagierer *erfasst, gekennzeichnet oder definiert*?

Antwort: Darüber haben wir uns noch nie große Gedanken gemacht. Die Besteller genügen uns bereits.

Frage: Wie werden die Dokumentations-Anforderer *erfasst und anschließend* weiterbearbeitet?

Antwort: Durch den Innendienst. Die Weiterverfolgung ist Aufgabe des Außendienstes. Der nimmt innerhalb von vier Wochen telefonisch Kontakt auf oder besucht die Interessenten auf seiner Tour.

Frage: Wie viele Bestellungen holen Sie auf diese Weise *zusätzlich* heraus?

Antwort: Das kann ich Ihnen nicht sagen.

Mit den hervorgehobenen Formulierungen, werden mit nur fünf Fragen die Hauptengpässe des Kunden in der Marktbearbeitung ermittelt. Diese sind:

1. Nichtreagierer werden nicht oder kaum weiterbearbeitet, obwohl genau diese von Interessenten und Kunden sehr viel Geld kosten.

2. Dem Außendienst wird zugetraut, dass er die Nachbearbeitung der Dokumentations-Anforderer wirklich systematisch genug realisiert. Die Dokumentations-Anforderer werden in der abschließenden Kampagnen-Beurteilung sehr wahrscheinlich vergessen. Auch die Zusatzbestellungen, die das Kampagnen-Resultat ebenfalls entscheidend beeinflussen können, werden nicht erfasst und nicht dazugerechnet.

3. Dieser Firma fehlt eine Marketing-Datenbank, die Verkaufs- und Akquisitionsprozesse steuert. Dem Außendienst fehlt das Konzept einer integrierten Marktbearbeitung und die Kenntnisse über Direktmarketing. Dem Verkaufsleiter, Marketingleiter oder auch Geschäftsführer fehlt das Führungsinstrumentarium, um eine effiziente Marktbearbeitung steuern zu können.

Noch sind das zwar nur Hypothesen, aber in der Marktbearbeitung kann das Gespräch so gestaltet werden, dass man die Vermutungen bestätigt und zugibt, dass die ungenaue Antwort zur präzise gestellten Frage den Engpass vertuschen wollte. Man hat nicht mit den vertiefenden Fragen, der Fragegeschwindigkeit und Konsequenz gerechnet.

Achten Sie darauf, dass Sie den Gesprächspartner mit einer Fragekaskade nicht bloßstellen. Sollte Ihnen das trotzdem einmal passieren, entspannen Sie den aufgebauten Druck der Fragestellung. Entschuldigen Sie sich für die Frage, oder bauen Sie dem Kunden eine Brücke für eine positive Antwort in seinem Sinne. Der Kunde darf vor Ihnen nie sein Gesicht verlieren. Dann ist der Aufbau eines Vertrauensverhältnisses von Anbeginn unmöglich. Oft müssen Sie dem Kunden auch Zeit geben, bis Sie alle strategischen Fragen in mehreren Kontakten umfassend geklärt haben. Wenn Sie nicht alle strategischen Fragen geklärt haben, kann Ihnen dies auch Sicherheit geben, dass bei den nächsten generellen Gesprächen immer noch genügend Gesprächsstoff für Ziele mit mittel- bis längerfristigem Charakter vorhanden ist.

Kleine Zusammenfassung
- Sie können sich nur dann in den Kunden hineinversetzen, wenn Sie mehr über ihn wissen.
- Mehr Kenntnisse über den Kunden erhalten Sie durch gezielte strategische Fragen.
- Mit strategischen Fragen können Sie die Engpässe des Kunden rasch erfassen.
- Der Kunde darf nie das Gesicht verlieren. Nehmen Sie zu starken Druck mit Entschuldigungen, Begründungen, Nutzen oder dem Bauen von Antwortbrücken sofort weg.
- Strategische Fragen brauchen Vorbereitung, Übung und eine „kleine" Portion Mut.
- Erfassen der Schlüsselworte heißt, sich sofort Notizen zu machen. Erkennen, welche die Schlüsselinformation ist, und darauf aufbauend die neue strategische Frage formulieren.

Nutzen-Visualisierung durch Pencil-Selling

Das Visualisieren von Nutzen wird heute an sehr vielen Orten gepredigt. Sicher schätzt es der Kunde, wenn der Verkäufer oder Berater mit einer Broschüre schön dargestellter und einleuchtend visualisierter Nutzen daherkommt. Wenn der Verkäufer diese Nutzen in der Kommunikation oder aus der Sicht des Gesprächspartners vermittelt, hinterlässt er jedoch einen professionelleren Eindruck. Durch das Skizzieren des Nutzens während des Verkaufsgesprächs erhöht der Verkäufer seine Kompetenz und die Aufmerksamkeit der Gesprächspartner. Mit den notwendigen Visualisierungs-Übungen wird die ideale Nutzenargumentation aus der Sicht des Kunden geübt und eintrainiert.

Ideale Visualisierungen

Um den Kundennutzen rasch darstellen zu können, benötigt der Verkäufer ein Sortiment an passenden und ausgetesteten Visualisierungen. Dafür gibt es jedoch kein Patentrezept. Als Hinweis und Hilfe können nachstehende Formen dienen. Achten Sie bei der Entwicklung der passenden Formen darauf, dass diese

- rasch skizziert sind,
- durch jeden Mitarbeiter im Verkauf reproduziert werden können,
- den Nutzen klar unterstreichen und bildhaft werden lassen,
- einzigartig sind, sodass die Konkurrenz mit derselben Darstellung nicht dieselbe Aussage unterstützen kann.

Das Formen-Sortiment

Quadrat/Würfel
Eindimensional beginnen, Erweiterung zu einem Würfel im zweiten Schritt, geeignet zur Darstellung von Produkt-Segmentierungen, Markt-Segmentierung, Darstellung einer Produkt-Markt-Matrix.

Rechtecke
Mit einem Rechteck beginnen, Erweiterung auf mehrere Rechtecke, geeignet zur Darstellung von Organigrammen, Prozessketten, Abläufen eines Auftrages oder einer Aufgabe, Abläufen mit entsprechenden Detailinhalten pro Schritt.

Kreis
Start mit einem Kreis, erweiterbar mit Kreissegmenten und weiteren konzentrischen Kreisen, geeignet zur Darstellung von Wertesystemen, Produktaufteilungen, Zielgruppenverteilungen, Marktanteilsverteilungen, Umsatzverteilung nach Produkten, Antworten von Befragten.

X-Y Achse
Start mit der X-Achse. Dabei besteht genügend Zeit zur Überlegung wie der Inhalt dargestellt werden soll, Fortsetzung mit der Y-Achse, Erstellen der Einteilung oder Beschriftung der Achsenwerte. Zeit, Kosten, Umsatz, Stück, Schritte, Prozente, geeignet zur Darstellung von Break-Even-Punkt/Gewinn-Verlustschwelle, Kosten/Nutzen, Kosten/Ertrag, Maßnahmen-Planung mit Schritten und Zeitpunkten, Kosten-Erfolgsdarstellungen, Leistungskurven in Abhängigkeit von Lebenskurven bei Produkten oder auch auf den Menschen bezogen. (Lebenskurven-Banking, Versicherungsleistungen mit Ein- und Auszahlungsverlauf etc.) Verkaufsplanung in Kombination mit den Vorbereitungs-Maßnahmen und der Ausbildung.

Dreieck
Start mit einem gleichschenkligen Dreieck, erweiterbar mit der dritten Dimension, geeignet zur Darstellung von Bedürfnissen (Bedürfnis-Pyramide nach Maslow), Risiko und Rendite —> Je höher die Rendite, desto höher das Risiko, mit zwei gleichgestellten Dreiecken können Preisniveau und Leistungsniveau sehr gut verglichen werden, im Finanzbereich lassen sich Anlageart auf der einen Fläche und Anlagetitel und Verteilung auf der zweiten Fläche gut darstellen.

Zwei gegengleiche Dreiecke – Pareto-Prinzip
entdeckt durch den italienischen Ökonomen Pareto, 80/20er-Regel, geeignet zur Darstellung von 20 Prozent der Kunden = 80 Prozent des Umsatzes, 20 Prozent der Artikel = 80 Prozent des Deckungsbeitrages, 80 Prozent der Artikel besitzen einen Lagerumschlags-Faktor < 1, 20 Prozent der Artikel besitzen einen Lagerumschlags-Faktor > 4, mit 20 Prozent des Sortimentes wird 80 Prozent des Umsatzes realisiert

Balkendiagramm
Start mit dem ersten Balken, Eintragen der Werte, Fortsetzung mit einem zweiten, dritten ... Balken, geeignet zur Darstellung von Produkt-Leistungs-Strukturen, Grundsätze der Kalkulation, Preis-Leistungs-Vergleiche im Verhältnis zu Mitbewerbern, gewünschten Preisreduktionen mit entsprechenden Leistungsreduktionen. Niedriger Preis bei einem Balken = niedrigere Leistung

Die Technik des Pencil-Selling, die Sie bei der Realisierung dieser geometrischen Figuren anwenden müssen, sieht so aus:
1. Kurze Einleitung gegenüber dem Gesprächspartner: „Ich skizziere Ihnen das mal ganz kurz" oder „Diese Vorteile könnten so dargestellt werden" oder „Skizziert sähe das Vorgehen so aus".

2. Nehmen Sie den DIN-A4-Block in Querform zur Hand. Legen Sie das Papier in die Mitte des Tisches oder auf die theoretische Linie, welche die Territorien der beiden Gesprächspartner trennt.

3. Zeichnen Sie großzügig, pro geometrische Figur ein Blatt. Kleben Sie die Figur nicht an den Rand. Starten Sie immer in der Mitte des Blattes, außer bei einer X-Y-Achse. Zeichnen Sie so großzügig, dass Sie Zahlen und Buchstaben nicht in Spiegelschrift verfassen müssen. (Sie verlieren sonst zu viel Zeit.)

4. Nach jedem Strich, den Sie ziehen, kontrollieren Sie mit einem ganz kurzen Blickkontakt, ob Ihr Gesprächspartner Ihnen folgt, also ob er mit voller Konzentration Ihre Darstellungen versteht. (Bei kritischen Blicken müssen Sie noch zusätzliche Erläuterungen einfließen lassen.)

5. Erhalten Sie die kurze Bestätigung, dass er Ihnen folgt mit einem Blickkontakt seinerseits, fahren Sie *sofort* mit der Darstellung weiter. Jetzt können Sie immer sehr gut „Sie-Standpunkte" einfließen lassen. Stellen Sie Ihre Leistung immer aus der Sicht des Kunden dar. Verwenden Sie also *permanent* Formulierungen wie: „Für Sie bedeutet das ..." „Sie profitieren von diesem Aufbau in der Form, ..." „Ihr Unternehmen und Ihre Kunden erhalten somit ..."

6. Beteiligt der Gesprächspartner sich aktiv bei der Entwicklung der Darstellung, indem er hineinzeichnet, mit seinem Stift Ergänzungen macht oder auch mit dem Finger hineindeutet, sind Sie richtig vorgegangen. Sie haben mit wenigen Strichen bereits eine Partnerschaft erstellt. Ihr Gesprächs*partner* entwickelt mit Ihnen *zusammen* die *gemeinsamen* nächsten Schritte.

7. Gewonnen haben Sie, wenn Ihr Gesprächspartner Sie bittet, von diesen Skizzen eine Kopie zu bekommen. Machen Sie ihm diese Kopie bitte. Behalten Sie *immer* das Original. Veränderungen auf der Kopie erkennen Sie rascher als auf dem Original, wenn diese Skizzen beim nächsten Gespräch als Anküpfungspunkte oder als Protokolle wieder auf den Tisch kommen.

Trainieren und entwickeln Sie die passenden Formen mit diesen acht Tipps, und Sie werden einen durchschlagenden Erfolg erzielen. Machen Sie in einem Gespräch so viele Skizzen, wie Sie benötigen, bis der Kunde Ihre Leistung ohne Wenn und Aber bestellt.

Zeigen Sie vor allem die Unternehmens-Positionierung und die Abgrenzung gegenüber Mitbewerbern sowie das Werte-Leistungs-Konzept und den Nutzen der Produkte für den Kunden. Im Großen und Ganzen sollten Sie mit drei bis vier Darstellungen auskommen. Für den Schluss ist die Skizze mit den X-Y-Achsen besonders geeignet, um die Planung und das weitere Vorgehen darstellen zu können.

Führen Sie Ihren Kunden mit Visualisierungen rasch und sicher zur Entscheidung. Komplexe Zusammenhänge können in bedeutend weniger Zeit vermittelt werden als ohne Visualisierung. Bei Erläuterungen ohne gesprächspartnerorientierte Darstellung von Funktionen, Abläufen, Zusammenhängen und Inhalten benötigen Sie in der Regel dreimal mehr Zeit ohne Visualisierungen.

Diese Erkenntnis ist von besonderer Wichtigkeit, denn die Einkäufer und Entscheidungsträger leiden heute alle unter einem enormen Zeitdruck. Wenn Sie es also schaffen, in kürzerer Zeit zum Wesentlichen zu gelangen, als der Verkäufer des Mitbewerbers oder wenn Sie in der selben Zeit bedeutend mehr wichtige Informationen vermitteln, haben Sie die besten Chancen, das Geschäft abzuschließen.

Denn mit dieser Art der Gesprächsführung erzeugen Sie ein gutes Grundgefühl und sind dann im Wettbewerb der interessantere Gesprächspartner. Die luxuriös gedruckten Unterlagen geben Sie am Schluss des Gesprächs ab. Sie werden sehen, der Gesprächspartner schaut nur kurz hinein, er interessiert sich viel mehr für das gemeinsame Werk. Bedenken Sie, mit den gemeinsam erstellten Skizzen haben Sie für diesen Gesprächspartner ein Unikat erstellt. In derselben Form gibt es diese Bilder nie mehr. Diese Einzigartigkeit sollten Sie sich nie nehmen lassen.

Gesprächsvorbereitungen mit Einbezug von Visualisierungen sollten so aussehen:

1. Überlegen Sie, wie
    - die Unternehmens-Positionierung,
    - das Leistungskonzept und/oder das Wertesystem,
    - das Produktekonzept und die Anwendung/Umsetzung dargestellt werden kann.
2. Erstellen Sie den Gesprächsplan mit den notwendigen Stichworten und strategischen Fragen sowie die kleinen Skizzen der Visualisierungen am linken Blattrand. Die Visualisierungen sind etwa vier- bis fünfmal kleiner skizziert. So klein, dass der Gesprächspartner nichts interpretieren kann, wenn der Gesprächsplan offen auf dem Tisch liegt. Am Schluss des Gesprächsplans notieren Sie für sich selbst das

weitere Vorgehen/die nächsten Schritte. Auf diese Weise ist die Abschlussfrage immer klar. Diese stelle ich am liebsten in der Up-grading-Form: *Beispiel:* „Benötigen Sie eine Offerte (Angebot), oder darf ich Ihnen die Auftragsbestätigung mit allen Details zum Gegenzeichnen zustellen? Sollten dann noch Kleinigkeiten angepasst werden müssen, ist das auf demselben Dokument möglich. Also: lieber die Offerte oder besser schon die Auftragsbestätigung. Was passt Ihnen besser?"

Wenn Sie bei der Umsetzung dieser Tipps und Ideen aus der täglichen Verkaufspraxis Schritt für Schritt vorgehen, werden Sie die Verkaufsstärke enorm steigern.

4. Von der Unternehmensqualität zur Verkaufsqualität

Unternehmensqualität

Die Qualität eines Unternehmens ist im Grunde genommen der abstrakteste Qualitätsbegriff, den wir zu definieren haben. Unternehmensqualität kann aus dem Aspekt der finanziellen Kontinuität und aus den Finanzkennzahlen definiert werden. Für den Banker ist dies einer der wichtigsten Aspekte. Regelmäßige Gewinnsteigerungen, das Einhalten von Umsatzversprechen, das Erfüllen von generellen Unternehmensprognosen sowie geordnete finanzielle Verhältnisse machen für ihn Unternehmensqualität aus. Aus der Sicht der Kunden ist ein Unternehmen qualitativ hoch einzustufen, wenn

- Produkt- und Servicequalitäten stimmen,
- Leistungsversprechen prompt eingehalten werden,
- Garantien gleich oder besser sind als diejenigen des Wettbewerbs,
- regelmäßig Marktanteile gewonnen oder zumindest gehalten werden,
- die Bedeutung der Marken im Bekanntsheitsgrad zunehmen und
- auf der Referenzliste bedeutende Namen stehen.

Dabei üben die Analysen der Banker sowie die Aussagen der Wirtschaftsinformationsinstitute einen großen Einfluss auf die wahrgenommene Qualität aus. Unternehmensqualitäten werden von einem großen Teil der Wirtschaft wahrgenommen, bevor man als Kunde mit diesem Unternehmen in Berührung kommt – insbesondere bei Unternehmen, die keinen direkten Kontakt zu Endkonsumenten pflegen. Dies, weil sie Komponenten herstellen, Bauteile oder Komponenten verteilen oder beratend für Unternehmen tätig sind. Trotzdem werden die Qualitäten dieser Unternehmen eingeschätzt und man spricht darüber.

Die umfassendere Unternehmensqualität wird somit über die Wahrnehmung am Markt (Kunden) und durch die Mitarbeiter definiert. Diese Zielgruppen können die Qualität eines Unternehmens vor allen andern direkt beurteilen und teilweise auch stark beeinflussen. Insbesondere die Mitarbeiter stellen den wichtigsten Einflussfaktor für die Unternehmensqualität dar.

Prozessqualität

Für jeden Mitarbeiter ist ein Unternehmen qualitativ gut, wenn das Arbeitsklima stimmt, auf die Anordnungen der Vorgesetzten Verlass ist und die Prozesse ein Arbeiten mit Freude zulassen. Je besser ein Unternehmen sich mit der Qualität seiner Prozesse auseinander setzt, desto besser wird das Arbeitsklima im Unternehmen. Die Fehlerquoten in der Kommunikation sinken, die Fehlerquoten in der Produktion und im Vertrieb werden ebenfalls reduziert. Die Hauptfehlerquoten mit den stärksten Auswirkungen auf die Mitarbeiterzufriedenheit liegen klar im Bereich der internen Kommunikation. Legen die Unternehmen in diesem Bereich bei den Prozessen höhere Maßstäbe an die Qualität, steigert sich die Mitarbeiterzufriedenheit sehr rasch.

Mit der Einführung von entsprechenden Tools, die diese Qualität systematisch fördern, müssen sich die Unternehmen heute umfassend auseinander setzen. Das Transfer Training™ ist ein solches Instrument, welches das Prozess-, Produkt- und Verhaltens-Know-how mit kleinen Lern- und Trainingslektionen unterstützt. Über nachvollziehbare Prozessqualitäten erleben Mitarbeiter und Kunden eine neue Unternehmensqualität. Dieses Erlebnis findet deutlich vor dem Erleben der finanziellen Qualitäten statt.

Die Fähigkeit, Prozesse qualitativ zu gestalten, wirkt sich auch gravierend auf die Prozesse in Verkauf und Marketing aus. Unternehmen, die eine generelle Prozessqualität definieren, haben bedeutend weniger Mühe, in den Verhaltensbereichen ihre Qualitäten zu definieren und zu realisieren. Insbesondere ist bei solchen Unternehmen klar: Wer die Prozessqualitäten in keiner Weise einhalten und respektieren will oder kann, muss sich über seine Position und Funktion Gedanken machen. Der Selektionsprozess wird auf diese Weise beinahe automatisch in Gang gesetzt.

Um Marketing-, Service- und Verkaufsqualitäten gegenüber dem Kunden realisieren zu können, ist es richtig, wenn sich das Unternehmen zuerst grundsätzlich auf die Prozessqualität konzentriert. Dabei werden natürlich nicht theoretische Prozesse qualitativ verbessert, sondern vor allem die Prozesse, die in erster Linie kostenwirksam und in zweiter Linie umsatz- und gewinnwirksam sind. In den letzten Jahren ist erkannt worden, dass der ausschließliche Fokus auf Prozesse, die kostenwirksam sind, bei „schlanken" Unternehmen kaum mehr eine Wirkung erzielen. Heute wird es immer wichtiger, sich auf die Prozesse zu konzentrieren, die umsatz- und gewinnwirksam sind. Mit zu niedrigen Umsätzen entstehen zwar Kosten, jedoch immer zu geringe Gewinne.

Einer der Hauptgründe, weshalb Start-up-Firmen nicht oder zu wenig erfolgreich sind, liegt nie bei den Produkten, der Logistik oder bei den Finanzen. In über 90 Prozent der Fälle lag der Fehler bei den marktgerichteten Prozessen. Die Kundengewinnung lief nicht schnell genug, die Ausweitung der Sortimentsabdeckung bei den gewonnen Kunden war zu wenig systematisch etc. Die Hauptengpässe waren somit immer die Marketing-, Verkaufs- und Service-Prozesse. Wer diese Prozesse mit den entsprechenden Qualitäten im Griff hat, muss sich für die Unternehmenszukunft kaum Sorgen machen. Unternehmen, die das beherrschen, beherrschen auch die Produktlebenszyklen und erkennen, mit welchen Distributions- und Kommunikationskanälen ihre Kunden in Zukunft arbeiten wollen.

Marketingqualität

Die Qualität im Marketing ist für den Kunden erst in Form der Marketing-Erzeugnisse erkennbar. Demzufolge ist die Marketingqualität eine Dimension, die vor allem nach innen wirkt. Prof. Dr. Armin Töpfer hat die Marketingqualitäten in der Fachzeitschrift Thexis in einem Aufsatz kurz und prägnant definiert. Seine Thesen werden auf der gegenüberliegenden Seite vorgestellt.

Nach diesen Thesen können die Marketingqualitäten noch klarer und vor allem kontrollierbarer definiert werden. Marketingqualität wird erreicht, wenn das Marketing als marktgerichtete und marktgerechte Unternehmensführung in der Unternehmensphilosophie verankert ist. Daraus lassen sich folgende Grundsätze ableiten:

Eine hohe Marketingqualität ist vorhanden, wenn:
- die Bearbeitungen gegliedert sind,
- die Produkte so aufgebaut sind, dass bei den Zielgruppen keine Überschneidungen erfolgen,
- Werbemittel konsequent auf die Zielgruppen ausgerichtet sind,
- bei Konsumgütern der Endkunde als solcher erkannt und erfasst wird, damit mit ihm in eine direkte Kommunikation getreten werden kann,
- die Marketing-Strategie auf der Basis einer eigenen Marketing-Datenbank die Reaktionen kontrolliert,
- die Marketingaktionen bis zur letzten Stufe durchgeplant werden,

10 Thesen zur Marketingqualität

These 1 — Nur wer Marketing als marktorientierte Unternehmensführung nach innen und außen definiert, kann eine umfassende Marketingqualität erreichen.

These 2 — Wer nicht nur reagieren, sondern den Markt aktiv mitgestalten will, muss strategisch denken und handeln.

These 3 — Eine bewusste Positionierung am Markt ist die Voraussetzung für eine klare und eindeutige Strategieformulierung

These 4 — Insbesondere bei Innovations- und Technologieprodukten wird die Zeit zum kritischen Erfolgsfaktor.

These 5 — In der Wertschöpfungskette kommt es zu einer Verlagerung vom Produkt-Mix zum Service-Mix.

These 6 — Die Zusammenarbeit zwischen verschiedenen Abteilungen im Unternehmen muss nicht nur produktorientiert, sondern auch markt- und kundenorientiert erfolgen, und zwar im Team.

These 7 — Kundennutzen und Problemlösung sind in der Kommunikation erlebnisorientiert zu vermitteln.

These 8 — Kundennähe ist durch die Vertriebsstrategie und Direkt-Marketing umzusetzen.

These 9 — Marketing nach innen ist die wesentliche Voraussetzung für Marketingqualität nach außen.

These 10 — Marketingqualität muss immer wieder neu im Unternehmen erarbeitet sowie am Markt unter Beweis gestellt und damit verdient werden.

Quelle: Prof. Dr. Armin Töpfer

© optimAS Holding AG

- für die Sicherung der Marketing-Aktivitäten die notwendigen Ausbildungsmittel geplant und umgesetzt werden. Dadurch sind die Mitarbeiter auch *rechtzeitig* über geplante Aktivitäten informiert und wissen, wie die richtige Argumentation lauten muss,
- die Marketingteilkonzepte die Argumentation des Kundennutzen vorschreiben, die Kundenansprache realisieren, die Umsetzung der Marketingziele durch Bildkonzepte unterstützen und gleichzeitig die notwendige Brücke für den Verkauf darstellen,
- der Verkauf für seine Tätigkeit mit den zur Verfügung gestellten Mitteln professionell arbeiten kann.

Ungenügende Marketingqualität ist vorhanden, wenn:
- Zielgruppen nur oberflächlich definiert werden,
- Werbemittel zwar auf die Produktvermarktung ausgerichtet werden, aber weniger auf die Bedürfnisbefriedigung der definierten Zielgruppen,
- Aktivitäten nach den ersten zwei Stufen beendet sind,
- so große Mailings versandt werden, dass der Innendienst die Weiterverarbeitung nicht bewerkstelligen kann,
- nach einer Messebeteiligung die Nachbearbeitung erst nach zwei bis drei Monaten einsetzen kann,
- bearbeitete Adressen nicht sofort und systematisch auf einer Datenbank gespeichert werden,
- der Akquisition und Frequenzförderung nur eine geringe Priorität beigemessen wird,
- dem Thema *Time to Market* und *Multiplikatoren setzen* zu wenig Beachtung geschenkt wird,
- bei wichtigen Marketingprogrammen nur der unmittelbar betroffene Verkauf kurz informiert wird, von Training jedoch keine Rede ist,
- das Budget für die Gestaltung und Produktion der Werbemittel aufgebraucht ist, für die Implementierung der Kampagnen im Betrieb und bei den Mitarbeitern kein Geld und keine Zeit mehr vorhanden ist,
- die Marketingabteilung mit der Ausbildungsabteilung miteinander keine Verhaltenstrainings absprechen und keine gemeinsame Koordination der Weiterbildungen im Rahmen der Marketingaktivitäten planen,
- Marketingleiter nur der schriftlichen Kommunikation hohe Prioritäten einräumen und die gesamte Zwei-Wege-Kommunikation den Verkäufern und Beratern überlassen.

Selbstverständlich könnten beide Listen noch verlängert werden. Sie haben eine sehr hohe Qualität erreicht, wenn Ihr Marketing in etwa wie folgt funktioniert:

Unser Marketingcredo lautet:
- Aktionen sind nur noch integriert geplant.
- Alle involvierten Mitarbeiter kennen die Argumentationen und können die Aufgaben der Aktion lösen.
- Der Erfolg wird systematisch gemessen.
- Nichtreagierer werden weiterverfolgt und systematisch gekennzeichnet, erfasst oder weiterbearbeitet.
- Die Umsetzung der Aktionen erfolgt aufgrund guter Vorbereitung und der guten Know-how-Basis bei allen Mitarbeitern in einem hohen Tempo.
- Kein Schritt wird vernachlässigt, sondern dank regelmäßiger Fortschrittskontrollen an die Anforderungen angepasst und unmittelbar kommuniziert.
- Kundennutzen, Vorteilsargumentationen und Produktbeschreibungen erfolgen immer in der Sprache der Zielgruppe. Formuliert wird aus der Sicht der Adressaten. Nur Garantien und Versprechen werden in der „Wir-Form" verfasst.

Um dieses Niveau erreichen zu können, muss das Marketingwissen in den Unternehmen auf allen Stufen ausgebaut werden. Es genügt heute nicht mehr, wenn nur ein paar Führungskräfte etwas von Marketing und Marktbearbeitung verstehen. Der Marketingplan lässt sich in der Regel schnell erstellen.

Welche Aktivitäten daraus geplant werden, wie die Planung erfolgt und wie die Aktivitäten umgesetzt werden, davon hängt schließlich der Erfolg des Unternehmens ab. Deshalb nützt das schönste theoretische Marketingkonzept nichts, wenn der Umsetzung nicht die notwendige Beachtung geschenkt wird.

> **Dazu ein Beispiel:**
>
> Ein Großkonzern erteilte seiner Logistikabteilung den Auftrag, ein Konzept auszuarbeiten, mit dem die Abteilung als eigenständige Firma am Markt auftreten kann. Der damalige Leiter des Profit-Centers wurde zum Geschäftsführer ernannt und suchte einen Marketingleiter. Er fand einen äußerst qualifizierten Mann mit Marketingerfahrung im Konsumgüterbereich. Dieser Mann entwickelte innerhalb von vier Monaten ein umfassendes Marketing-Konzept. Zusammen mit einem Grafiker wurde eine umfangreiche und teure Produkte- und Leistungsbroschüre erstellt und an die bestimmten Zielgruppen versandt, um dadurch Kunden zu gewinnen. Man ging davon aus, dass der Konzernname sehr bekannt war und die Qualität der Dienstleistung völlig logisch als gegeben hingenommen werden konnte.
>
> Das Resultat nach zwei Jahren: Das Unternehmen trennte sich von dem Mitarbeiter, es wurden keine Kunden gewonnen, aber 250 000 € verbraucht. Die Sättigung des Marktes hatte weiter zugenommen, da zwei andere Großkonzerne den Markt in der Zwischenzeit äußerst professionell bearbeitet hatten.

Diese Geschichte soll davor warnen, ausschließlich sequenziell und nicht simultan vorzugehen. Parallel zur Entwicklung des Marketingkonzeptes sollten Sie erste Marktkontakte knüpfen, auch wenn noch gar keine Unterlagen vorhanden sind. Nur so können Sie Ihren Marketingplan abstützen und spüren, was der Markt will. Dadurch wird er nie zu viel versprechen. Mit dem Einsatz von Pencil-Selling kann der Marketingspezialist für eine Zeit von zwei bis drei Monaten auch auf „schöne" Prospekte verzichten. Wichtig ist nur, dass die Leistung erkannt wird, die einen Bedarf oder ein Bedürfnis decken kann und außerdem vom Kunden geschätzt wird. Broschüren sind in einem zweiten Schritt dann rasch genug produziert. Zur Marketingqualität zählen heute:

▶ Mit einem zu 80 Prozent vollständigen Marketingkonzept kann ein erster Markttest realisiert werden.

▶ Die 80 Prozent sind innerhalb von fünf Prozent der Gültigkeitsdauer des Marketingkonzeptes zu erreichen. Das bedeutet: Wenn ein Marketingkonzept zum Beispiel für drei Jahre ausgelegt wird, so ist dieses Konzept innerhalb von eineinhalb Monaten zu erarbeiten und am Markt zu testen.

Diese hohe Geschwindigkeit können Sie auch in Zukunft nur durch umfangreiches Grundwissen und genügend praktische Erfahrung erreichen. Sie sichern sich so den entscheidenden Vorsprung, um im Bereich Time-to-Market Gold zu holen.

Servicequalität

Nach der Marketingqualität sollten Sie der Servicequalität und dem Servicegrad entsprechende Beachtung schenken. Grundsätzlich kann der Servicegrad auf die drei Bereiche Freundlichkeit, Hilfsbereitschaft und Wunscherkennung reduziert werden. Wesentlich ist jedoch, dass die Servicequalität in einer einheitlichen Form und Ausprägung realisiert wird. Tritt ein Kunde dann mehrfach mit dem Unternehmen in Kontakt, erhält und erlebt er immer dieselbe Servicequalität.

Wo erlebt der Kunde die Servicequalität zuerst? Um diese Frage in einem Unternehmen genau beantworten zu können, sollte in einer Kontaktpunkt-Analyse aufgelistet werden, wo und in welcher Form der Kunde mit dem Unternehmen in Kontakt kommt. Allgemein gehalten erlebt ein Kunde ein Unternehmen immer an den selben Punkten:

- Telefonempfang,
- Persönlicher Empfang an Schaltern, Empfangs-Hallen, Rezeption (Hotels), Check-In,
- Verkaufsräume,
- Sitzungszimmer,
- Messen.

Der Kunde achtet heute genau auf die Verbindung von Versprochenem in der Werbung und der Empfangsqualität in der Realität. Der erste wichtige Punkt ist das Lächeln. Das Lächeln mit der Stimme am Telefon, das kleine Lächeln bei der Begrüßung am Schalter, das Lächeln bei der Verabschiedung etc.

Als Zweites wird sofort zur Kenntnis genommen, wie aufmerksam jemand ist. Die Grundaufmerksamkeit richtet sich dabei auf die Erfassung und sofortige Speicherung des eigenen Namens. Wer sich den Namen merkt und während des ersten Kurzgespräches von 20 bis 30 Sekunden wiederholt, lässt den Kunden die versprochene Servicequalität wie „persönlich bedient", „aufmerksam betreut", „Wünsche werden *gerne* entgegengenommen" erleben.

Die dritte Komponente der Servicequalität ist die Vermeidung negativer Formulierungen. Diese treten immer bei viel Arbeit oder Unklarheiten auf oder wenn viele Personen zur gleichen Zeit etwas wollen. Negative Formulieren sind Formulierungen, die eine zynische Erwiderung provozieren.

Negative Formulierung	Zynische Erwiderung
Kann ich Ihnen helfen?	Nein, mir kann man nicht mehr helfen.
Ich müsste mal nachsehen, ob das noch am Lager wäre.	So, müssten Sie, dann schauen Sie halt eben mal ...
Ich kann Ihnen das jetzt nicht sagen.	So, so, dann können Sie mir das jetzt nicht sagen. Ja bis wann könnten Sie mir das denn sagen?
Ich darf das nicht allein entscheiden.	Schön, dann holen Sie doch noch eine Hebamme dazu.
Ich müsste das zuerst abklären.	Wenn Sie das abklären müssten, was meinen Sie, wie lange Ihre Abklärung denn dauern könnte? Habe ich die Antwort noch dieses oder erst nächstes Jahr?
Nein, das kann ich Ihnen jetzt nicht ...	Ja, wer dann?
Ja, das weiß ich jetzt auch nicht.	Na, dann lassen wir es eben bleiben.

Die Liste der negativen Formulierungen kann unendlich erweitert werden. Sie erleben beinahe täglich solche und ähnliche Formulierungen. Zu allem Übel schnappen solche Mitarbeiter bei den zynischen Antworten auch noch ein, sind beleidigt und wissen immer noch nicht, wie richtig zu reagieren ist. Oft wird der Servicegrad nach einer zynischen Erwiderung noch um eine Stufe gesenkt.

Neben dieser unmittelbar praktizierten Servicequalität ist es wichtig, mit welcher Qualität eine Aufgabe erfüllt wird. Kunden oder Gäste haben immer wieder Wünsche. Als Kunde bin ich immer hundert Prozent. Dass andere Personen an dieselbe Stelle gleiche oder noch höhere Anforderungen stellen, interessiert mich nicht. Ich erwarte eine prompte, korrekte und termingerechte Erfüllung des Wunsches. Servicequalität und Servicebewusstsein wird heute immer stärker verglichen. Dabei achten Kunden besonders auf

- ▷ Einhaltung von Terminen beim Versand von Unterlagen (Erhalt spätestens 3 Tage nach der Anforderung),
- ▷ Einhaltung von Terminen bei Rückrufen,
- ▷ Einhaltung von Terminen bei Besuchen (Toleranzgrenze +/–10 Minuten),
- ▷ die Einhaltung von Versprechen bei der Rückgabe von Unterlagen, Hilfsmittel etc.,
- ▷ die Begleitbriefe und Begleittexte.

> **Beispiel:**
>
> Mit der Servicequalität kommt jeder Kunde zuerst in Kontakt. Ein ehemaliger Direktionspräsident einer Airline hat bei seinem Turn-around die Servicequalität mit den ersten 15 Sekunden der Wahrheit definiert. Über entsprechende Kontaktpunktanalysen wurde nämlich festgestellt, dass ein Gast während der ganzen Nutzung des Produktes auf die ersten 15 Sekunden am stärksten achtet. Wo diese 15 Sekunden nun stattfinden, spielt beim Kunden keine Rolle. Dass er dann jedoch gut bedient sein will, ist ihm sehr wichtig. Wenn ein Kunde nun eine Frage stellt und womöglich eine Serviceleistung in Anspruch nehmen möchte, weiß man nie, ob es die ersten oder letzten 15 Sekunden sind. Dementsprechend verordnete dieser Direktionspräsident allen Mitarbeiter ein Training zum Thema *Servicequalität, Lächeln und Wünsche erfüllen.* Innerhalb kürzester Zeit attestierten die Kunden dieser Airline, dass die Servicequalität stark gestiegen sei, sodass sie jetzt wieder gerne mit XY fliegen (Die erste Analyse hatte nämlich auch gezeigt, dass die Kunden nur mit XY geflogen sind wenn es nicht anders ging).

Die Servicequalität kann also nicht von Ihnen definiert werden, sondern nur von Ihren Kunden. Somit hätten wir bereits einen weiteren wichtigen Aspekt der Servicequalität in Erfahrung gebracht. Durch Messungen an Kontaktpunkten werden die Servicequalität ermittelt und die Schwachpunkte aufgedeckt. Selbstverständlich ist es notwendig, einen Minimal-Standard zu definieren. Dieser muss trainiert und im täglichen Teamtraining immer wieder neu gesetzt werden.

Verkaufsqualität

Wenn die Servicequalität definiert und in der Praxis gelebt wird, bildet die Verkaufsqualität die nächste Stufe, die ein Kunde vor der Produktqualität erleben kann. Die Verkaufsqualität zeigt, wie stark Sie als Verkäufer an diesem Kunden interessiert sind und wie hoch Ihr Interesse ist, die Leistung auch wirklich zu erbringen. Dabei achtet der Kunde sehr genau auf „Kundenorientierung". Oft zieht ein Kunde den direkten Vergleich zu seinem Verkauf. Speziell im Business-to-Business-Bereich kann jeder Einkäufer oder Geschäftsführer die Qualität des Verkaufs klar vergleichen. Die Art, wie in seinem Unternehmen verkauft wird, findet er in der Regel gut. Wenn jetzt ein Verkäufer kommt, der besser ist als seine Verkäufer, gewinnt dieser besonders viel Aufmerksamkeit. Ganz ähnlich ist es im Business-to-Private-Bereich. Auch die Privatperson vergleicht die Verkäufer nicht mit denen aus dem eigenen Arbeitsumfeld, sondern mit Verkäufern in ähnlichen Geschäften oder Situationen.

Welche Funktionen und Formen können nun im Verkauf als Qualitäten betrachtet werden? Dabei spielt der Stil des entsprechenden Unternehmens eine ganz wichtige Rolle. Eine Privatbank definiert Verkaufsqualität anders als ein Unternehmen das Bedarfsartikel im Door-to-Door-Verkauf anbietet. Die Unterschiede werden an diesem Beispiel gezeigt:

Verkaufsqualitäten Privatbank	Verkaufsqualitäten Door-to-Door-Verkaufsorganisation
Die Kundenbedürfnisse werden systematisch und langfristig erfasst.	Die Kundenbedürfnisse müssen rasch erkannt werden.
Der Berater hat eine langfristige Kundenbeziehung aufzubauen.	Der Verkäufer muss sofort Umsatz realisieren.
Der Kaufentscheid soll partnerschaftlich gefunden werden.	Die Kaufentscheidung soll durch Zielstrebigkeit und klare Alternativangebote rasch getroffen werden.
Die Betreuung findet regelmäßig statt. Der Kunde wird auch betreut, wenn kein Abschluss getätigt werden kann.	Mit jedem Besuch wird der Kunde betreut. Die Zufriedenheit mit früher gelieferten Produkten wird regelmäßig abgefragt.
Der Kunde soll den Abschlussdruck nicht spüren. Über eine geplante Gesprächsführung soll er zum gemeinsamen Ziel geführt werden.	Das Verkaufsgespräch soll pro Umsatzeinheit max. 10 Minuten dauern (Umsatzeinheit = 25 €).

Die Unterschiede sind mit dieser Gegenüberstellung klar erkennbar. Allein aus der Formulierung ist ersichtlich, welchen Verkaufsstil die entsprechenden Verkäufer besitzen müssen. Dieser Stil ist in der Personalauswahl zu testen und in der Stellenausschreibung vorgeschaltet zu erfordern.

Verkaufsqualitäten können mit folgenden Punkten umschrieben werden:

Sie-Ansprache: Im Verkaufsgespräch werden Vorteile für den Kunden grundsätzlich im „Sie-Standpunkt" formuliert. Um zu prüfen, ob der Kunde die Vorteile auch erkennt, muss der Verkäufer regelmäßig Rückfragen stellen.

Pencil-Selling: Kunden-Nutzen werden in Gesprächen, die länger als nur 10 Minuten dauern, visuell dargestellt. Benutzen Sie dazu ein Blatt der Größe DIN A4, mindestens aber DIN A5. Lediglich bei Empfängen sind auch Visitenkarten erlaubt.

Strategische Fragen: Stellen Sie genügend strategische Fragen, um den Kunden optimal bedienen zu können. Bereiten Sie diese möglichst schriftlich vor.

Positionierung: In jedem Erstgespräch wird die Unternehmens- und Leistungspositionierung dargestellt. Schenken Sie der Abgrenzung gegenüber dem Markt dabei höchste Beachtung. Wiederholen Sie mit jedem langjährigen Kunden einmal im Jahr die Positionierung.

Präsentationen werden immer professionell realisiert. Setzen Sie systematisch Hilfsmittel ein:

- Hellraum-Projektor mit und ohne vorbereitete Foliensätze,
- Flip-Chart und Whiteboard,
- PC mit Beam oder direkt.

Die Frage- und Abschlusstechnik wird umfassend beherrscht. Zielen Sie konsequent auf den Abschluss. Stellen Sie die Abschlussfrage nach jeder Präsentation oder während eines Gesprächs mit einem konkret erkannten Potenzial.

Angebote werden umfassend ausgeführt. Klären Sie den Entscheidungsprozess vor der Angebotsabgabe. In mindestens 90 Prozent der Fälle wird nach der Angebotsabgabe die Chance der Leistungspräsentation und der Detailvorstellung gegeben. Erstellen Sie Angebote immer so, dass der Angebotsempfänger sie den Mitgliedern des Entscheidungsgremiums so präsentieren kann, als wäre er einer Ihrer Verkäufer.

Kundenbindung: Versuchen Sie jeden Kundenkontakt in eine langfristige Kundenbeziehung umzuwandeln. Erst langfristig betreute Kunden können mehr als 75 Prozent des Angebots nutzen.

Diese Verkaufsqualitäten müssen, wie das Beispiel der Privatbank oder Direktverkaufsorganisation gezeigt hat, natürlich an die Bedürfnisse des Unternehmens angepasst werden. Grundsätzlich kann ein Verkäufer aber nur Qualität liefern, wenn er alle Punkte wirklich umsetzen kann. Das ist jedoch nicht einfach und erfordert von jedem Spitzenverkäufer immer wieder entsprechendes Üben und Trainieren. Alle Mitarbeiter eines Unternehmens müssen regelmäßig aufgerüttelt werden, damit Sie nicht in einem einmal erreichten Zustand verharren.

Balanced Scorecard-Systeme – Das Qualitäts-Messinstrument mit Potenzial

Unternehmen, die Wert auf ihre Prozesse und Qualitäten legen, entwickeln sich eine firmenspezifische Balanced Scorecard (BSC). Dieses Qualitäts-Messinstrument umfasst immer die Bereiche

- Finanzen,
- Kunden,
- Mitarbeiter,
- Prozesse und
- Produkte.

Die Balanced Scorecard dient dem Zweck, mittel- bis langfristig die Entwicklung der Qualität durch die eigenen Messungen verfolgen zu können. Dabei werden die Aspekte erfasst, die das Unternehmen als die zentralen Qualitäts- und Erfolgsfaktoren betrachtet. Mit der Entwicklung einer standardisierten Balanced Scorecard hat das Institut für Handelsforschung an der Universität zu Köln (IfH) einen interessanten Standard gesetzt. Dieses System lässt sich auf die unterschiedlichsten Unternehmenstypen anpassen. Im Bereich der Kundenanalysen werden die Qualitäten an den jeweiligen Verkaufspunkten entsprechend ihrer charakteristischen Eigenheiten individuell gemessen und die entsprechenden Interventionsmaßnahmen abgeleitet.

Wenn die Qualitätsmessung in einem Unternehmen mit Hilfe der Balanced Scorecard durchgeführt wird, kann entweder zuerst mit der Karte der Kundenanalyse oder mit der Karte der Prozessanalyse begonnen werden. Eine qualitative Aussage kann immer dann gemacht werden, wenn mindestens drei Karten ausgewertet worden sind. Mit der standardisierten Balanced Scorecard vom IfH – genannt 4-Best* – kann ein Unternehmen 80 Prozent der Fragestellungen direkt übernehmen. Die verbleibenden 20 Prozent stehen für die individuelle Anpassung an die Prozesse der Unternehmung, des Marktes und der Mitarbeiter zur Verfügung.

Dank dieses Systems kann zukünftig ein interessantes branchenübergreifendes Benchmarking erstellt werden. Das IfH fördert dabei sowohl die Analysen in unterschiedlichen Branchen wie auch die Zertifizierung der Unternehmen entsprechend der erreichten Mindestqualitäten. Balanced-Scorecard-Systeme definieren diese Mindestqualitäten unabhängig von Branchen.

Messung nach dem System der Balanced Score Card 4-Best®

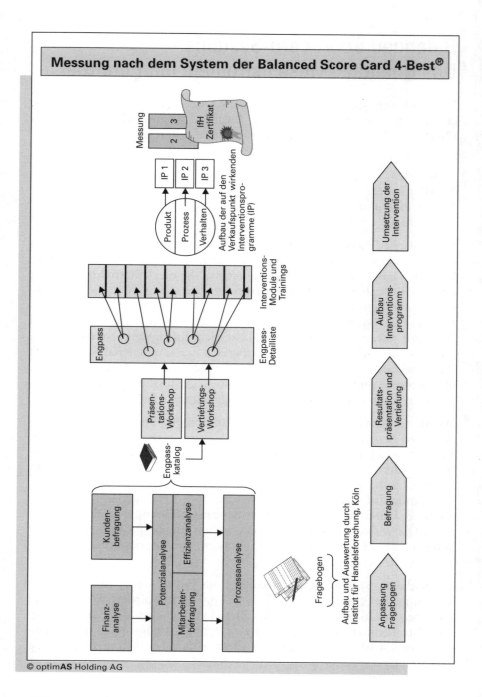

168 Von der Unternehmensqualität zur Verkaufsqualität

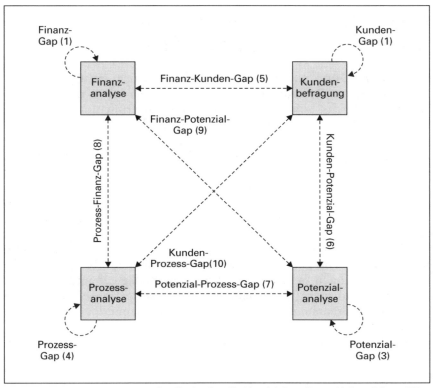

Das GAP-Modell Quelle: Institut für Handelsforschung, Universität zu Köln

Dies deshalb, weil z.B. Kundenzufriedenheiten zu Standard-Kriterien an den Verkaufspunkten, wie

- Telefon → Call Center,
- POS → Fachgeschäft,
- Sales → Außendienst/Key Account Management
- ePOS → E-Commerce

immer dieselben Zufriedenheitsgrade aufweisen sollten. Gewichtungsunterschiede sind ermittelt worden, zum Beispiel über die internationale Erfassung der Zufriedenheit mit der Kundenbedienung über Call Center. Dabei konnte festgestellt werden, dass in Europa je nach Kulturkreis unterschiedliche Erwartungshaltungen zu den einzelnen Standard-Kriterien vorhanden sind. Die entsprechenden Auswertungen dieser Studien sind ebenfalls über das Institut für Handelsforschung in Köln abrufbar.

Kundenzufriedenheitsanalyse und -messungen ohne Balance Scorecard

Die einfachste und unmittelbarste Kundenzufriedenheitsmessung erleben Sie in guten Restaurants oder Hotels. Immer wenn der Chef den Rundgang durchs Lokal macht, seine Gäste begrüßt und gleichzeitig nachfragt: „War es recht, hat es Ihnen geschmeckt?", findet die Kundenzufriedenheitsmessung statt. Der Chef will also wissen, wie die Leistung der Küche empfunden wurde. Nur in ganz wenigen Fällen erhält er auch eine Antwort darüber, wie der Service oder die Bedienung ganz allgemein empfunden worden ist. Wenn er diese Qualität ebenfalls prüfen wollte, müsste er ein oder zwei Zusatzfragen stellen. Zum Beispiel: „Waren Sie mit der Empfehlung und Auskunft der Bedienung zufrieden?" „Wie zuvorkommend wurden Sie bedient und betreut?" Jetzt werden Sie sicher sagen, das ist doch einfach. Nein, ist es gar nicht. Richtig gefragt und gut beobachtet, erhält der Chef des Restaurants sehr viele Informationen. Schlecht, nämlich routinemäßig gefragt, wie das bei vielen Serviertöchtern oder Kellnern der Fall ist, getraut sich der Gast nur in wirklich dramatischen Fällen, seine Reklamation anzubringen. Wird eine Kundenzufriedenheitsmessung nach dem zweiten Muster in einem Unternehmen realisiert, dann ist es besser, nichts zu unternehmen und auch nicht zu fragen. Die Kundenmeinung wird nur als lästig und als mühsam empfunden.

Somit haben wir bereits eine klare Unterscheidung vorgenommen, wann wir von Analyse und wann wir von Messung sprechen.

Kundenzufriedenheitsanalyse: Sporadische umfangreiche Befragung der Kunden und eventuell auch der Interessenten über die Zufriedenheit mit dem Unternehmen und allen seinen Facetten.

Kundenzufriedenheitsmessung: Regelmäßige kurze Nachfrage nach der Zufriedenheit. Insbesondere regelmäßige Überprüfung einzelner Bereiche, wie beispielsweise in Restaurants, Messung der Qualität der Küche und Messung der Qualität der Bedienung.

Ob für Ihren Betrieb eher eine Kundenzufriedenheitsanalyse oder eine -messung das Richtige ist, hängt davon ab, wie viel Sie bereits über die Zufriedenheit Ihrer Kunden wissen. Wenn Sie ein Geschäft betreiben, bei dem Sie die Leistung immer im direkten Kontakt mit den Entscheidungsträgern erbringen, erhalten Sie zur Zufriedenheit der Kunden das unmittelbare Feedback.

Wenn Sie jedoch Waren verkaufen, bei denen Sie Ihre Kunden weder sehen noch hören, beispielsweise weil eine Mehrzahl schriftlich bestellt (Versandhandel), ist der erste Schritt in der Regel eine Kundenzufriedenheitsanalyse. Die Auswertung der Resultate zeigt Ihnen, an welchen Punkten (Kontaktpunkten und Leistungen) Sie entsprechende Verbesserungen und Anpassungen vornehmen müssen. Nach erfolgter Intervention und entsprechenden Trainings starten Sie als zweiten Schritt mit der Messung der Verbesserungen. Dabei konzentrieren Sie sich jedoch nur auf einzelne Bereiche. So wie der Chef des Restaurants sich hauptsächlich auf die Qualität des Essens konzentriert.

Kundenzufriedenheitsanalysen realisieren Sie am besten in Abständen von 24 bis 36 Monaten. Wichtig ist es, dass Sie einen entsprechenden Kundenstamm besitzen. Bei einer sehr kleinen Anzahl von Kunden lohnt sich eine umfassende Analyse, wie sie nachstehend beschrieben wird, kaum. Die Kundenzahl sollte mindestens 200 Adressen umfassen, von denen etwa 120 bis 150 als „aktive" Kunden gelten müssen. Aktive Kunden sind solche, die innerhalb der letzten 18 bis 24 Monate einen Kaufabschluss getätigt haben. Alle anderen Adressen sind inaktive oder ehemalige Kunden. Diese erinnern sich in der Regel kaum noch daran, wie die Leistung dieses Lieferanten ausgeführt worden ist. Es sei denn, es kam zu einer handfesten Reklamation. Ein solcher Vorfall bleibt oft sehr lange in Erinnerung.

Kundenzufriedenheitsanalysen = Kundenbindungsmaßnahmen

Bei der Auswahl der Stichprobe zur Realisierung der Kundenzufriedenheitsanalyse entstehen immer wieder große Diskussionen. Dies ist auch logisch, wenn wir von Kundenmengen mit mehr als 2 000 Adressen ausgehen. Je stärker ein Unternehmen endverbraucherorientiert ist, desto rascher ist diese Größenordnung überschritten. Nichtsdestotrotz sind gut aufgebaute Kundenzufriedenheitsanalysen auch sehr gute Maßnahmen zur Kundenbindung. Durch eine interessante Gestaltung der Fragebogen und einem guten Begleitbrief mit der Darstellung der Bedeutung der Resultate für das Unternehmen, beschäftigen sich in der Regel über 50 Prozent der Kunden mit diesen Fragebogen. Der dadurch betriebene Zeitaufwand generiert beim Kunden extrem viele Halte- und Beziehungspunkte für das Unternehmen. Der Kunde beschäftigt sich systematisch mit der erbrachten Leistung, vergleicht diese mit ähnlichen

Unternehmen, die er in der letzten Zeit beim Einkauf erlebt hat, und versucht so, ein objektives Urteil abzugeben.

Unter diesen Aspekten betrachtet, ist die Kundenzufriedenheitsanalyse eine der wertvollsten Kundenbindungsmaßnahmen. Besonders zu empfehlen ist diese Form der Qualitätsprüfung in Unternehmen, die bereits nach ISO 9000 zertifiziert sind. Gerade diese Unternehmen stellen Ihren Kunden gegenüber die Qualität stark in den Vordergrund. Oft wurden die Manuals jedoch nur aus der technischen Optik des Betriebes erstellt. Die Kundenwünsche bezüglich der Produktqualität wurden selbstverständlich berücksichtigt. Ob hingegen auch die Qualitäten der „weichen" Unternehmensfaktoren berücksichtigt wurden, ist oft fraglich.

Durchführung einer Kundenzufriedenheitsanalyse

Mit der laufenden Veränderung der Kaufentscheide und der kaufauslösenden Faktoren ist es für ein Unternehmen sehr wichtig, laufend über die Kundenzufriedenheit informiert zu sein. Je gesättigter die Märkte sind, desto sprunghafter sind die Kunden. Der Sensibilisierung des Kunden auf „Schnäppchen", dem Nachjagen nach dem günstigsten Angebot mit der absoluten Topleistung, kann ein Unternehmen nur begegnen, wenn es weiß, wie zufrieden die eigenen Kunden sind, wo diese die Schwerpunkte legen und welche Punkte sie gerne verbessert hätten. Beachten Sie bei der Realisierung von Kundenzufriedenheitsanalysen, wie dieses Instrument in der Branche genutzt und eingesetzt wird. Sind Sie in einer Branche tätig, in der die Kunden beinahe wöchentlich mit Fragebogen zu den unterschiedlichsten Themen belästigt werden, muss der Gestaltung und dem Auftritt Ihrer Kundenzufriedenheitsanalyse größte Beachtung geschenkt werden. Wird dieses Instrument in Ihrer Branche nur sporadisch und wenig professionell eingesetzt, dann fallen Sie mit einer guten und sympathischen Aufmachung rasch positiv auf. Um entsprechend hohe Rücklaufquoten zu erzielen, ist der Beachtungswert bei schriftlichen Analysen ungeheuer wichtig.

Wenn Sie die erste Frage – *Branchensituation* – beantwortet oder in Erfahrung gebracht haben, können Sie den Aufbau der Analyse nach folgender Reihenfolge planen:

1. Schritt: Festlegen der Zielsetzung
- Was soll die Kundenzufriedenheitsanalyse (KZA) für Resultate erbringen?
- Was soll mit diesen Resultaten verbessert werden?
- Wie langfristig soll die Auswirkung sein?
- Festlegen der Zielgruppen und Zielgruppen-Selektion

2. *Schritt:* Definition der Messmethoden und Messinstrumente
   - Messmethoden — schriftlich, telefonisch, persönliches Interview, Round- table, Gruppendiskussion,
   - Messinstrumente — Fragebogen, einfaches Gespräch, gesteuertes Ge- spräch mit Fragebogen, Rollengespräche, Workshop mit den Kunden.

3. *Schritt:* Ausarbeitung der Messinstrumente,
   - Entwicklung der Fragestellungen,
   - Definition der Resultatsdarstellung pro Fragestellung,
   - eventuell Überprüfung der Messinstrumente mit einem Statistik-Softwarepaket,
   - Gestaltung des Fragebogens für eine automatische Resultatserfassung oder eine manuelle Erfassung der Antworten.

4. *Schritt:* Gestaltung der Messinstrumente
   - Gestaltung des Fragebogens — Grafik für schriftliche, telefonische oder persönliche Befragungen,
   - Gestaltung von Versand und Antwortkuvert sowie Begleitbrief bei schriftlichen Befragungen.

5. *Schritt:* Realisierung der Adress-Selektion
   - Adressabgleich,
   - Adressausdruck mit speziellen Bezeichnungen für die telefonische Umfrage, zum Beispiel Kunde mit > 2 500 € Umsatz, mehr als vier Einkäufe, seit mehr als sechs Jahren Kunde,
   - Personalisierung des Briefes,
   - keine Personalisierung des Fragebogens,
   - Versand der schriftlichen Befragung.

6. *Schritt:* Erste Zwischenauswertung
   - Auswertung der schriftlichen Umfrage,
   - Bestimmung der definitiven Adressmenge für die telefonische Umfrage.

7. *Schritt:* Realisierung der telefonischen Befragung
   - Fragen nach Auskünften, die bei der schriftlichen Umfrage nicht transparent genug wurden,
   - vertiefte Befragung zu Themenschwerpunkten,
   - Befragung von speziellen Kundengruppen, die auf den zugesandten Fragebogen zum Beispiel schlecht oder nicht reagiert hatten.

8. *Schritt:* Zweite Zwischenauswertung
   - Auswertung der telefonischen Umfrage,
   - Bestimmung der Adressen für die persönliche Umfrage,
   - Einladung oder Avisieren des persönlichen Gesprächs, Vereinbarung eines Besprechungstermins,
   - Anpassung des Fragebogens, Ergänzung mit weiteren spezifischen Fragen, die für eine weitere vertiefte Informationsbeschaffung notwendig sind.

9. *Schritt:* Persönliche Befragung
   - Interview von 30 – 60 Minuten Dauer,
   - Roundtable mit Moderation,
   - Kartenabfrage in Moderationsstil,
   - Gruppendiskussion mit Videoerfassung,
   - Workshop – Beschäftigung der Teilnehmer in Einzel- oder Gruppenarbeiten (2er, 3er oder 4er Gruppen).

10. *Schritt:* Zusammenführung und Zusammenfassung der Ergebnisse
    - Definitive Auswertung aller Ergebnisse,
    - Zusammenfassung der Resultate,
    - Formulieren der Management-Summary,
    - Ableitung der Erkenntnisse und Definition der kurz-, mittel- und langfristigen Maßnahmen. Produktverbesserungen, Mitarbeitertrainings, Prozessverbesserungen, Leistungsverbesserungen, Definition der Messpunkte und Messzeitpunkte,
    - Ableitung und Planung der Kundenzufriedenheitsmessungen.

11. *Schritt:* Aufbau der Messinstrumente für die regelmäßige Kundenzufriedenheitsmessung

Bei der Planung von Kundenzufriedenheitsanalysen stellt sich für die verantwortlichen Projektleiter immer die Frage nach der idealen Adressmenge. Wie bei Marketingmaßnahmen üblich, sind die drei Faktoren – Zeit, Geld und Menge – entscheidend. Dabei ist bei Kundenzufriedenheitsanalysen die Adressmenge der größte Kostenfaktor. Um also die ideale Adressmenge bestimmen zu können, ist die Budgetierung festzulegen. Zuvor sind die Kosten für jede zu bearbeitende Adresse zu ermitteln.

Dazu das Beispiel einer Vollkostenrechnung (Stand 2001) in etwa bei (Angaben in Euro):

Schriftliche Befragung, Basis 1 000 Adressen, Umfragemenge 7–9 Fragen

Bearbeitung und Auswertung schriftlicher Fragebogen bei einer Reaktionsquote von 40 Prozent; Umfang des Fragebogens 1 Seite DIN A4	
Versand der Fragebogen, inkl. Planung, Gestaltung und Produktion	3,–
automatisches einlesen der Antworten mit Scanner	1,–
Auswertung und Zusammenfassung	1,50
Total pro Adresse	5,50 5 500,–

Telefonische Befragung, Basis 1 000 Adressen, Umfragemenge 12–15 Fragen

Bearbeitung und Befragung per Telefon mit einer Erfolgsquote von etwa 60 Prozent; Umfang des Fragebogens 2 Seiten DIN A4	
Konzipieren des Fragebogens und des Telefongesprächs	2,–
Realisierung der Umfrage per Telefon mit 2 Wählversuchen pro Adresse	12,– bis 15,–
automatisches einlesen der Antworten mit Scanner	1,50
Auswertung und Zusammenfassung	2,–
Total pro Adresse	17,50 bis 20,50 17 500,– bis 20 500,–

Persönliches Interview oder Roundtable, Basis 10 Adressen, Umfragemenge 20–30 Fragen

Befragung in persönlichen Interviews oder anlässlich eines Roundtable mit einer Erfolgsquote von 100 Prozent	
Konzipieren des Fragebogens	100,–
Befragung persönlich vor Ort	100,–
Auswertung und Zusammenfassung	75,– bis 100,–
Total pro Adresse	275,– bis 300,– 2 750,– bis 3 000,–

Wenn ein Unternehmen 1500 aktive, 2000 inaktive und 3000 ehemalige Kunden besitzt, empfiehlt sich folgende Aufteilung, sofern mit der Kundenzufriedenheitsanalyse auch gleichzeitig eine Kundenbindung erzielt werden soll:

Schriftliche Befragung	aktive Kunden inaktive Kunden ehemalige Kunden	1 000 500 500	Adressen Adressen Adressen
Telefonische Befragung	aktive Kunden inaktive Kunden ehemalige Kunden	300 100 100	Adressen Adressen Adressen
Persönliche Befragung	aktive Kunden inaktive Kunden ehemalige Kunden	5 3 2	Adressen Adressen Adressen

Bei einer Kundenzufriedenheitsanalyse ohne Kundenbindungsziele reichen bei der Basisadressmenge bereits 200 bis 300 schriftliche Fragebogen sowie bis 150 telefonische Fragebogen um die notwendigen Interventionspunkte aufzuzeigen.

Bei der Aufteilung der Adressen sollten Sie selbstverständlich Umsatz, Kundenkategorie, Produktnutzung, Dauer der Kundenbeziehung, Region und auch Sprache berücksichtigen. Außerdem muss bei der Auswahl der Stichproben eine gleichmäßige Verteilung gezogen werden, die der Menge der effektiven Verteilung entspricht. Erfahrungsgemäß wird mit etwa 15 bis 20 Prozent aller Kundenadressen eine aussagekräftige Analyse erstellt. Um absolut repräsentativ zu sein, ist eine Vollerhebung notwendig. Die Vertiefung und Hinterfragung einzelner Bereiche ist ideal, wenn Sie auf der Basis der Adressen der schriftlichen Befragung realisiert wird. Der Erklärungsaufwand kann so minimiert werden. Gleichzeitig sind die Probanden bereits mit der Thematik etwas vertraut. Die Gespräche können rascher abgewickelt werden. Die Kosten pro Gespräch sinken.

Welche Ziele kann eine Kundenzufriedenheitsanalyse verfolgen?

Mit der Kundenzufriedenheitsanalyse können ganz unterschiedliche Ziele verfolgt werden. Wichtig ist, dass dem Kunden keine Fragen zu absolut unterschiedlichen Themen gestellt werden. In der Regel werden drei Hauptthemenbereiche abgefragt:

▶ Zufriedenheit mit der Bedienung, inkl. Empfang, Beratung und Serviceleistungen,
▶ Zufriedenheit mit Produkten und Dienstleistungen,
▶ Zufriedenheit mit der Abwicklung von Bestellungen, Anfragen, Reklamationen und der Erfüllung von Garantieansprüchen.

Achten Sie bei der Entwicklung des Fragebogens darauf, dass bei jeder Frage auch der Soll-Wert bestimmt wird. Bei einer Kundenzufriedenheitsanalyse ist die Erreichung eines 80-prozentigen Zufriedenheitsgrades als normal zu betrachten. Unzufriedene Kunden reagieren bei der schriftlichen Umfrage nicht. Bei der telefonischen Umfrage können Sie dagegen auch Unzufriedene erreichen. Ob die Antworten immer authentisch sind, ist schwer zu beurteilen. Kontrollierbar ist das nur über entsprechende Kontrollfragen. Bei der Auswertung sind also all die Werte stark zu gewichten, die wesentlich über 80 Prozent und die zwischen 60 bis 80 Prozent Zufriedenheitserfüllung liegen. Wenn Werte unter 60 Prozent vorhanden sind, dann ist die Qualität in jenem Bereich sehr rasch und wirkungsvoll zu korrigieren.

Auswertung von Kundenzufriedenheitsanalysen

Bereits bei der Entwicklung der Fragestellung müssen Sie klare Vorstellungen darüber haben, wie die Auswertung aussehen soll. Legen Sie dabei die Form und Art der Darstellung pro Fragestellung fest, und überlegen Sie, wie die Resultate aussehen könnten. Mit diesen konkreten Vorstellungen und Definitionen ist die Auswertung einfacher zu realisieren.

Aufgrund der einfachen Messmethoden und Instrumente in der Praxis ist eine Auswertung nach Häufigkeiten, Zusammenhängen und Durchschnittswerten bereits äußerst aussagekräftig. Marktforscher und Sozialpsychologen würden die statistischen Auswertungen selbstverständlich bedeutend weiter treiben. Damit jedoch gegenüber Mitarbeitern, Partnern und Kunden rasch eine klare Aussage gemacht werden kann, genügen in der Regel die oben erwähnten Auswertungen.

In einer Management-Summary werden die wichtigen Erkenntnisse zusammengefasst. Darin werden die größten Ausschläge im positiven wie negativen Bereich festgehalten. Gleichzeitig sind hier auch Vorschläge für Maßnahmen und Korrekturen enthalten. Wenn in einem oder mehreren Bereichen die Werte unter der erwarteten Norm liegen, sind entsprechende Interventionsprogramme notwendig.

Interventionsprogramme

Interventionsprogramme sind immer auf den Arbeitsprozess und die darin arbeitenden Mitarbeiter ausgerichtet. Dabei ist zu beachten, dass Interventionen mit einfachen Anweisungen kaum etwas bewirken. Die Intervention hat in der Regel über mehrere Schritte und einen klar bestimmten Zeithorizont zu erfolgen. Während der Intervention kann die Kundenzufriedenheit laufend überprüft werden. Dies erfolgt in der Praxis mit einem einfacheren Messinstrument (Fragebogen) gegenüber dem Messinstrument bei der grundsätzlichen Erhebung. Die Kundenzufriedenheitsmessung kann in einem Abstand von vier bis sechs Wochen mehrfach realisiert werden. Beachten Sie aber, dass nicht dieselben Kunden laufend befragt werden. Diese würden ab einem gewissen Punkt ganz einfach nicht mehr antworten. Sollen sie jedoch über drei bis vier Messpunkte ihre Meinung zu einer Leistung abgeben, müssen diese Kunden wissen, dass die Leistung mit einem Interventionsprogramm gesteigert werden soll. In solchen Fällen sind die Kunden auch bereit, mehrfach ein persönliches Urteil zur Ausführung und der persönlichen Empfindung gegenüber der erbrachten Leistung abzugeben.

Die Messung der Interventionsprogramme ist für die Mitarbeiter sehr wichtig. Sie geben sich nämlich in den meisten Fällen viel Mühe, die Wünsche und Bedürfnisse der Kunden umfassend zu befriedigen. Somit ist die rasche Kommunikation von Zwischenauswertungen und Teilergebnissen ein wichtiges Element für die Motivation. Damit Interventionsprogramme rasch greifen, sind sie methodisch und didaktisch der Organisation angepasst aufzubauen. Die Vermittlung der Korrekturinhalte in kleinen Trainingseinheiten hat sich hierbei bewährt. Achten Sie dabei darauf, dass die Teilnehmer den Sinn und das Ziel der Korrektur erkennen und voll dahinter stehen. Wichtig ist aber auch, wer die Kurztrainings realisiert. Soll der Gruppenchef mit seinen direkt Untergegebenen das Training durchführen, wird dafür der Gruppenchef einer anderen Gruppe eingesetzt oder soll ein externer Prozess-Trainer die Aufgabe übernehmen?

Denn Servicequalität kann nur mit entsprechender Führungsqualität erzielt werden. Führung bedeutet dabei, die Mitarbeiter an die gewünschte und erwartete Qualität hinzuführen. Nur mit Befehlen allein gelingt dies leider immer weniger. Servicequalitäten müssen trainiert und den Bedürfnissen der Kunden angepasst werden.

Steigerung der Auftritts- und Verkaufsqualität

Je unabhängiger eine Leistung vom Produkt ist, um so wichtiger ist die Auftrittsqualität. Kunden erwarten heute eine Qualität, die folgenden Grundzügen entspricht:

- persönlich,
- ehrlich und anteilnehmend,
- offen, mit Gefühl,
- sympathisch und angenehm,
- unaufdringlich, dezent, dem Kunden die Freiheit der Wahl überlassend,
- klar und transparent.

Ein Kunde möchte merken, dass er willkommen ist. Auf keinen Fall sollte auch nur der geringste Eindruck des Eindringlings oder Störenfrieds aufkommen. Bei Verkaufs- und Empfangssituationen mit visuellem Kontakt wird das Persönliche, Ehrliche und Offene über die Gestik, den Blickkontakt und die Körpersprache in Sekundenbruchteilen vom Kunden erfasst. Aufgrund unseres geschulten Blickes durch das Fernsehen, wird uns täglich vor Augen geführt, wie ein positiver Empfang aussieht. In Werbespots werden immer ideale Situationen dargestellt. Diese Suggestion baut eine Erwartungshaltung auf.

Wer Gäste und Kunden mit einem kleinen Lächeln, mit einer netten Gestik oder mit einem korrekten Händedruck (sofern persönlich bekannt) begrüßt, realisiert bereits beim ersten Kontakt die notwendige Kundenbindung. Leistungen werden in der Regel immer dort gerne bezogen, wo gute und gefestigte Beziehungen vorhanden sind. Deshalb sind so viele Menschen auf ihr Beziehungsnetz so stolz. Die Größe des Beziehungsnetzes ist heute immer mehr ein Maßstab über den Bekanntheits- und Beliebtheitsgrad. Sorgen Sie also dafür, dass Ihre Kunden Ihr Unternehmen und Ihre Leistung wegen der Auftrittsqualität weiter empfehlen.

Die Definition der Verkaufsqualität geht natürlich noch einen Schritt weiter. Die Auftrittsqualität ist nur der erste Eindruck. Die eigentliche Verkaufsqualität kommt erst im Laufe des Prozesses zum Ausdruck. Wie diese Qualitäten sich verhalten, können Sie als Konsument in der Regel täglich erleben.

Dazu wiederum ein Beispiel:

Als Besucher einer Publikumsmesse wollten meine Frau und ich eine neue Polstergruppe aussuchen. Beim Eintritt in die Halle sahen wir am ersten Stand eine Polstergruppe in einer modernen Form und Farbe. Wir setzten uns. Eine attraktive Verkäuferin erschien und gab ungezwungen Informationen. Nach einer ersten Frage unsererseits setzte sie sich und erwähnte wichtige Komfortvorteile und Handhabungsvorteile der Polstergruppe. Sie erwähnte auch ihren Verkaufserfolg. Wir bedankten uns und sagten, dass wir noch andere Angebote prüfen wollten. Darin bestärkte sie uns. Beim nächsten Stand, fanden wir ebenfalls ein attraktives Modell. Ein älterer Verkäufer mit Kennerblick erschien, nachdem wir den ersten Sitztest gemacht haben. Er erzählte, dass dieses Modell in über 56 Farben erhältlich ist, dass der Stoff auch jeansfest sei (wir trugen Jeans). Von oben herab wurden wir nun über die technischen Details der Polstergruppe indoktriniert. Als auch hier die erwartete Redeflusspause kam, war unsere Antwort identisch wie beim letzten Stand „Wir wollen noch weitere Angebote kennen lernen". Reaktion des Verkäufers:
- Ja, wenn es sein muss,
- Sie werden aber sehen, Sie finden nichts Besseres und Günstigeres.

Wir erhielten also keine Aufforderung wiederzukommen und das Ergebnis der Prüfung der andern Angebote gemeinsam zu besprechen. Wegen der sympathischen Art und der kompetenten Erläuterung der Verkäuferin am ersten Stand wurde der Entscheidungsprozess „Polstergruppe" beendet und der Kauf am ersten Stand auch getätigt.

Die Auftrittsqualität können Sie steigern, indem Sie beobachten, wie andere Verkäufer auftreten. Die genaue Analyse zeigt, welche Elemente wirken und wo beim eigenen Verkauf anzusetzen ist. Im Verkauf auf einer Publikums- oder Fachmesse ist die Auftrittsqualität sofort ersichtlich. Dabei spielt das Outfit der Verkäufer eine wichtige Rolle.

Die Auftrittsqualität steigern Sie, wenn Sie:

- beachten, wie die Körpersprache eingesetzt wird,
- Ihr Outfit der Corporate Identity der Unternehmung anpassen,
- die Begrüßung und den Erstkontakt trainieren, damit Kunden gewonnen und nicht verscheucht werden,
- Blickkontakte trainieren,
- ideale Gesprächseröffnungsformulierungen trainieren,
- die Wirkung nach der Instruktion und Umsetzung beobachten.

Auftritts- und Verkaufsqualität im Innendienst

Auch im Innendienst, der beinahe zu 100 Prozent durch den telefonischen Kontakt bestimmt und geführt wird, ist die Auftrittsqualität ein entscheidendes Kundengewinnungs- und -bindungskriterium. Die Reduktion auf das Hören steigert die Wirkung feinster Signale. Die Auftrittsqualität am Telefon wird von folgenden Faktoren bestimmt:

- Stimmlage, Modulation und Atemtechnik,
- Sprechrhythmus,
- Sprechlautstärke,
- Sprechdynamik,
- Art der Formulierung und Wahl der idealen Inhalte (Wortwahl).

Diese Grundqualitäten könne Sie durch entsprechendes Üben steigern. Dabei kann die Sprechweise beim Abhören aufgezeichneter Gespräche überprüft werden. Veränderungen bei der Sprechweise brauchen Zeit. Es erfordert eine regelmäßige Überprüfung und Analyse. Das Schwierige dabei ist, dass sich der Sprechende während eines Gespräches in der Regel nur sehr schwer auf die Art der Sprechweise konzentrieren kann. Er ist bereits mit der Argumentation umfassend beschäftigt und muss sich darauf konzentrieren. Erst mit der Unterstützung eines Leitfadens oder mit einem Katalog an Argumenten wird es möglich, sich neben der Konzentration auf die Inhalte auch noch auf die persönliche Sprechweise zu konzentrieren. Je nach Gesprächstyp wird ein entsprechender Gesprächsstil erforderlich sein. Doch ob Informationsbeschaffung, Angebot oder Reklamation – der Verkäufer sollte systematisch positive Botschaften in das Gespräch einbauen, Gegenargumente mit Bestätigungen auffangen und für den Kunden mit dem Nutzen ergänzen. Der Verkäufer ist am Telefon in der Lage, Nutzen und Vorteile für den Kunden speziell zu betonen und kann durch stimmliche Veränderungen eine entsprechenden Spannung erzeugen. Wie wichtig zum Beispiel eine Anfrage ist, kann von der Art der Formulierungen und des Auftretens abgeleitet werden. Hohe Stimmen, leise Gesprochenes und unsichere Formulierungen (oftmals vielleicht, eventuell, möglicherweise etc.) zeigen, dass hinter dieser Anfrage eines Interessenten kein potenzielles Projekt steht. Achten Sie als Verkäufer auf Kaufsignale:

- Ich kenne Ihr Unternehmen aus Ihrer Werbung ...
- Sie wurden mir von einem Kunden empfohlen.
- Einer Ihrer Kunden hat mir empfohlen, Sie anzurufen. Sie könnten im Bereich ... bestimmt eine interessante Lösung vorschlagen und uns damit rasch helfen.

Die Reizworte sind dabei:

▶ Ihre Werbung/durch einen Kunden empfohlen/interessante Lösung und rasch helfen.

Wenn diese Reizworte mit der zusätzlichen Betonung am Telefon präsentiert werden, sollten Sie sich voll für diese Anfrage einsetzen. Prüfen Sie aber auch, ob der Einkäufer Sie mit dem Einsatz dieser Formulierungen „nur auf Trab" bringen will oder ob wirklich Potenzial vorhanden ist. Das können Sie durch systematisches Hinterfragen ergründen.

Auftritts- und Verkaufsqualität im Außendienst

Die Anforderungen werden besonders beim Außendienst in der Zukunft weiter steigen. Doch die Auftrittsqualität hier zu steigern wird immer schwieriger. Die Basisqualität in Bezug auf Kleidung und Körpersprache ist heute bei der ersten Begegnung als „Norm" in den meisten Unternehmen gefestigt. Dem Berater und Trainer wird immer bewusster, wie wichtig es ist, je nach Erfordernis als Verkäufer jugendlich, frisch, offen, innovativ oder seriös, gesetzt, gefestigt, konservativ aufzutreten. Die bewusste Wahl der passenden Kleidung in Farbe und Stil gehören zu den Qualitäten im Auftritt, die noch gesteigert werden können. Hierzu werden von Farb- und Stilberatern entsprechende Kurse angeboten.

Eine weitere Komponente der Auftrittsqualität ist die Form der Präsentation von Unternehmen und Leistungen. Diese kurze Phase eines Verkaufsgesprächs zeigt dem Kunden oder potenziellen Kunden, wie professionell ein Unternehmen und seine Verkäufer dieses Thema anpacken. Durch die perfekte Präsentation und Positionierung zieht der Gesprächspartner bereits Schlüsse über die Leistungsqualität. Die Auftrittsqualität kann gesteigert werden durch:

▶ Visualisierungen der Unternehmensziele und Funktionen,
▶ moderne Darstellung der Marktposition des Unternehmens,
▶ gekonnte Übermittlung der Unternehmensstrategie und Ziele.

Dabei helfen Prospekte, Zeigebücher, Flip-Chart-Systeme, Folienpräsentationen oder Laptop-Präsentationen. Der gekonnte Einsatz dieser Elemente mit dem gleichzeitigen persönlichen Einbezug der Gesprächsteilnehmer ist eine wesentliche Qualität, die einwandfrei beherrscht werden muss. Die Steigerung der Verkaufsqualität im Außendienst richtet sich vor allem auf die Gesprächsführung und Gesprächsvorbereitung. Verkäufer, die neben technischen Abläufen und Situationen auch noch die kommerzielle Seite und die Positionierung individuell visualisieren, sind einzigartige Spitzenkönner. Die Steigerung der Auftrittsqualität muss also in diese Richtung weiter verfolgt werden.

Im Bereich der technischen Produkte, komplexen Anlagegeschäfte und ganz allgemein in der Beratung heißt Verkaufsqualität, dass Verkäufer auf Kundenwünsche rasch, systematisch und umfassend reagieren. Erst auf dieser gut gelegten Basis ist ein erfolgreicher Abschluss überhaupt realisierbar. Dabei wird es immer wichtiger, auf die feinsten Signale des Kunden zu achten. Die richtige Interpretation für die geeignete Reaktion und Antwort wird immer mehr zur Kunst. Dazu ist permanentes Training notwendig. Zusätzlich steigern Sie die Verkaufsqualität durch die Anpassung der Argumentation und der Nutzenformulierungen. Der Kunde ist grundsätzlich über alles informiert. Er weiß ganz genau, was er für sein Geld zu erhalten hat. Wenn ihm nun ein Verkäufer oder Berater für sein budgetiertes Geld eindeutig mehr Leistung vermittelt, dann zeugt das von Verkaufsstärke. Die Mehrleistung muss real sein, sie kann auf der anderen Seite aber auch sehr gut von Imagekomponenten und Prestigeelementen flankiert sein. Je stärker der Prestige- und Image-Gedanke in den Vordergrund gerückt werden kann, desto wichtiger ist die entsprechende Verkaufsqualität. Geschickte Darstellung der Leistung mit gekonntem Einsatz folgender interessesteigernden Komponenten gehört zur hohen Schule der Verkaufsqualität:

▶ Verknappung des Angebots (die einfachste Form funktioniert heute leider nur noch sehr selten),
▶ Darstellung der Exklusivität und Einmaligkeit der Ausführung (die ideale Form, wenn dafür genügend Kunden gefunden werden können),
▶ Dynamisierung der Verkaufstechnik durch eine starke Emotionalisierung und Personalisierung, Darstellung der Wirkung und Leistung im direkten Umfeld des Kunden,
▶ Einbeziehung von Herz, Geist, Körper, Seele und Gefühle der Verkäufer und Kunden (nach Prof. Dr. Binek), Angleichung der Wertvorstellungen und der Wertesysteme, um so Wohlbefinden auszulösen (die schwierigste Form, da die meisten Verkäufer in dieser Hinsicht noch am wenigsten Übung besitzen).

Außendienstmitarbeiter, die sich in diesen vier Punkten weiterentwickeln, steigern deutlich Ihre Verkaufsstärke. Auf diese Weise können sie sich im immer härter werdenden Preiskampf behaupten.

Auftritts- und Verkaufsqualität im technischen Service

Die Leistungsqualität einer Marke wird über ihren technischen Service definiert. Dabei spielt genau der Service *après vente* eine immer wichtigere Rolle. Um den Kunden langfristig halten zu können, muss aber auch der Service nach dem Verkauf stimmen. Als wichtige Komponenten sind hier zu erkennen:

- die Dauer der Interventionszeit,
- das Auftreten während der Intervention,
- die Art der Interventionsplanung,
- die Erreichbarkeit und Kompetenz der Dispositionszentrale,
- Auftreten des Service/Reparaturpersonals vor Ort oder in den Werkstätten bei der Annahme der Reparatur,
- die Übergabe des Produktes (Reinigung, Einstellung, Funktionskontrolle etc.).

Im Gegensatz zum Verkauf wird beim Service eine durchschnittliche Argumentationsstärke akzeptiert. Die Begrüßung mit persönlicher Kurzvorstellung, Kurzinformationen zu den geplanten Arbeiten mit Fragestellungen zu besonderen Hinweisen und Bedürfnissen, sauberes Hinterlassen der Reparaturstelle sowie höfliche, dankbare Verabschiedung, müssen jedoch zu hundert Prozent stimmen. Die Steigerungsmöglichkeiten sind in diesem Bereich auch heutzutage noch enorm. Folgende Ideen werden erst in ganz wenigen Firmen konsequent und systematisch realisiert:

- Die realisierten Leistungen werden in einem direkt mitgelieferten Leistungsbericht dargestellt. Dazu werden die Kunden über die reparierten Bereiche, mögliche Ursachen und Tipps zu deren Verhinderung informiert.
- Entschuldigen Sie sich unaufgefordert für den Defekt oder die notwendige Reparatur des Gerätes oder der Maschine. Zeigen Sie Anteilnahme an den nun folgenden Unannehmlichkeiten für den Kunden.
- Aktive Vorausplanung und Sicherung von Maßnahmen, um die Ausfallzeit von Geräten, Maschinen und Produkten so niedrig wie möglich zu halten. Realisierung einer Interventionszeitgarantie oder sogar einer minimalen Stillstanddauer von zwei bis sechs Stunden.
- Einrichtung eines Service-Call-Centers mit top ausgebildeten Servicedisponenten. Die Zufriedenheit nach der Reparatur wird durch den gleichen Mitarbeiter, der den Serviceanruf annahm, nach der

Reparatur wiederum per Telefon überprüft. Im gleichen Arbeitsschritt können nun Vorschläge für Serviceabonnements, Serviceverträge, Austauschofferten und Neuofferten realisiert werden.

Wer sich im Servicebereich mit solchen Leistungen vom Wettbewerb distanzieren kann, erreicht sofort eine ganz andere Anbieterkompetenz. Die japanischen Autoverkäufer haben dies den Europäern schon zu Beginn der 70er Jahre klar vor Augen geführt. Dank einer umfassenden Serviceorganisation gewannen die Japaner in Europa rasch hohe Marktanteile. Sie bauten Serviceorganisationen auf, die um einiges besser waren als die alteingesessenen. Die Kombination von Service mit Fullsize-Angeboten zu tieferen Preisen und niedrigeren Unterhaltskosten waren die Erfolgskomponenten der japanischen Autoinvasion in Europa und den USA.

Weiterbildungsmaßnahmen zur Sicherung der Qualitätsstufen

Einem Unternehmen darf es nie gleichgültig sein, wie die erzielten Qualitätsstufen gehalten werden können. Besonders in rezessiven Zeiten sparen leider viele Geschäftsleitungen im Bereich Weiterbildung und Training. Qualitätsstandards können aber nur durch regelmäßige Trainings gehalten werden. Richard D'Aveni, Professor an der Amos Tuck School, Darmouth College, in New Hampshire, beschreibt in seinem Buch „Hyperwettbewerb" genau, wie die Menschen darunter leiden, dass die Maschinen besser gepflegt werden als die Mitarbeiter. Die Investition in Weiterbildung, gerade bei Verhaltenstrainings, kann immer erst nach Monaten, wenn nicht sogar erst nach Jahren genutzt und Gewinn bringend eingesetzt werden. Zu einer erfolgreichen Weiterbildungsmaßnahme gehört es, darauf zu achten, dass das Gelernte auch angewendet wird. Dieser Teil der Umsetzung der Ausbildung ist aufwendig und nur mit einem ausgeprägten Führungswillen realisierbar. Die Investition der meisten Ausbildungen scheitert genau an diesem Mangel an Führungswillen und Führungsfähigkeiten.

Um die durch Training erreichten Qualitätsstufen im Kundenkontakt halten und ausbauen zu können, sollten die Ausbildungsverantwortlichen grundsätzlich folgende Punkte stärker berücksichtigen:

- Verhaltensveränderungen dauern mehrere Monate, wenn nicht sogar Jahre bis ein konkretes Ergebnis erkennbar ist.

▶ Die Sicherung und Steigerung von mechanischen Fähigkeiten, zum Beispiel das Bedienen einer Tastatur, Beherrschen eines Software-Paketes, kann in wenigen Tagen realisiert werden.

▶ Um die Kommunikationsfähigkeit und Rhetorik zu steigern, brauchen Sie ein permanentes und konsequentes Training. Nur wer regelmäßig Schriftstücke verfassen muss, kann auch in zusammenhängenden Texten denken und diese zu Papier zu bringen. Wer sich eine ausgereifte Textsicherheit erarbeitet hat, ist rhetorisch sicher genug, seine Zuhörer in Bann zu ziehen (Politiker beherrschen dieses Spiel ausgezeichnet).

Zur Verkaufsoptimierung gehört auch die Weiterbildung der Mitarbeiter mit täglichem und sporadischem Kundenkontakt. Das Erkennen und das Definieren der minimalen und maximalen Kundenorientierung fällt nicht immer leicht. Dieser Standard-Katalog hilft Ihnen, mögliche Ausprägungen zu erkennen.

Minimale Kundenorientierung	Maximale Kundenorientierung
■ Normale Ansprache des Kunden ohne Berücksichtigung auf den Kundennamen. ■ Aussagen über den Kundennutzen werden mehrheitlich in der „Wir"-Form ausgesprochen. ■ Besondere Gesten zur Unterstützung der Aussagen werden nicht gemacht. ■ Hinweise werden ohne Engagement erwähnt. Besonderes wird nicht speziell hervorgehoben. ■ Bewusst auf den Kunden zugehen wird als aufdringlich angesehen. ■ Gute Gedanken des Kunden werden nur knapp verstärkt und bestätigt. ■ Bei neuen Ideen des Kunden kommen über die Körpersprache rasch erste Abwehrsignale. Neue Ideen und Wünsche bedeuten schließlich immer Mehrarbeit. ■ Die Stimmlage wird bei der Entgegennahme von neuen Ideen und Wünschen sofort gesenkt. Es werden kaum zusätzliche Verständnisfragen gestellt.	■ Kundenansprache wird in Betonung und Stimmlage deutlich geführt. Der Kundenname wird ausgesprochen. ■ Ein angenehm starker Händedruck zeigt die Freude über den Besuch. ■ Der Kundenname wird so rasch wie möglich in Erfahrung gebracht, ohne dabei aufdringlich zu wirken. ■ Der Kunde wird mit Gesten und offenem Blick zum Besprechungsort geführt. Einladende Hand und Armbewegungen zeigen wie groß die Freude über den Besuch ist. ■ Hinweise des Kunden zu Raum, Gestaltung, Klima werden gerne aufgenommen und durch interessante Informationen angereichert. ■ Das Gespräch wird mit einer Information zum Ablauf und zu den Gesprächspunkten eröffnet. Gemeinsam wird der Zeitbedarf abgesteckt.

- Der Verkäufer unterhält sich mit dem Kunden im Telegrammstil. Knappe Aussagen, Stichworte.
- Zustimmung und Unterstützung zu Vorentscheidungen oder der getroffenen Wahl fehlt.
- Freude und Ambiente werden nicht durch den Verkäufer, sondern durch die Umgebung und das Verkaufslokal vermittelt (Laden, Showroom, Sitzungszimmer, Messestand etc.).
- Die Unterlagen zeigen nur die Technik und das Sortiment.
- Die Unternehmens- und Leistungspositionierung wird nur am Rande erledigt. „Der Kunde soll doch einfach Ware kaufen!"
- Entscheidungshilfen werden nur in Form von „Katalog-Offerten" realisiert.
- Zusammenfassungen des Gespräches werden kaum angeboten. Anstelle eines Kundenführungsbriefes gibt es höchstens eine Kopie der persönlichen Handnotizen.

- Bei neuen Ideen und Gedanken des Kunden werden diese mit Begeisterung erfasst. Hinweise auf die Komplexe sind mit der passenden Begründung gestattet.
- Erfahrungen, die geteilt werden können, werden vom Verkäufer besonders hervorgehoben. Der Kunde wird so in seinen Gedanken und Planungen gestärkt.
- Der Kunde wird sehr oft mit Namen und aus seiner Sicht angesprochen. „Sie"-Standpunkte gehören zur Tagesordnung.
- Nutzen werden gezielt und dosiert eingesetzt, ohne dabei das ganze Pulver im ersten Schritt zu verschießen.
- Produkte und Leistungen werden mit differenzierten Unterlagen und Hilfsmitteln dem Kunden dargestellt.
- Freude und Ambiente werden nicht in erster Linie durch das Ladenlokal dargestellt, sondern durch die Motivation der Verkäufer.
- Das Unternehmen wird ganz bewusst dann positioniert, wenn der Kunde auf Aufnahme geschaltet hat. Es ist nicht immer notwendig, diesen Punkt sofort im ersten Gespräch zu realisieren.
- Im Nachhinein wird das Gespräch im Kundenführungsbrief entsprechend zusammengefasst und bestätigt.
- Der Kunde bekommt für einen späteren Entscheidungsprozess weitere Entscheidungshilfen vom Verkäufer.
- Offerten und Dokumente enthalten in individueller Form die Nutzen für den Kunden.

Aufbau der notwendigen Kompetenzen

Kommunikationskompetenz

In der heutigen Zeit der elektronischen Kommunikation muss ein Unternehmen besonders großen Wert auf Gespräche, Referate und Präsentationen vor einzelnen Zuhörern und vor Gruppen legen. Die Anforderungen an die Kommunikation werden besonders auf diesem Gebiet laufend steigen. Fernsehsendungen zeigen täglich Referenten und Präsentatoren, die flüssig, angenehm, interessant, dynamisch, witzig und fundiert sprechen und auftreten können.

Die Kommunikationskompetenz bedeutet, dass Sie sich in Wort und Schrift entsprechend kompetent ausdrücken können. Die Kompetenz zeichnet sich dabei besonders durch folgende Fähigkeiten aus:

- *Zielgruppengerechte Formulierung.* Sie erklären am Morgen den Baumeistern in ihrer Sprache und mit ihren Fach- und Branchenausdrücken eine Leistung und wechseln am Nachmittag bei den Bankdirektoren in deren Sprache, um ähnliche Leistungen darzustellen.
- *Die richtige Reaktion auf Nutzenhinweise.* Richten Sie vorhandene Nutzen der Leistung auf die Bedürfnisse des Gesprächspartners aus. Sie erkennen rasch und gezielt, wo der Gesprächspartner einen anderen Schwerpunkt bildet.
- *Diagonales Lesen und Interpretieren.* Aufgrund der erhöhten Marktgeschwindigkeit müssen Sie Texte rasch erfassen und das Wesentliche darin erkennen können.
- *Die Anpassung Ihrer Zielstrebigkeit an den Gesprächspartner.* Sie müssen den Druck in der Zielstrebigkeit so variieren können, dass der Kunde es als angenehm empfindet, das Projekt in der ihm eigenen Geschwindigkeit realisieren zu können.
- Eine umfassende Textkompetenz und die Fähigkeit gezielt, prägnant und pfiffig kommunizieren zu können, will effektiv trainiert sein.

Im Training der Kommuniktaionskompetenz ist es wichtig, dass Sie ganze Sätze bilden.

Erst das Formulieren von ganzen Sätzen steigert die Fähigkeit, in Textblöcken zu denken und zu kommunizieren. Basierend auf den Grundsätzen der Direktmarketingtexte sollte sich der Verkäufer bei seinen Übungen auf etwa zehn bis zwölf Worte pro Satz beschränken. Dabei sollte jeder Satz einen Verstärker in der Sprache des Adressaten enthalten. Die Nutzenformulierungen müssen greifbar, erlebbar, kontrollierbar und aus der Sicht des Kunden in klaren „Sie"-Standpunkten formuliert sein. Wenn Sie gezielter und sicherer formulieren wollen, gehen Sie am besten so vor:

1. Verfassen Sie für die Terminvereinbarung am Telefon ein Verkaufsgespräch aus den Elementen
   - Gesprächseinstieg,
   - zwei klare und einfache Sätze, die das Interesse wecken,
   - Einbezug des Gesprächspartners mit einer Frage, die eine klare und kurze Antwort fordert,
   - Darstellung der Nutzen und Vorteile, damit eine Prüfung des Angebotes gesichert ist,
2. Verfassen Sie ein Verkaufsgespräch zur Präsentation der Unternehmensleistung in einem Erstgespräch beim Kunden. Nutzen Sie dabei die Elemente der AIDA-Formel (Attention, Interest, Desire, Action)
   - Formulieren des Programms,
   - Entwicklung der strategischen Fragen zur Bedarfs- und Situationsanalyse,
   - Gestaltung der Formulierungen zur Unternehmens-, Leistungs- und Produktpositionierung,
   - Texten der möglichen Abschlussformulierungen als Up-Grading,
   - Verfassen der Möglichkeiten zur Abschlussvereinbarung.
3. Verfassen Sie ein Referat zur Präsentation der neuen Leistungen des Unternehmens bei bestehenden Kunden mit folgender Gliederung:
   - Wiederholung der Positionierung des Unternehmens,
   - Darstellung der neuen Leistungen,
   - Strategische Fragen und Informationen zu den zusätzlichen Nutzen der neuen Leistungen,
   - Verfassen der idealen Formulierungen zur Handlungsaufforderung.

Wenn ein Verkäufer sich die Mühe macht, solche Texte systematisch nach diesem Aufbau zu verfassen, wird er schon nach wenigen Texten erkennen, wie flüssigere Gespräche und kundenorientierte Formulierungen zu realisieren sind. Die Teilnahme an entsprechenden Seminaren sichert die notwendige Anleitung und den idealen Erfahrungsaustausch. In diesen Seminaren sollten Texte verfasst werden, die einen direkten Nutzen bringen, also PR-Texte, die in Fachzeitschriften oder Zeitungen erscheinen können. Das Verfassen von Fachtexten zwingt Sie ebenfalls zu kurzen und prägnanten Formulierungen, bei denen Sie sich auf das Wesentliche konzentrieren müssen. Es lohnt sich, diese Übungen regelmäßig durchzuführen.

Auftrittskompetenz

Jede Kommunikationskompetenz kann und wird durch eine miserable Auftrittskompetenz stark verringert. Die Auftrittskompetenz ist vor allem bei Referaten und Präsentationen wichtig. Im täglichen Leben eines Menschen mit Verkaufsaufgaben ist die Auftrittskompetenz unterschiedlich zu gliedern:

Auftrittskompetenz nach Art des Verkaufspunkts

Präsentation(Referat/ Vorführung/Rede)	Kompetenz-Kriterien
Eröffnung	■ Stillstellen und Ruhe erzeugen, Körperhaltung, locker unterstützende Gesten.
Start und Durchführung der Präsentation mit audiovisuellen Hilfsmitteln (Projektor/Flip-Chart/ Computer)	■ Umgang mit den AV-Hilfsmitteln ■ Einsatz der Körpersprache in idealer Form (Verdecken oder freihalten der Sicht) ■ Erzeugen von Spannung und Action mit der Sprach- und Körperführung ■ Einsatz von ideal angepassten Visualisierungen ■ Einsatz von professionellen Folien, Computerpräsentationen mit Animation und Video
Präsentationsschluss	■ Zusammenfassung ■ Aufforderung zur Tat ■ Gekonnte Entgegennahme des Applauses ■ Beantwortung von Fragen,(Repetieren, Bestätigen, Replik, Zufriedenheitscheck beim Frager)
Beratungs- und Verkaufsgespräch beim Kunden (Außendienst)	**Kompetenzen**
Gesprächseröffnung	■ Schaffen einer Situation, die den Gesprächspartner zum Sprechen bringt
Positionierung	■ Platzierung von vier bis fünf strategischen Fragen ■ Darstellung und Abgrenzung der Leistungen des Unternehmens, der Leistungskonzepte und der Konzepte der Produkte mit Nutzen für den Gesprächspartner

Lösungsentwicklung	▪ Klare und eindeutige Darstellung der Differenzen gegenüber andern Wettbewerbern ▪ Abstecken der Lösungsbandbreite, Entwicklung von Lösungsansätzen in Form von Vorschlägen, Varianten und Ideen auch für Verkaufsprozesse mit fertigen Produkten ▪ Aufzeigen der Anwendungsvarianten und der Chancen, die bei einer Leistung und einem Produkt bestehen
Angebotsphase	▪ Hinterfragen, ob alternative Leistungen und Lösungen vielleicht attraktiver wären ▪ Systematische Ergründen des Preisspielraums, des Qualitätsniveaus und der generellen Leistungsanforderung ▪ Lieferzeiten, Lieferkonditionen, Zahlungskonditionen etc.
Abschlussphase	▪ Unterbreiten von konkreten Varianten und Alternativen ▪ Gestaltung der Abschlussfragen in alternativer Form, Konsenssuche und Entwicklung der Lösung sowie Zusammenfassung in solcher Form als wären alle Ansätze diejenigen des Kunden ▪ Klare Terminierung der nächsten Schritte und Aufgaben ▪ Suche nach einer Möglichkeit, den Kontakt zu intensivieren
Zusatzverkauf	▪ Realisierung eines Zusatzverkaufs durch die Vermittlung von neuen aufbauenden Ideen oder die Gewinnung zusätzlicher Informationen ▪ Der angestrebte Umsatz kann erst im dritten Schritt realisiert werden
Verabschiedung	▪ Sympathisch mit einem angemessenen Dank ▪ Kurze Zusammenfassung der getroffenen Vereinbarungen. Repetition der nächsten Termine.

Da Verhaltensänderungen eine mittelfristige Maßnahme sind, können Schwachstellen nicht von heute auf morgen geändert werden. Mit Intervall-Trainings, die aufbauenden Bezug zur Praxis garantieren, können Sie innerhalb von weniger als einem Jahr positive Veränderungen feststellen.

Planung und Umsetzung in der Praxis

Die schnellen Veränderungen des Marktes verlangen, dass ein Unternehmen mit seinen Mitarbeitern konsequent auf dem neuesten Stand ist. Bei der Planung der Weiterbildung sollten die Qualitätsziele des Unternehmens den Maßstab setzen. Als idealer Benchmarker hilft die Kundenzufriedenheitsanalyse sowie die klare Konkurrenzanalyse. Wenn Sie diese beiden Instrumente regelmäßig einsetzen, definieren Sie die gewünschten Qualitäten und Niveaus.

Typische Fehler in der Planung der Weiterbildung

Auslöser:	Erkenntnisse:
Trainingsabstinenz	Man hat schon lange kein Verkaufstraining mehr gemacht. Das letzte fand vor fünf bis sieben Jahren statt. Jetzt ist es wieder an der Zeit.
Kundenreaktionen	Kunden erwähnen dem Außendienst und der Geschäftsführung gegenüber, wie gut die Konkurrenz sich am Telefon verhält.
Abschlussschwäche/ Akquisitionsschwäche	Weil kaum mehr neue Kunden gewonnen werden, sucht die Geschäftsleitung dafür eine wirkungsvolle, einfache und rasche Ausbildung.Es werden zwar viele Offerten gemacht aber nur wenige werden zu Aufträgen umgewandelt.
Preisverteidigung misslingt	Die Verteidigung des Preises gelingt schon lange nicht mehr. (Ein Phänomen der 90er Jahre. Der Preisrahmen ist von sieben bis 15 Prozent auf ein bis drei Prozent gesunken.)
Die Konkurrenz hat die besseren Nutzen für den Kunden	Die Vermittlung von Kundennutzen kann heute Kunden und Interessenten konditionieren. NLP (Neurolinguistisches Programmieren) zeigt, wie wirkungsvoll eine klare und bestimmte Sprache sein kann. Nutzenformulierungen werden durch den Wettbewerb möglicherweise schon intensiver dargestellt.

Die Planung der qualitativen Weiterbildung darf sich aber nicht allein auf diese fünf Auslöser stützen. Grundsätzlich sollte die Weiterbildung in jedem Jahresplan enthalten sein. Dabei empfiehlt sich eine Mischung aus:

▶ Verhaltenstrainings mit einer Basisvermittlung, Vertiefung und Anwendung in der Praxis,

▶ Prozesstrainings und Workshops, die Arbeitsabläufe hinterfragen und Optimierungsmöglichkeiten suchen,

▶ teamorientierte Veranstaltungen zur Förderung der gemeinsamen Ausrichtung und zur Sicherung des gemeinsamen Leistungswillen.

Bei der Wahl der entsprechenden Leiter der Weiterbildung ist es wichtig, dass Berater und Institute gewählt werden, deren Meinungen mit den Unternehmenszielen konform sind. Dies gilt besonders für Verhaltenstrainings. Nur mit einem klaren Briefing wird es möglich sein, eindeutige Qualitätsziele zu erreichen.

Praxis der Weiterbildung

1. Definieren und beschreiben Sie die aktuelle Qualität. Nennen Sie im Briefing konkrete Beispiele, die Sie persönlich erlebt haben. Die Beispiele sollen sich sowohl am schlechtesten als auch am besten orientieren. Wichtig ist, dass Sie die ganze Bandbreite erfassen.

2. Bilden Sie Schwerpunkte, die einfach und oft kontrolliert werden können. Die Investition in die Weiterbildung und insbesondere in die einzelnen Qualitäten des Menschen ist so teuer, dass eine Wirkungskontrolle immer sinvoll ist.

3. Wählen Sie ein Weiterbildungsprogramm mit jemandem, der
   - sich rasch in Ihre Praxis einleben kann (Branchenerfahrung),
   - sich mit Ihren Produkten voll identifiziert (Sie könnten diese Person sofort als Chef-Verkäufer einsetzen).

4. Verlangen Sie eine Probelektion oder einen Probeauftritt der möglichen Institute und Akademien. Wählen Sie den passenden Leiter nach einem Bewertungsraster, der zum Beispiel folgende Punkte überprüft:
   - Dynamik und Energie,
   - Erfassung der Ist-Situation in der Firma,
   - persönliche Anpassung an die Umstände,
   - Mischung und Anwendung von Theorie und Praxis,
   - Animations- und Controllingverhalten des Leiters einer Weiterbildung,
   - Methoden und Techniken erfüllen einen überdurchschnittlichen Transfer,
   - ein positives Ambiente wird geschaffen und aufrecht gehalten,
   - das Preis-Leistungs-Verhältnis unter Beachtung der Transfersicherheit.

5. Achten Sie während der Weiterbildung auf regelmäßiges Feedback mit den Leitern.
6. Führen Sie eine Abschlussbesprechung mit klarer Manöverkritik durch.

Um Verhaltensqualitäten laufend sicherstellen zu können, sind die Intervalle regelmäßig zu planen. Verhaltens- und Prozessqualitäten sind Fähigkeiten, die ohne regelmäßiges Training gar nicht funktionieren. Mit einem Intervalltraining, das täglich maximal 15 Minuten beansprucht, wird das Training zur täglichen, logischen Prozedur, die rasch von allen Mitarbeitern akzeptiert wird. Wichtig ist dabei, dass alle Qualitätsziele auf kleinste Q-Trainingseinheiten pro Tag reduziert werden.

Dabei hat sich in der Praxis folgendes Vorgehen durchgesetzt:

Schritt 1	Definition der Qualitätsziele nach Jahreszielen, Quartalszielen, Monatszielen und Wochenzielen. Aus den Wochenzielen werden Tagesziele mit ganz kleinen Sequenzen herauskristallisiert.
	In einem Workshop mit der Geschäftsleitung werden diese Q-Ziele gegliedert und anschließend an die Teamleiter weitervermittelt.
Schritt 2	Workshop mit den Teamleitern. Kennenlernen der Q-Ziele. Kennenlernen der Systematik des Intervall-Trainings. Instruktionen zum Aufbau und der Methodik, mit der die Tageslektionen konzipiert, gestaltet und trainiert werden können. Realisieren von einzelnen Probetrainings.
Schritt 3	Train-the-trainer für die Realisierung des Tages-Intervalltrainings. Direktes Coaching bei der Umsetzung durch den Leiter des Gesamtkonzeptes.
Schritt 4	Gemeinsame Weiterentwicklung der Tageslektionen auf der Basis der Tageskalender.
Schritt 5	Realisieren der Tageslektionen mit Input, Training und Feedback zur unmittelbaren Ausführung und zur Ausführung des Trainingsinhalts vom Vortag.

	Auf diese Weise wird die Führungsarbeit ebenfalls institutionalisiert. Dieses tägliche Arbeiten mit dem Team löst vorhandene Beziehungsfragen und Fachfragen. Gleichzeitig werden Vorschläge und Ideen begrüßt, die die Effizienz und Wirkung steigern und verbessern.
Schritt 6	Die realisierten Tageskalender bilden einen wichtigen Bestandteil des Prozesshandbuches oder QS-Manuals. Die Ideen und Möglichkeiten, die an das Vorschlagswesen gerichtet werden, werden sorgfältig geprüft und schnell beantwortet. Die Antwort sollte persönlich, individuell und aufmunternd sein. Dies gilt besonders bei Vorschlägen, die nur mäßig abgestützt sind.

Verknüpfung der Weiterbildung mit den Ablaufprozessen

Um Mitarbeiter für Weiterbildungen genügend motivieren zu können, muss der Nutzen der Weiterbildung dargestellt werden. Dazu gehören zum Beispiel:

- bessere, teilweise leichtere Erreichung der persönlichen Ziele,
- besserer Umgang mit den eigenen Kunden,
- umfassendere Kenntnisse über den Aufbau von Kommunikation und Körpersprache,
- klare Erkenntnisse über die eigene Wirkung,
- Erleichterung der Arbeitsabwicklung, Einsparung von Kosten, Sicherung oder Erhalt von zusätzlichen Provisionen, Prämien, Boni etc.,
- Entwicklung und Stärkung der Zusammenarbeit im Team durch positives Ambiente während und nach der Weiterbildung.

Trainingsintervalle stellen sicher, dass die Prozessqualität die Argumentation und die Unternehmens-, Leistungs- und Produktewertesysteme bekannt sind und intensiv umgesetzt werden. Mit der Ausrichtung der Weiterbildung auf die Marktbearbeitung wird die aktive Mitarbeit in der Weiterbildung unmittelbar an Erfolgen gemessen. Durch die eindeutigen Feedbacks profitiert der einzelne Teilnehmer, denn er erkennt im gleichen Zeitraum, wo seine aktuelle Leistungs- und Qualitätslinie liegt. Er kann so seine eigenen Ziele auf der Q-Stufe definieren. Die Umsetzung der Weiterbildung in der Praxis ist so selbstverständlich sehr hoch.

5. Das moderne Customer Relationship Management

Wenn die Mitarbeiter eines Unternehmens im Kundenkontakt die operativen Prozesse zum Markt hin beherrschen, kann die Geschäftsleitung Customer Relationship Management als strategisches Führungsinstrument des Unternehmens einsetzen.

Das Verständnis für integrierte Verkaufsprozesse muss jedoch wirklich umfassend vorhanden sein.

Durch die immer stärkere Polarisierung in der Marktbearbeitung in Bezug auf die Kundensegmentierung muss CRM die folgenden Prozesse und Abteilungen umfassen:

- Call Center mit
  - Inbound-Aufgaben und
  - Outbound-Aufgaben,
- Key Account Management,
- IT-Abteilung mit
  - dem Datawarehouse und
  - den notwendigen Analysetools.

Für die Zukunft ist abzusehen, dass Unternehmen ab einer mittleren Grösse die Kundenprozesse über ein internes professionelles Call Center abwickeln müssen.

Kleinere Unternehmen können sich eventuell noch Order-Processes, Sachbearbeitung und technische Anfragen sowie Reklamationsbehandlungen mit nicht-integrierten Abläufen leisten. Aber auch in kleinen Unternehmen mit einem Umsatz unter 5 Millionen Euro werden Call Center Einzug halten.

Die CRM-Philosophien und -Strategien

In der Literatur und auch im Markt sind folgende Ausrichtungen im Bereich CRM erkennbar.

Der strategische Ansatz

CRM wird als Lösung für die ganzheitliche Bearbeitung und Betreuung der Kunden eingesetzt. Dabei kommt folgendes Modell zur Anwendung:

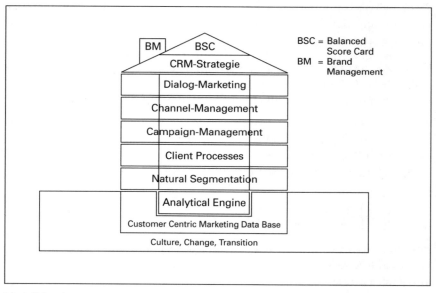

Modell Comit

Im strategischen Ansatz bilden die Elemente Datawarehouse, Analytical-Engine sowie Balanced Scorecard die zentralen Steuerungselemente des CRM. Dabei ist es nicht wichtig, auf welcher Plattform die Adressen und Kriterien verwaltet werden, sondern wesentlich ist, dass die Kriterien zur Selektion und Analyse durch die Analytical-Engine mehr als 30 bis 40 Items aufweisen. Um die Analytical-Engine überhaupt zum Laufen zu bringen, müssen mehr als 30 000 Adresssätze zur Verfügung stehen.

Mit diesem strategischen Ansatz können Kundengruppen mit extrem hohen Affinitäten zu den unterschiedlichen Produkten, Situationen und Angeboten herausgefiltert werden. Ideal ist dieses Modell für Unternehmen, die mit einer extrem großen Anzahl an Kundendaten arbeiten können, beispielsweise Airlines, Banken, Versicherungen, Reisebüros, Automobilgroßhändler, Händler von dauerhaften Konsumgütern, Tiernahrungslieferanten. Im Business-to-Business-Bereich ist es kaum möglich, mit solch großen Datenmengen zu arbeiten.

Der wissensorientierte Ansatz

Beim wissensorientierten Ansatz geht es darum, aus den Kundendaten Wissen über den Markt und über Kundengruppen zu gewinnen. Dabei ist natürlich wichtig, dass das Wissen über Kunden und Situationen auch entsprechend dokumentiert wird. Im Gegensatz zum strategischen Ansatz wird das Wissen hier über den Kontakt und die selbständig gelieferten Informationen gebildet. Unabdingbare Voraussetzung ist, dass die Informationen einheitlich durch die Mitarbeiter erfasst werden.

Beziehungen können langfristig auch durch unterschiedliche Bezugspersonen gepflegt werden. Selbstverständlich sollen ebenfalls über Tiefenselektionen Kundengruppen mit hohen Affinitäten zu unterschiedlichen Angeboten, Situationen und Produktnutzungen gefunden werden.

Der Prozess-Ansatz

Mit dem Prozess-Ansatz wird im CRM sichergestellt, dass die aufgenommene Kundenbeziehung ab dem ersten Kontakt systematisch gepflegt wird. Der Prozess-Ansatz definiert dabei genau die einzelnen Schritte, die durchlaufen werden müssen. Nach erfolgtem Erstkauf wird über definierte Produkt- und Leistungsketten der Kontakt mit entsprechenden Vorschlägen weiter fortgesetzt. Die Nutzungsprozesse der Produkte oder Leistungen sind dank Logik im Verbrauch oder dank Tiefenselektionen ermittelt worden.

Sowohl der wissensorientierte wie auch der Prozess-Ansatz werden durch die Unternehmen selber stark verfolgt. Es werden Lösungen gesucht, um Kosten senken zu können oder um den Markt besser zu kennen.

Der IT-Ansatz

Bei diesem Ansatz wird die optimale IT-Lösung gesucht, um die CRM-Prozesse zu steuern. Ideale Oberflächen, die notwendigen Speichermedien und -kapazitäten und Selektionsmethoden müssen ermittelt, implementiert und angepasst werden. Zu Beginn wird das Augenmerk immer auf die Möglichkeiten der Software gerichtet. Die wirklichen Applikationen sind jedoch in keinem Nutzungskonzept zu finden. Dank flexibler und leistungsfähiger IT-Lösungen können zu einem späteren Zeitpunkt vielerlei Konzepte erstellt und umgesetzt werden.

Dieser Ansatz wird hauptsächlich durch die IT-Lösungsanbieter gefördert. Dieses Umfeld lässt neue Wachstumsmärkte entstehen und erfordert laufend neue Investitionen, was für Unternehmen sehr attraktiv ist.

Alle diese vier Ansätze sind für ein integriertes CRM-Konzept selbstverständlich wichtig und notwendig. Das Wichtigste in einem CRM-Konzept ist jedoch die Ausrichtung auf die Kunden und Interessenten. Erst wenn sämtliche Schritte aus dem gesamten Verkaufsprozess einbezogen werden, kann von einem umfassenden CRM-Konzept gesprochen werden.

Die Ausrichtung auf den Kunden ist insbesondere bei Unternehmen im Business-to-Business-Bereich von Bedeutung. Nur die wenigsten Unternehmen einer Volkswirtschaft können mit wirklich großen Adressbeständen (100 000 Kundenadressen) arbeiten. Über 85 Prozent der Unternehmen verfügt über Adressbestände in der Größenordnung von 1 000 bis 10 000 Adressen und mit 5 000 bis 40 000 Namen von Entscheidungsträgern (Ansprechpartner im Unternehmen). Aus diesem Grunde ist der kundenorientierte oder beziehungsorientierte Ansatz derjenige, der es erlaubt, Beziehungen wirklich zu steuern. Dies stellt hohe Anforderungen an die Fähigkeit der Mitarbeiter. Beziehungen zu steuern, bedeutet nämlich, Beziehungen zu Kunden und Interessenten auf den unterschiedlichen Stufen aufbauen zu können. Erst dann ist die Bezeichnung Kunden-Beziehungs-Management gerechtfertigt.

Der Beziehungs-Ansatz

Der Beziehungs-Ansatz beim CRM setzt voraus, dass die Kunden- und Interessenten-Beziehung in der Strategie als die wichtigste Messgröße für den Erfolg in der Zukunft definiert ist. Gleichzeitig können der prozess- und der wissensorientierte Ansatz auch nicht außer Acht gelassen werden. Die Effizienz im Order- und Kundenführungsprozess wird immer wichtiger. Erst wenn diese Prozesse kostenkontrollierend realisiert werden, ist es möglich, die Anzahl der Prozessdurchläufe zu steigern. In Bezug auf den IT-Aspekt ist es wichtig, dass die Software den Beziehungs-Ansatz systematisch und einfach unterstützt.

Der Beziehungs-Ansatz nutzt dementsprechend die vier Basisansätze und setzt mit der fünften Dimension noch eine weitere Betrachtungsweise hinzu. Die fünfte Dimension heißt: Beziehungen aufbauen, führen und fördern. Das Wissen, wie im Business-to-Business Beziehungen über die unterschiedlichen Systeme aufgebaut und geführt werden, ist zu systematisieren und in den CRM-Prozess zu integrieren. Mit Hilfe der Kenntnisse, ob eine Zielperson beziehungsweise ein Beeinflusser eher extrovertiert oder introvertiert und eher sach- oder menschenorientiert ist, kann der Verkäufer – im Call Center, im Außendienst, im technischen Service – genau auf die Werte der jeweiligen Person eingehen. Erst die Anwendung und umfassende Führung der Beziehungen nach diesen Aspekten sichert dem CRM-Konzept den notwendigen Erfolg. Das *R* wie *Relation* ist in Zukunft der maßgebende Schwerpunkt. Dabei sind es nicht nur die Beziehungen über Direct-Marketing-Aktivitäten die zählen, sondern die Beziehungen, die zwischen den Menschen des anbietenden Unternehmens und dem Kunden bestehen.

Die CRM-Strategie mit dem Beziehungs-Ansatz

Um die Beziehungen mit Kunden und Interessenten wirklich systematisch realisieren zu können, benötigen die Personen mit Kundenkontakt in einem Unternehmen umfassendes Wissen darüber, wie Beziehungen geführt werden. Bereits vom ersten Kontakt an muss der Interessent oder Lead richtig eingeschätzt werden können. Wenn diese Einschätzung gelingt, wird es in den folgenden Abschlussprozessen möglich sein, sich neben den Unternehmens- und Leistungswerten auch auf die Werte des Interessenten direkt zu konzentrieren. Dabei ist wichtig, die Profilierungswerte und die Angst- bzw. Begrenzungswerte zu kennen. Dank der Vier-Felder-Matrix von DISG (Dominant/Initiativ/Stetig/Gewissenhaft) ist es möglich, rasch die Grundausrichtung eines Menschen zu

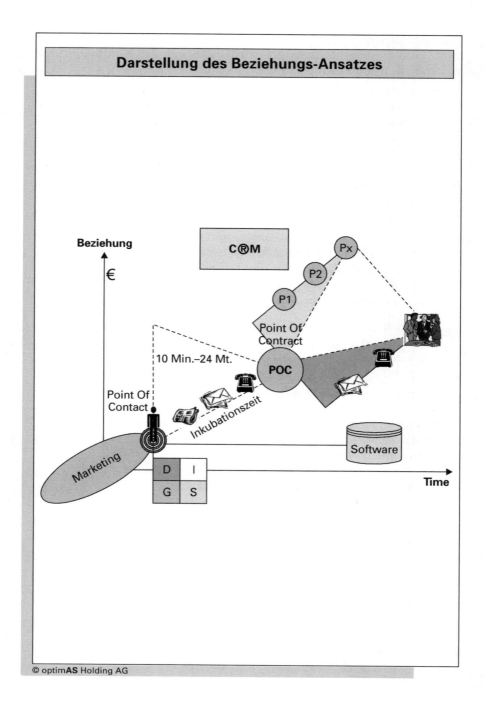

erfassen. Dies gelingt vor allem dann, wenn ein persönlicher Kontakt zum Lead besteht. Schwieriger wird es, wenn die Kommunikation ausschließlich schriftlich abläuft.

Wenn ein Unternehmen den Beziehungs-Ansatz wählt, ist es wichtig, dass sich die Mitarbeiter gut kennen und über diesen Prozess auch in der Lage sind, andere Menschen besser einzuschätzen. Mit Hilfe der in der Software hinterlegten, nach den vier Werten ausgearbeiteten Kommunikationstools kann jede Person mit Kundenkontakt die Kommunikation effizienter steuern. Neben den Leistungswerten werden den Interessenten und Kunden bei jedem Schritt aufgezeigt, welchen Nutzen sie aus der Investition ziehen. Gleichzeitig können Ängste und negative Einflüsse über die Fokussierung auf die Kundentypwerte schneller und sicherer beseitigt werden.

Die drei Kern-Elemente sind dabei:

▶ Erfassen der Kundentypologie und Bestimmung der Kundenwerte während oder über die Reaktionen nach dem ersten Kontakt. Laufende Anpassung der Einschätzung über die nächsten Kontakte.

▶ Kein Fallenlassen der Nicht-Kunden, wenn beim ersten Abschlussversuch kein Erfolg zu erzielen war. Aktives Management der potenziellen Kunden, die bereits ein Angebot oder mehrere Informationen erhalten haben.

▶ Integration von strategischem Ansatz und Prozess-Ansatz auf der Basis des Beziehungs-Ansatzes mit klaren Messinstrumenten, die das Was definieren, und vorbereiteten Kommunikationsinstrumenten, die das Wie festlegen. Dabei bilden die langjährig angewandten Tools klare *Erfolgspositionen*. Es sind dies:
 – Unternehmens- und/oder Leistungswerte-Systeme
 – Ereignisketten und Kommunikationsketten
 – drei- und vierdimensionale Potenzialschlüssel
 – Umfassende Beachtung von Inkubations- und Reaktionszeiten in den Verkaufsprozessen

Mit der Einführung des CRM mit dem Beziehungs-Ansatz wird auch eine Unternehmensentwicklung in Gang gesetzt. Alle Mitarbeiter mit Kundenkontakt und mit einem Fokus auf den Kunden sind somit gezwungen, sich über Trainings und Seminare mit sich und anderen stärker zu beschäftigen. Dabei entstehen folgende Nutzen:

▶ Die Menschen lernen sich über diesen Prozess besser kennen.
▶ In der Teamarbeit können direkte Engpässe im Kundenprozess angesprochen und gelöst werden.

Beispiel eines Kundenführungsbriefs nach dem Beziehungs-Ansatz

Stufe Verstärkung Erstkontakt nach dem Besuch der Ausstellung

Headline:
- **D**   Ihr aktuelles, spannendes Umbau-Projekt
  Ihr aktuelles, spannendes Neubau-Projekt
- **I**   Ihr kreatives Umbau-Projekt
  Ihr kreatives Neubau-Projekt
- **S**   Ihr Umbau-Projekt „Neue Küche"
  Ihr Neubau-Projekt „Einfamilienhaus/Eigentumswohnung"
- **G**   Das Umbau-Projekt mit der neuen Küche
  Das Neubau-Projekt Einfamilienhaus mit der neuen Küche

Text:

Sehr geehrte ....(Herr/Frau oder auch Familie)

Nochmals vielen Dank für Ihren Besuch in der Muster AG Küchen & Bad Austellung vom ....
Im interessanten Gespräch haben Sie uns einige wichtige Details zu Ihrem Umbau-/Neubau-Projekt mitgeteilt. Gleichzeitig konnten Sie sich ein umfassendes Bild der Varianten und Ausführungs-Möglichkeiten für Ihre neue Küche/Ihr neues Bad machen.

D	I	S	G
In einer Zusammenarbeit mit Muster AG Küchen & Bäder werden Ihre Wünsche zu 100 % respektiert. Sie gestalten sich Ihr Objekt so, dass Sie damit auch die notwendige Effizienz gewinnen. Gleichzeitig wird Ihnen und der ganzen Familie die neue Küche Spaß und Freude bereiten.	Die gemeinsame Planung der neuen Küche mit dem Küchen & Bad-Team von Muster AG wird für Sie eine helle Freude. Dank der führenden Position in diesem Bereich besitzen Sie ein Planungsteam mit umfassenden Erfahrungen. Sie erhalten eine Küche, die zum Verlieben ist. Eine Freude für die ganze Familie.	Dank der sorgfältigen Planung, abgestimmt auf Ihre individuellen Wünsche, erstellen wir gemeinsam Ihre Wunschküche. Alle Details werden sorgfältig nach Ihren Wünschen geplant und ausgeführt. Über jeden Schritt sind Sie während der Planungs- und Montagephase informiert.	Mit dem Muster-AG-Schritt-um-Schritt-Konzept erfolgt eine äußerst genaue Detailplanung. Sie sind bei jedem wichtigen Schritt mit Ihrer Detailentscheidung gefragt. Es wird nichts ohne Ihre klare Akzeptanz realisiert. So gestalten Sie sich ihre funktionale und wohlbefindliche Küche mit einem Spezialistenteam, das langjährige Erfahrungen besitzt.

© optimAS Holding AG

Damit die Planung nach Ihrer Vorentscheidung des richtigen Partners umfassend gestartet werden kann, ist es wünschenswert, wenn Sie die notwendigen Pläne direkt mitbringen. Sinnvoll ist es, wenn die nächste Besprechung bei Ihnen zu Hause oder direkt beim Objekt stattfindet. So geben Sie uns die besten Basisinformationen.

Die Schritte zur Realisierung Ihres Projektes sehen nach dem nächsten Gespräch wie folgt aus:

Schritt 1	Besichtigung des Objekts vor Ort
Schritt 2	Erstellen des Angebots mit zwei Varianten
Schritt 3	Besprechung der Offerte – Entscheidund für eine Variante – Unterzeichnung der Absichtserklärung
Schritt 4	Ausarbeitung der Detail-Planung – Unterzeichnung als Auftragsbestätigung
Schritt 5	Planung der Montage, Bestellung der Küche und aller Geräte
Schritt 6	Realisierung der Montage
Schritt 7	Abnahme der Montage durch den Chefmonteur oder Projektleiter

Es freut uns, wenn Ihnen diese Transparenz die entsprechende Klarheit für die Realisierung bringt, und stehen Ihnen zur Beantwortung von weiteren Fragen gerne zur Verfügung. Wie vereinbart, nehmen wir den Kontakt in der Kalenderwoche .... auf, um den Termin von Schritt 1 zu vereinbaren.

Bis dann verbleiben wir mit freundlichen Grüßen

Muster AG Küchen & Bäder
Hans Muster

(Unterschrift)

Auszug aus einer Planung zu Ihrer Information

© optimAS Holding AG

▶ Die Mitarbeiter lernen durch die unterschiedlichen Reaktionen der einzelnen Teammitglieder die Verhaltensweisen von Menschen besser kennen. Sie lernen auch zu verstehen, weshalb ein gewisser Menschentypus auf bestimmte Weise reagieren muss.

▶ Vertiefte Kenntnisse führen dazu, dass die Verantwortung stärker und bewusster übernommen wird, die Identifikation mit dem Unternehmen steigt und die Sensibilität für die Kundenprozesse deutlich zunimmt.

Erst wenn diese Voraussetzungen geschaffen sind, ist eine Unternehmung als lernende Organisation in der Lage, sich einem umfassenden CRM-Projekt zu widmen. Ohne diese Kenntnisse wird das Projekt als IT-Projekt oder als Prozess-Projekt bereits in der Einführungsphase stecken bleiben. Die andere Variante ist, dass das IT-System implementiert wird und funktionsfähig ist, die Umsetzung bis in die Kundenbeziehungen aber kaum je gelingen wird. Relationship Management erfordert die klare Einsicht, dass nur die beste Beziehung zu Kunden und Interessenten die Akquisitionskosten erheblich reduzieren wird.

Das Beispiel auf der Seite 204 f. zeigt zwar, dass der Planungsaufwand der Kommunikationsketten etwas größer wird. Um jedoch die gewünschte Differenzierung im Umgang mit den Kunden zu erreichen, sind klare Botschaften notwendig. An Verkäufer und Administration werden mit einer solchen Basis auch höhere Anforderungen gestellt. Jetzt müssen die Texte auf die Situationen hin angepasst werden – und dies ohne Fehler.

Aus unterschiedlichen Studien wissen wir, dass die Gewinnung eines Kunden, wie in den vorangegangenen Kapiteln beschrieben, etwa fünfmal so teuer ist wie die Reaktivierung eines „schlafenden" Kunden. Auch die Potenzialausweitung und Abschöpfung bei bestehenden Kunden ist beinahe um Faktor 7 bis 8 günstiger als die Gewinnung eines neuen Kunden.

Werden diese Funktionen dank der passenden Software, der intelligent aufgebauten Kommunikationstools und der Kenntnisse im Aufbau von Beziehungen optimal zusammengefügt, so werden die Auftragsgewinnungskosten klar sinken und die Kundenzufriedenheit stark steigen. Das Instrument, das hierzu die richtige Transparenz bringt, ist die Balanced Scorecard. Wie im strategischen Ansatz dargestellt, gehört eine auf die Unternehmung und ihre Verkaufspunkte ausgerichtete Balanced Scorecard zum Basis-Instrumentarium.

Die Balanced Scorecard – Das Basis-Instrument zur Messung der CRM-Wirkung und -Strategie

Die Balanced Scorecard – entwickelt durch die zwei amerikanischen Professoren Kaplan und Norton – ist grundsätzlich das moderne Messinstrument, um die Umsetzung der Unternehmensstrategie umfassend zu messen. CRM bedient sich dieses Instruments, weil sich im CRM die Unternehmensstrategie am stärksten niederschlägt. Wenn die Unternehmensstrategie nicht stimmt, schlechte Produkte auf dem Markt sind, dann wird auch die Stimmung unter den Kunden schlecht sein. Die regelmäßige Messung der Kundenzufriedenheit mit der Balanced Scorecard erfasst diese Befindlichkeit regelmäßig und liefert die notwendigen Kennzahlen, um rasch und gezielt Korrekturen anzubringen. So wird eine negativ drehende Spirale erkannt und korrigiert.

Mit einer betriebsinternen Standardisierung liefert die Balanced Scorecard (BSC) die Messgrößen zur Steuerung der Strategie. Dabei ist das Vorgehen bei der Einführung einer BSC in mehrere Schritte gegliedert:

Schritt 1   Definition der strategischen Messgrößen

Diese Arbeit erweist sich in der Regel als die schwierigste Aufgabe. Über Definitionen, was messbare strategische Größen sind, können die Meinungen in einer Geschäftsleitung stark divergieren.

Beispiel strategische Messgrößen

Finanzen
- Cash-Flow
- Liquidität
- Return on Equity
- Return on Investment
- Verhältnis Fremdkapital zu Eigenkapital
- Verhältnis langfristige zu kurzfristigen Schulden

Kunden
- Kundenreklamationen < 2 %
- Akquisitionsabschlüsse > 15 % des Umsatzes
- Kundenbindungsumsatz > 60 % des Umsatzes
- Kundenentwicklungsumsatz > 20 % des Umsatzes
- Kundenzuwachs um 100 Kunden pro Jahr
- Marktanteilssteigerung pro Jahr > 5 %

Mitarbeiter
- Zufriedenheit mit dem Arbeitsplatz   > 90 %
- Zufriedenheit mit der Arbeit   > 80 %
- Zufriedenheit mit dem Chef   > 90 %
- Zufriedenheit mit dem Team   > 80 %
- Zufriedenheit mit der Tätigkeit und den Entwicklungschancen   > 70 %

Prozesse
- Kernprozesse werden zu 98 Prozent von allen Mitarbeitern beherrscht
- Unterstützende Prozesse werden zu 60 Prozent von allen Mitarbeitern beherrscht
- Ergänzende Prozesse werden zu 30 Prozent von allen Mitarbeitern beherrscht
- Regulative Prozesse – sofern vorhanden – werden von 15 Prozent der Mitarbeiter befolgt
- Prozesse werden regelmäßig gemessen und angepasst.
- Prozess-Durchlaufzeiten sinken pro Jahr um mindestens 5 Prozent

Schritt 2 Anpassung der Fragebögen und Integration der strategischen Kenngrößen in die Frage- beziehungsweise Erfassungsbögen zur Realisierung der Prozessmessungen.

Schritt 3 Realisierung der Befragungen
- Kundenbefragung über Telefon, schriftlich und/oder persönlich
- Mitarbeiterbefragung nur schriftlich
- Finanzanalyse – Erfassung der Werte gemäß der Checkliste
- Prozessanalyse – Erfassung der Werte und Prozessschritte über Beobachtungen und Messung der Prozessschritte

Schritt 4 Auswertung der Resultate und Zusammenfassung der Ergebnisse der einzelnen Karten.

Schritt 5 Aufbau des Interventionsprogramms basierend auf den gefundenen Engpässen. Die Interventionen haben grundsätzlich 3 Stoßrichtungen:
- Stoßrichtung 1   kundenzufriedenheitsorientiert
- Stoßrichtung 2   mitarbeiterzufriedenheitsorientiert
- Stoßrichtung 3   prozessorientiert

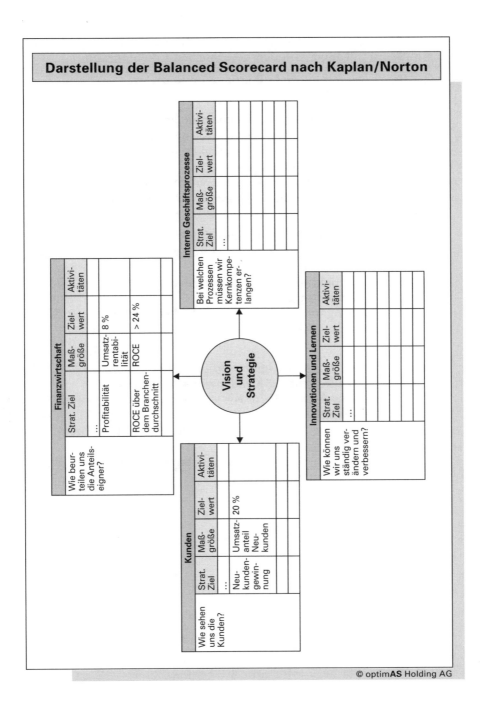

Welche Stoßrichtung nun als erste mit aller Konsequenz angepackt werden muss, ist abhängig von den gewonnenen Erkenntnissen.

In der Regel werden folgende Prioritäten gesetzt:

Priorität 1 Steigerung der Mitarbeiterzufriedenheit
– Erhöhung der internen Kommunikation
– Erhöhung der Kommunikation innerhalb und zwischen den Teams
– Steigerung der Führungsarbeit durch die Vorgesetzten
– Verbesserung der Arbeit in den einzelnen Teams

Priorität 2 Verbesserung der Abläufe und Prozesse
– Reduktion der Fehlerquoten gegenüber internen und externen Kunden
– Reduktion der Durchlaufzeiten von Aufträgen und Teilaufträgen
– Steigerung der Leistungsfähigkeit dank besserer Arbeitsmittel (EDV/Planungen/Vorgaben/Konzepte)

Priorität 3 Steigerung der Kundenzufriedenheit
– Stärker auf die Kundenwünsche eingehen
– Besser die Bedürfnisse erfragen und Hintergründe ermitteln
– Sichere Auskünfte über Leistungen und Produkte erteilen
– Aktiver sich selbst engagieren, wenn Probleme mit Kunden anstehen

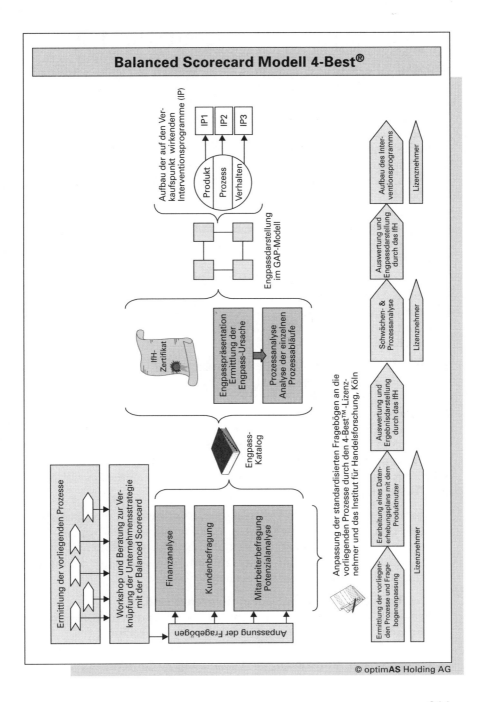

Die Balanced Scorecard

Anforderungen an ein integriertes CRM-System

Wie klar zu sehen war, genügt es nicht, einfach nur eine Software in einem Unternehmen einzuführen und zu glauben, CRM finde dann statt. Die Messung und Nachsteuerung der einzelnen Prozesse ist ebenso wichtig und notwendig. Damit diese moderne Art der Unternehmensführung, ausgerichtet auf die Kundenbeziehung, wirklich funktioniert, bedarf es einer klaren Strategie, die das vorgibt. Darüber hinaus müssen die Mitarbeiter sich mit der Strategie indentifizieren. Dabei ist nicht nur der Mitarbeiter mit Kundenkontakt gefordert, sondern alle Mitarbeiter, die Kunden im oder außerhalb des Unternehmens betreuen. Somit ist eine hohe Sensibilisierung in allen internen Prozessen zu erreichen, die die Denkweise fördert, dass jeder Lieferant für seine Kunden ist. Jeder Mitarbeiter ist an einem Punkt Lieferant und besitzt einen oder mehrere Kunden.

Die Hauptanforderung lautet somit: Um CRM verwirklichen zu können, muss das Unternehmen kundenorientiert sein. „The customer driven company" muss entstehen. Schon die kleinsten Auswüchse zurück zur „product driven company" erschweren die Umsetzung der Grundstrategie vehement.

Für die Realisierung des Beziehungs-Ansatzes ist es unabdingbar, dass die Mitarbeiter genau wissen, wie Beziehungen entstehen und wie diese gepflegt und ausgebaut werden können. Selbstverständlich wissen alle Menschen, wie Beziehungen entstehen. Sie wissen auch, wie und woran Beziehungen scheitern. Nichtsdestotrotz ist das systematisch aufgebaute Wissen zum Thema Beziehungen und das Wissen, weshalb Menschen in gewissen Situationen eine klar ausgeprägte Reaktion zeigen (müssen), sehr hilfreich. Ohne diese Kenntnisse ist kein systematisches CRM mit dem Beziehungsansatz zu realisieren.

Dieses Basiswissen muss im Unternehmen top-down erkannt und gelebt werden. Erst wenn die Geschäftsleitung hinter dieser Philosophie steht, selbst mit gutem Beispiel vorangeht und Führungskräfte und Mitarbeiter dazu animiert, die Strategie aktiv zu unterstützen, wird daraus ein wirkungsvolles System. Hierzu werden benötigt:

- Geschäftsleiter, die vom System überzeugt sind,
- Personal- oder Marketingleiter mit dem notwendigen Prozesswissen und dem persönlichen Engagement für die Umsetzung,
- Führungskräfte, die sich begeistert dafür einsetzen und die Mitarbeiter regelmäßig motivieren, die Umsetzung zu fördern.

Um den Beziehungsaufbau und den Ausbau mit den Kunden erfolgreich zu realisieren, muss eine Kundengliederung und -einteilung vorgenommen werden. In der Regel besitzen die Außendienstmitarbeiter zu viele Kunden, um die geforderten Beziehungsqualitäten zu gewährleisten.

In diesem Zusammenhang sind Key Account Management und Call Center von erheblicher Bedeutung. Diese beiden Instrumente bilden die Basis, um die notwendigen vertieften Beziehungen zu den Kunden zu fördern.

Das Key Account Management ist verantwortlich für die Kunden, die 60 bis 80 Prozent des Umsatzes erbringen, das Call Center für die restlichen 20 bis 40 Prozent. Das Call Center als Order- und Dispositionsprozess-Drehscheibe ist wichtig, weil hier alle Fäden zusammenlaufen und die Kunden, die den kleineren Teil des Unternehmensumsatzes ausmachen, umfassend betreut werden.

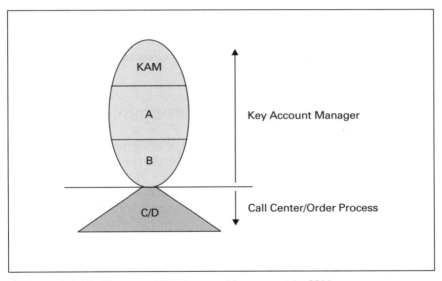

Zusammenspiel CallCenter und Key Account Management im CRM
(Schlüsselloch-Form der Adresspyramide)

Unterschied zwischen Customer Relationship Management und Key Account Management

Der Unterschied zwischen diesen beiden Ansätzen liegt in der Betrachtungsweise. Das CRM zeigt sich verantwortlich für die beziehungsmäßige Verkaufsprozess-Führung aller Kunden. Das Key Account Management hingegen konzentriert sich auf die Führung der Kunden, die 60 bis 80 Prozent des Umsatzes ausmachen. Dabei liegt auch hier der strategische Beziehungsansatz der Betreuung und Bearbeitung zu Grunde. Die Schlüsselkunden werden dabei immer auch auf die Leistungen des Call Centers zugreifen. Insbesondere dann, wenn der gesamte Orderprocess über das Call Center abgewickelt wird. Insofern muss dem Call Center eine umfassende Funktion im Kontakt mit den Kunden zugeordnet werden.

Beim Key Account Management geht es im Gegensatz zum CRM vermehrt auch um die Führung des gesamten Buying-Centers beim Kunden. Das klassische CRM ist dazu weniger in der Lage, weil es schwierig ist, Beziehungen ohne Faktura oder Auftragsbestätigung über die Software und die definierten Prozessabläufe standardisiert zu steuern.

Aufbau des Key Account Managements

Wenn ein Unternehmen sich nun für die Einführung des integrierten CRM mit der Ausprägung des Beziehungs-Ansatzes entschieden hat, ist es auch notwendig, ein professionelles Key Account Management einzuführen. Die Entscheidung hierfür ist in der Regel schnell und einfach gefällt. Bevor dies jedoch möglich ist, bedarf es eines Konzepts, wie das Key Account Management im konkreten Fall aussehen soll.

Key Account Management bedeutet nämlich nicht, dass die Geschäftsleitung den zwei besten Verkäufern zehn oder zwanzig Kunden zuteilt, für sich selbst die fünf größten Kunden reserviert und dann sagt „Wir haben das Key Account Management eingeführt". Ganz so einfach ist es nicht.

Die notwendige Klärung vor der Einführung eines Key Account Managements

Vor der Einführung dieser Art der Kundenbetreuung bedarf es noch wichtiger Klärungen. Diese sind:

- Segmentierung der Kunden
- Analyse der Kundenbeziehungen zum aktuellen Zeitpunkt. Wer hat mit wem beim jeweiligen Kunden welche Art und Tiefe von Beziehungen?
- Analyse der Mitarbeiter. Wer ist/sind die Personen aus dem Verkauf, der Marketing- oder Verkaufsleitung oder sogar der Bereichs- oder Geschäftsleitung, die sich als Key Account Manager eignen?

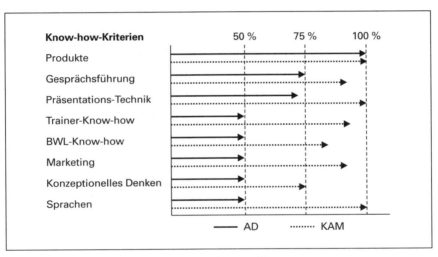

Anforderungsvergleich Außendienst – Key Account Manager

Durch interne Assessments wird klar, wer die notwendigen Fähigkeiten besitzt, um den Anforderungen gewachsen zu sein. Selbst Geschäftsführer erfüllen häufig die Anforderungen als Coach oder Prozess-Trainer nicht. Sie sind für einen Key Account Manager (KAM) von enormer Bedeutung. Er ist dafür verantwortlich, dass seine Programme und Leistungskonzeptionen beim Kunden bis zum Point of Sale des Kunden wirken. Der KAM muss in der Lage sein, das Buying-Center des Kunden vom Einkauf bis zum Außendienst mit seinen Maßnahmen, Trainings, Coachings und Absatzförderungsprogrammen zu steuern.

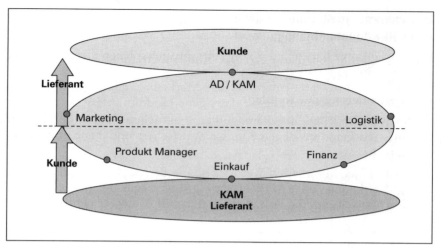

Das Buying-Center aus der Sicht des Key Account Managers

Sobald diese Grundsätze gefällt sind, kann mit dem Aufbau des Key Account Managements begonnen werden. Eine Frage ist oft jedoch nicht gelöst: „Was geschieht mit den Außendienstmitarbeitern, die nicht für Schlüsselkunden zuständig sein werden?" Dies ist eine grundlegende Frage. Mittelfristig werden diese Mitarbeiter nur noch für die Akquisition von C-Kunden mit A-Potenzial zuständig sein. Die weitere Zeit werden sie im Call Center die C- und D-Kunden betreuen und zwischendurch – je nach Anforderung – selbstverständlich auch Kundenbesuche durchführen. Insbesondere werden sie zuständig sein, C- und D-Kunden durch Events, Schulungen und andere Veranstaltungen (Messen) an das Unternehmen zu binden. Die Funktionen und Aufgaben der „normalen" Außendienstmitarbeiter werden sich mittelfristig erheblich verändern.

Die neuen Key Account Manager sollten für ihre Aufgaben entsprechend ausgebildet werden. Die zusätzlichen Kernfähigkeiten, die auf- und ausgebaut werden müssen, liegen meist in folgenden Bereichen:

- Führen von Teams, insbesondere Teams bei den Kunden.
- Führen von strategischen Planungsgesprächen auf Geschäftsleitungsniveau beim Kunden.
- Realisieren von umfassenden Marketing-Planungen basierend auf den eigenen internen Konzepten.

- Realisieren des Transfers beim Key Account durch Informationen, Instruktionen, Trainings, Workshops und Coachings.
- Erstellen und Konzipieren von Jahresbusinessplänen zusammen mit dem Schlüsselkunden. Darstellen, wie das Business-Modell realisiert wird – von der Strategie, über das Marketing, die Logistikprozesse bis hin zur Finanzplanung für das eigene Produkt. (Margen-, Umsatz- und Deckungsbeitragsentwicklung).
- Entwickeln von Konzepten zur Senkung von Kosten und Durchlaufzeiten bei den Kunden oder bei sich selbst.
- Entwicklung von Mitarbeiter-Förderungsprogramm zusammen mit den Fachabteilungen der Kunden, insbesondere zur Steigerung der Kompetenzen für das eigene Produkt.
- Entwicklung und Ausbau der Beziehungen beim Kunden auf den unterschiedlichsten Stufen.

Dass der Key Account Manager auf seinen Basisfähigkeiten aufbaut, versteht sich von selbst. Ausgeprägte Fähigkeiten muss er bereits bei der Neukundengewinnung und bei der Reaktivierung von bestehenden Kunden unter Beweis gestellt haben. Nur so ist sichergestellt, dass er die notwendige Kreativität besitzt, um Kunden und deren Mitarbeiter auch zu begeistern.

Die Key-Account-Management-Plattform

Die Key-Account-Management-Plattform bildet die Basis für die Erarbeitung des Key-Account-Management-Manuals. Die Inhalte der KAM-Plattform werden in der Abbildung auf S. 218 grafisch dargestellt.

Marketing

Der KAM definiert in dieser Fläche die Hauptinhalte seines Marketings. Dabei übernimmt er aus der Unternehmensstrategie die folgenden Elemente:

- Markt- und Teilmarktstrategie → Produkt-Marktstrategie, Marktanteile und Marktentwicklung
- Marketing-Mix → Product, Price, Place, Promotion, People, Process und Partners
- Unternehmens-Wertesystem → Leistungswerte- und Produktwertesystem

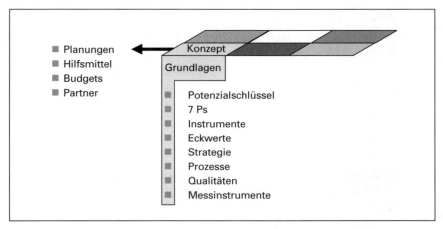

KAM-Plattform

▶ Marketing-Instrumente → zur Kundengewinnung, zur Kundenbindung, zur Kundenentwicklung. Für das Marketing-Controlling definiert der KAM die Form der Kundenzufriedenheitsanalysen, der Mitarbeiterzufriedenheitsanalysen, Kosten und Ertragskennzahlen sowie Marktanteilszahlen und Marktanteilsveränderungen basierend auf den Gesamtzielen für die einzelnen Kernregionen

Diese Grunddefinitionen und vor allem die ausformulierte Form ist wichtig, damit der KAM mit seinen Schlüsselkunden die Jahresbusinesspläne erstellen kann. Diese Businesspläne definieren die Vorgehensweisen, die Leistungen beider Seiten, die Ziele in Bezug auf Absatz, Marktanteil, Umsatz und Profitabilität. Gleichzeitig wird in einem Jahresbusinessplan auch der notwendige Support für die Mitarbeiter im Detail ausgearbeitet, also welche Art von Informationen, Instruktionen, Trainings oder Coachings notwendig sind, wie diese ablaufen und welche Schwerpunkte dabei unterstützt werden sollen.

Der Jahresbusinessplan für einen Absatzmittler eines Softwareherstellers sieht zum Beispiel so aus:

Jahresziele:

▶ Sichern der Umsatzzahlen auf Vorjahresniveau für die Produkte Standard-Software und Spiele.

▶ Steigern der Umsätze für die neuen Produkte im Bereich LAN und Entwicklersoftware. Die Steigerung gegenüber Vorjahr hat 25 Prozent zu betragen.

▶ Einführung der neuen Entwicklerprodukte bei der Zielgruppe Software-Engineers in der Branche Banken und Versicherungen. Erzielung eines Marktanteils von 5 Prozent in der Kernregion.
▶ Steigerung der Produkte und Anwendungskenntnisse bei den Mitarbeitern, damit sie den internen Test AA zu 90 Prozent bestehen.

Trimestersziele
Beispiel – 1. Trimester: Februar – Mai
▶ Promotion
  – Produkt-Einführung von Entwicklersoftware bei Software-Engineers in der Zielgruppe Banken und Versicherungen über ein Zwei-Stufen-Mailing mit Nachfassaktion per Telefonmarketing. Vorstellung der Software über einen Feierabend-Workshop gemäß Detailplanung von 15.30 bis 19.00 Uhr. Der Mailing-Versand findet ab 20. Februar statt. Das Telefonmarketing startet am 5. März. Die Feierabendworkshops finden am 20. und 25. April statt. Die Basismenge an Adressen umfasst die 200 identifizierten Unternehmen der Kernregion mit jeweils drei bis vier Ansprechpartnern.
  – Fachartikel in der Fachzeitschrift Banken & Versicherungen zum Thema der neuen Entwicklersoftware. Erscheinung im März.
▶ People
  – Zur Unterstützung werden die Verkäufer des Unternehmens sowie das Innendienst-Personal mit einem zweistufigen Training auf die Software vorbereitet. Gleichzeitig wird beim Außendienst auch die Präsentation der Feierabend-Workshops trainiert. Diese Trainings finden zwischen dem 1. bis 5. Februar statt.
▶ Process
  – Die Prozesse der Einführung werden über einen Verkaufsstufenplan geführt. Zuständig intern sind folgende Personen:
  Hans Muster bei Software AG
  Hans Müsterchen bei der Software-Vermittler AG
  – Alle Stufen werden innerhalb von 5 Prozent Zeitgenauigkeit realisiert. 5 Prozent +/– entsprechen einem Arbeitstag.
▶ Umsatz und Stückzahlen
  Über diese Maßnahmen sind folgende Eckwerte per 30. Mai erzielt:
  – Verkaufte Stückzahlen an Basispakete   50 Engineer-Lizenzen
  – Verkaufte Firmenlizenzen   10 Firmen-Lizenzen
  – Erzielter Marktanteil in der Kernregion 5 Prozent
  – Umsatz   10 000 €

Im weiteren Detaillierungsgrad werden jetzt noch die Marketing-Instrumente ausgearbeitet und geliefert. Der Versand der Mailings ist Sache der Software-Vermittlungs AG. Auch die Aufsetzung des Telefonmarketing gehört in die Verantwortung des Distributors. Ein Businessplan in dieser Form aufgebaut, engagiert den Distributor und stellt auch klar fest, wer welchen Schritt verantwortet. Wichtig ist bei den Businessplänen, dass die Zielsetzungen in der richtigen Form formuliert sind. Hier gilt Folgendes:

▶ Ziele müssen sportlich, aber erreichbar und realistisch sein.
▶ Ziele müssen in der Zielerreichungsposition formuliert sein (Präsens).
▶ Ziele müssen kontrollierbar und messbar sein.
▶ Ziele dürfen nicht überfordern, damit das Engagement nicht nachlässt.

Database

Der Key Account Manager muss auf eine Database zurückgreifen können, die es ihm erlaubt, das Buying-Center individuell zu verwalten und die notwendige Planung zu realisieren. Ideal ist es auch, wenn er über die Database seine Projekte planen und verfolgen kann. Ganz wichtig ist, dass er den Potenzialschlüssel, insbesondere den Bereich Beziehung, über die Database steuern kann. Hierzu eignen sich neben den gängigen PC-Programmen speziell auch Programme, die für das Customer Relationship Management eingesetzt werden. Die Verwaltung von Ansprechpartnern, Entscheidern und Beeinflussern mit ihren Eigenheiten und Kompetenzen ist insofern wichtig, als hier die Basis für die langfristige Zusammenarbeit gelegt wird. Wichtig ist vor allem, dass diese Informationen im Unternehmen – und nicht nur im Kopf des jeweiligen KAM – vorhanden sind, damit eine Geschäftsleitung vollständigen Zugriff auf dieses Wissen hat. Diese wichtigen Informationen stellen ein wertvolles Kapital dar.

Transfer

Im Bereich Transfer geht es um die Festlegung, wie die Umsetzung von Marketingplänen, Produkteinführungen, Produktkenntnissen und Produktanwendungen bei den Schlüsselkunden realisiert wird. Dabei sind die Methoden zu definieren:

▶ Informationen
Informationen per Brief, E-Mail, persönlich, über Präsentationen oder anlässlich von Meetings bei den Schlüsselkunden.

▶ Instruktionen
Instruktionen zu Produkt-Anwendungen, zu Verhalten gegenüber den Schlüsselkunden unserer Schlüsselkunden, Marketing-Umsetzungen.

▶ Trainings
Wie erfolgen Produkt-Anwendungstrainings, Verhaltenstrainings im Verkaufsprozess oder im Orderprozess? Trainings sind das wirkungsvolle Instrument, um Erfolge zu steigern. Hier wird sichtbar, was beherrscht wird und wo Engpässe vorhanden sind.

▶ Coaching
Mit dem Coaching wird sichergestellt, dass die Umsetzung auch realisiert wird. Wichtig ist, genau festzuhalten, auf welchen Stufen das Coaching stattfindet. Ein Abteilungsleiter- oder Gruppenleiter-Coaching kann wirkungsvoller sein als die regelmäßige Betreuung der Geschäftsleitung.

Dem Transfer ist im Key Account Management eine hohe Bedeutung beizumessen. Der KAM muss dabei die verschiedenen Methoden des Transfers beherrschen. Je nach Art des Kundenunternehmens – Großhändler, Distributor, Versandhändler, OEM (original equipment manufacturer) – ist es möglich, die eine oder andere Form stärker einzubringen. Nicht jedes Unternehmen lässt beispielsweise zu, dass mit den Mitarbeitern umfassende Trainings durchgeführt werden, obwohl dies die notwendige Wirkung erzielen würden. Hier sind Fingerspitzengefühl und Einfühlungsvermögen gefragt.

Weitere wichtige Instrumente, um die Ideen des KAM an den Verkaufspunkt zu bringen, sind Wettbewerbe, beispielsweise Wettbewerbe für die Endkunden zur Förderung des Absatzes. Bei Konsumgütern sind vor allem Selfliquidators oder Sammelgegenstände für Kinder und Erwachsene geeignet. Wettbewerbe für die kundeneigenen Verkäufer sind immer dann sinnvoll, wenn die Endkunden schlecht über die klassische Werbung erreicht werden können und die Produkte und Leistungen stark erklägungsbedürftig sind. Bei solchen Produkten lohnt es sich, die Verkäufer mit Bonussystemen, Reisen und anderen Anreizen zur Fokussierung auf die Leistungen des Key Account Managers zu „trimmen".

Selektion und Profil

Im Bereich Selektion und Profil wird klar dargelegt, wie Key Account Manager selektiert werden. Kriterien wie

▶ Fachkompetenz,
▶ emotionale und soziale Kompetenz,
▶ Führungserfahrung und Führungssicherheit und
▶ Persönlichkeitsprofil

müssen dazu herangezogen werden. Dank eines klar definierten Selektionsprozesses kommen auch im Unternehmen beschäftigte Außendienstmitarbeiter für die Position in Betracht. Folgende Merkmale sollten im Persönlichkeitsprofil vorhanden sein:

Vergleichsliste zur Analyse des Stellenprofils				
★ Stelle: Key Account Profil				
		0	50	100
mit Mut und Risiko auf unerprobte Ideen eingehen	D			★
die Gedanken und Gefühle anderer in Worte fassen	I		★	
Problemen nachdenklich und kooperativ begegnen	S	★		
zur Entscheidungsfindung viele Faktoren analysieren	G		★	
die Verantwortung für die Ausführung delegieren	D			★
Spannungen durch Worte abbauen	I		★	
Verantwortung für Detailarbeit übernehmen	S	★		
sich bei Ungeduld oder Ängstlichkeit beherrschen	G		★	
energisch vorgehen, auch wenn es anderen nicht gefällt	D			★
Konflikte durch Diskussionsanstöße überwinden	I		★	
die Meinungen Andersdenkender ernst nehmen	S	★		
bei auftretenden Konflikten neutral bleiben	G		★	
sofortige Ergebnisse fordern	D			★
anderen Ermutigung bei ihren Bemühungen zusprechen	I			★
eine funktionierende, wiederholbare Routine entwickeln	S	★		
alternative Methoden und Aktionen sorgfältig prüfen	G		★	
...				

Beispiel für ein elektronisch ausgewertetes Persönlichkeitsprofil

Für die Auswahl des geeigneten Kandidaten eignet sich das Assessment-Center sehr gut. Es kann als Einzel- oder als Gruppen-Assessment durchgeführt werden. Damit eine Geschäftsleitung wirklich sieht, wie Kandidaten sich in den einzelnen Situationen einer KAM-Tätigkeit verhalten, ist es ideal, joborientierte Aufgaben zu entwickeln. Dabei sind folgende Kernaufgaben zu testen:

- Entwicklung von Businessplänen
- Entwicklung von Marketing-Maßnahmen
- Definition und Entwicklung von Transfer-Maßnahmen
- Realisieren von umfassenden Verhandlungen

Mit diesen Aufgaben werden die Fähigkeiten – Fachkompetenz, Konzeptkompetenz, Transferkompetenz, Verhandlungskompetenz – überprüft. Erkannt wird, wie die Persönlichkeit unter Stressbedingungen agiert. Ideal zur Absicherung der Entscheidung am Schluss ist ein individuelles Feedback-Gespräch mit einer Selbsteinschätzung des Kandidaten. Dank der Selektion über Gruppen-Assessment sehen die Kandidaten klar, wo sie sich auf dem „Markt" befinden. Die Selbsteinschätzung deckt sich in über 90 Prozent der Fälle mit den Einschätzungen des Assessoren-Teams. Auf diese Weise selektioniert, wird jegliche persönliche Über- oder Unterschätzung in das richtige Licht gerückt. Bluffer haben auf diese Weise kaum eine Chance und werden schnell „entlarvt". Auch für interne Bewerber eignet sich dieser Prozess sehr gut, weil hierdurch die Anforderungen und Aufgaben des KAM richtig eingeschätzt und bewertet werden.

In vielen Branchen wird es in Zukunft immer wichtiger, Märkte ausschließlich mit Key Account Managern zu bearbeiten. Somit ist der Aufbau eines solchen Selektionsprozederes strategisch wichtig und notwendig. Wenn intern die Kompetenz und besonders die Zeitkapazität nicht vorhanden ist, drängt sich die Zusammenarbeit mit einem professionellen Personalberatungsunternehmen auf. Dieses kann branchenunabhängig oder klar auf die Kernbranche fokussiert sein.

Weiterbildung

Damit ein KAM im harten Markt der konstanten Veränderung bestehen kann, ist er gezwungen sich selbst laufend weiterzubilden. Ein umfassendes, klar definiertes Weiterbildungsprogramm hilft dabei, die Zielrichtung festzulegen. Die Weiterbildungsfelder eines Key Account Managers (auch persönliches Training) umfassen:

- Kommunikations-, Verhandlungs- und Führungstrainings
- Prozessplanung, Projektplanung und Strategieentwicklung
- Train-the-Trainer für die unterschiedlichen Aufgaben und die unterschiedlichen Methoden
- Fachtraining und Konzepttraining
- Allgemeine Weiterbildung in den Bereichen Informatik, Internet, Marketing, Personal, Betriebswirtschaft und Controlling

Pro Jahr sollten mindestens fünf bis zehn Tage für die persönliche Weiterbildung reserviert sein. Die Ansprechpartner im Buying-Center wollen regelmäßig wissen, wie und wo sich ein Key Account Manager weiterbildet, woher er sein Wissen und seine Fähigkeiten besitzt und wie er diese up to date hält. Aussagen wie „durch interne Weiterbildung" stellen in der Regel niemanden zufrieden. Belegbare Informationen sind in diesen Situationen überzeugender.

Kampagnen

Im KAM-Manual enthalten ist auch die Basisplanung für Marketing-Kampagnen, die gemeinsam mit den Schlüsselkunden durchgeführt werden. Diese sind aufgeteilt nach Art der Kundentypen:

Key Accounts mit Distributionsfunktion besitzen Kampagnen für:	Key Accounts mit Eigenverbrauch besitzen Kampangen für:	Key Accounts mit OEM-Funktion besitzen Kampagnen für:
– Produkteinführungen – Kundengewinnung – Kundenbindung – Kundenentwicklung – POS-Konzepte – Kundenclub-Konzepte – Kundeninformations-Aktionen	– Produkteinführungen – Halten des Verbrauchs – Steigerung des Verbrauchs – Information und Instruktion der Mitarbeiter – Effizientere Verwendung der gelieferten Produkte/Leistungen	– Produkt-Einführungen – Informationen und Instruktionen der Mitarbeiter – Workshops für Vorgesetzte zur Entscheidungsfindung bei Neuentwicklungen und Veränderungen bei Stücklisten

Die systematische Planung einer Marktkampagne nutzt selbstverständlich die in den vorderen Kapiteln dargestellte Systematik mit Verkaufsstufenplan, Erreigniskette, Kommunikationskette und den jeweiligen Wertesystemen.

Die Führungsinstrumente des Key Account Management

Im Gegensatz zum Außendienst stellt der Key Account Manager an sich und die Schlüsselkunden in Bezug auf Transparenz erhöhte Anforderungen. In eigener Verantwortung und in Zusammenarbeit mit dem Controlling erarbeitet der KAM folgende Führungsinstrumente:

Finanzführungs-Instrumente
- Umsatzliste nach Produkten
- Deckungsbeitragsliste nach Produkten
- Portfolio der Produkte
- Bestellrhythmus – Liste nach Produkten/Bestellungen/Zeiträumen
  → Daraus werden Logistikkosten und Lagerumschlag beim Kunden abgeschätzt und berechnet
- Debitorenliste und Zahlungseingangsliste

Marketingführungs-Instrumente
- Response-Listen nach Mailings und Anzeigenkampagnen sowie Frequenzzahlen am POS
- Marktanteilsveränderungen über die Absatzzahlen/die Lagerhaltung
- Reklamationsstatistiken
- Retourenstatistiken
- Kundenzufriedenheitsanalysen
- Database-Analysen über die Kundenbindung, Wiederkaufkennzahlen mit den Produkten/Leistungen des KAM
- Mitarbeiter-Know-how, Testauswertungen in Bezug auf die Produkte/Leistungen des KAM

Viele dieser Führungsinstrumente sind je nach Organisation und Durchdringungsgrad des KAM bei seinen Schlüsselkunden Wunschdenken. Je stärker jedoch die Beziehung zum Schlüsselkunden wird, desto eher kann Schritt um Schritt das Führungsinstrumentarium ausgebaut werden. Zu beachten ist, dass nur so viele Führungsinstrumente aufgebaut werden, dass eine Unterstützung der Führung gewährleistet ist. Auf alles andere kann und soll verzichtet werden, da ansonsten Zeit und Manpower bei der Erarbeitung, Interpretation und Verfolgung verschwendet werden.

Die Kundengliederung

Eine gerechte Verteilung der Kunden ist immer das Schwierigste bei der Einführung eines systematischen Key Account Managements. Die Aufteilung ist insofern wichtig, als das Call Center wissen muss, welche Kunden- und Interessenten-Gruppen über die Instrumente in erster Linie bearbeitet werden müssen. Gleichzeitig muss auch Klarheit darüber bestehen, wie sich der Außendienst beziehungsweise Key Account Manager am Markt zu verhalten hat. Schwer zu beantwortende Fragen aus der Praxis sind:

▶ Gibt es zwei Sorten von Key Accounts? Solche, die nur von der Geschäftsleitung und dem Key Account Manager betreut werden, und solche, die auch der Außendienst in seinem Gebiet betreut?

▶ Erhalten die Schlüsselkunden des Außendiensts eine andere Betreuung als die zentralen Key Accounts?

▶ Ist der Außendienst in der Lage, die Key Accounts auch ideal zu bearbeiten?

▶ Macht der Außendienst dann noch Besuche bei C-Kunden, die B- oder A-Potenzial besitzen?

Bei Unternehmen, in denen diese Fragen aufgeworfen werden, sind Kundengliederung und das effektive Betreuungskonzept noch nicht klar verankert. Um eine homogene Marktbearbeitung und Kundenbetreuung bzw. -entwicklung zu erreichen, sind Grundsätze zu fällen:

▶ Wird jeder Außendienstmitarbeiter
Schlüsselkunden betreuen?   Ja   Nein

▶ Wird der Außendienstmitarbeiter
ohne Schlüsselkundenbetreuung sich
auf A- und B-Kunden konzentrieren?   Ja   Nein

Diese Fragen können nur eindeutig beantwortet werden, wenn die Kundensegmentierung umfassend überarbeitet worden ist. Je nach Produkt- und Leistungs-Komplexität sowie je nach Weiterbildungspotenzial können diese Fragen erst zu einem späteren Zeitpunkt schlüssig beantwortet werden. Beim Weiterbildungspotenzial muss die Frage lauten: Noch lernfähig und lernwillig? Wem das eine oder andere fehlt, der ist als Key Account Manager ungeeignet. Nur mit der Erfahrung allein ist es heute nicht mehr getan. Die vier Stufen werden in der folgenden Grafik dargestellt.

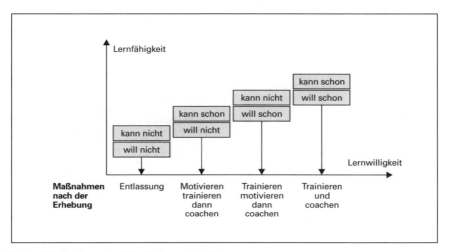

Potenzial-Analyse der Mitarbeiterentwicklung

Oft müssen diese Fragen zum Zeitpunkt der Kundengliederung beantwortet werden. Aus diesem Grund werden die entsprechenden Entscheidungsraster anhand von zwei Beispielsituationen auf der folgenden Seite vorgestellt.

In Beispiel 1 unterstützt die Geschäftsleitung die zwei neuen Key Account Manager aktiv in der Planung und bei der Betreuung der Schlüsselkunden. In Beispiel 2 sind für diese Aufgabe insgesamt zwei Bereichsleiter und zwei Verkaufsleiter zuständig. Die Geschäftsleitung wirkt nur auf strategischer Ebene bei den zehn wichtigsten Schlüsselkunden aktiv mit. Diese zehn Schlüsselkunden sind verantwortlich für 60 Prozent des Umsatzes.

Aufgrund der Produktpalette und des Investitionsgut-Charakters der Produkte bedürfen die Schlüsselkunden in Beispiel 2 einer kontinuierlichen Betreuung, auch wenn keine Bestellungen vorliegen. In Beispiel 1 kaufen die Schlüsselkunden kontinuierlich Gas und die notwendigen Services ab. Die Verbindung Lieferant – Kunde basiert auf Verträgen und teilweise speziell getätigten Investitionen (Installationen für eine Belieferung über eine zentrale Versorgung).

Zwei Beispiele einer Kundengliederung	
Beispiel 1 – Lieferant von Gasen	**Beispiel 2 – Komponenten Handel mit Service**
Ist-Situation Kundenanzahl > 15 000 Adressen Schlüsselkunden 30 mit mehr als 80 % des Umsatzes Schlüsselkunden/Außendienstgebiet Außendiensgeb. 1 90 % der Schlüsselkunden in einem Verkaufsgebiet, historisch bedingt Außendienstgeb. 2–4 10 % der Schlüsselkunden Außendienstgeb. 3–4 Aufbaugebiete ohne Schlüsselkunden Kunden gesamt 15 000 Industrie, Gewerbe, Schmuck, Stahlbau, Medizin *Neueinteilung* AD 1 Kerngebiet KAM mit 20 Kunden AD 2 Gebiet 2 KAM mit 15 Kunden AD 3 und 4 A- und B-Kunden + Akquisition von A- + B-Kunden Call Center Bearbeitung von C- + D-Kunden sowie Disposition der Bestellung von A- bis D-Kunden	*Ist-Situation* Kundenanzahl > 5 000 Adressen Schlüsselkunden 100 mit mehr als 80 % des Umsatzes Schlüsselkunden/Außendienstgebiet Außendienstgeb. 1 10 Schlüsselkunden Außendienstgeb. 2 5 Schlüsselkunden Außendienstgeb. 3 15 Schlüsselkunden Außendienstgeb. 4 2 Schlüsselkunden Außendienstgeb. 5 14 Schlüsselkunden Außendienstgeb. 6 20 Schlüsselkunden Außendienstgeb. 7 15 Schlüsselkunden Außendienstgeb. 8 19 Schlüsselkunden *Gebietsanpassung* Jeder Außendienst-Mitarbeiter wird KAM. Die Gebiete werden verändert, dass jeder AD 10–14 Schlüsselkunden betreut. Die Betreuung eines Schlüsselkunden erfordert 50 Stunden Betreuungszeit sowie 50 Stunden Vorbereitungs- und Koordinationszeit. Somit sind 500 bis 700 Jahresstunden fix verplant. Die restliche Zeit setzt der AD/KAM zur Betreuung der A- und B-Kunden ein. Sein Portefeuille umfasst jeweils weitere 100 A- und B-Kunden. Die C- und D-Kunden werden durch den Innendienst betreut und über Workshops und Messen sowie Mailings und Telefonmarketing bearbeitet.

Diese beiden Beispiele machen deutlich, dass es nicht einfach *die* Lösung bei der Gliederung der Schlüsselkunden und bei der Zuteilung der Mitarbeiter gibt. Die jeweilige Situation ist beinflusst durch

▶ Mitarbeitersituation: Fach-, Führungs-, Marketing- und betriebswirtschaftliche Kompetenz,

▶ Produkte/Leistungen: Verbrauchsgut, Investitionsgut, Dienstleistung mit wiederkehrendem Abnahmecharakter oder mit punktuellen Bedürfnissen,

▶ Kundenverhalten: Art der Lieferantenstrategie und Usus in der Branche, zum Beispiel Automotiv-Baugruppen-Hersteller würden immer eine Zwei-Lieferanten-Strategie fahren.

Aufgrund der Kundengliederung wird klar, wie wichtig das Call Center mit den Inbound- und Outbound-Aktivitäten ist.

Das Call Center – Die wichtige Drehscheibe im Key Account Management und CRM

Literatur über den Aufbau und Betrieb von Call Centern ist umfassend vorhanden. An dieser Stelle gilt es, das Ineinandergreifen der beiden Funktionen Call Center und Key Account Management zu beleuchten.

Das moderne Inhouse-Call-Center wird immer mehr zur zentralen Kommunikationsdrehscheibe. Hier laufen alle Fäden zusammen, was die Kommunikation mit den Kunden, Lieferanten und Serviceleistern (Logistik) betrifft. Dabei werden in Zukunft die Büros nach Leistungsinseln aufgebaut werden. Die Leistungen umfassen ganze Sortimentgruppen. Alle Mitarbeiter, die dafür verantwortlich sind, werden so nah wie möglich zusammen gruppiert.

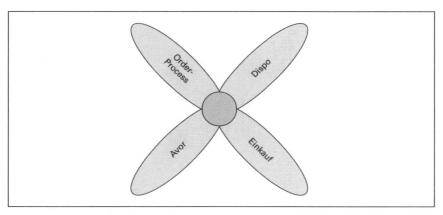

Prinzip der Call-Center-Geometrie

Das Call Center und das Key Account Management planen gemeinsam, wie der Markt zu bearbeiten ist. Dabei bildet die Database mit dem integrierten CRM-Programm eine wichtige Basis. Die Call-Center-Agents sind über die Strategien in der jeweiligen Marktregion durch den jeweiligen KAM umfassend informiert. Sie sind in der Lage, die notwendige Unterstützung gezielt zu leisten. Anforderungen, die jetzt beherrscht werden müssen, sind:

▶ Tägliche Betreuung der Schlüsselkunden bei der Erbringung der Kernleistungen

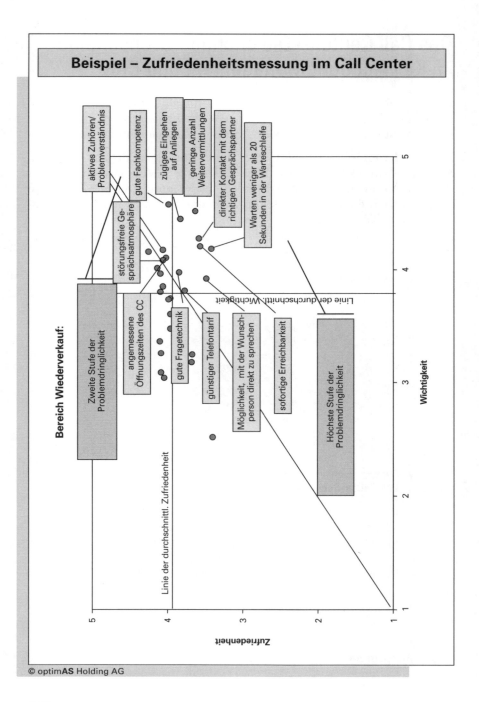

230 Das moderne Customer Relationship Management

- Aktives Nachfassen von Marketing-Aktivitäten bei B-, C- und D-Kunden
- Reaktivierung von inaktiven C- und D-Kunden
- Budgetierung und Kontrolle der Budgeterreichung bei C- und D-Kunden
- Sicherung der Frequenz der C- und D-Kunden zu Events wie Workshops, Weiterbildungen, Messen, Erfahrungsaustausch etc.
- Disposition und Logistik-Koordination
- Bearbeitung von Standard-Anfragen und Erstellen der notwendigen Angebote
- Bearbeiten von Reklamationen und Sicherstellen der Kundenzufriedenheit mit kompetenten Auskünften und einem hohen Servicegrad (Erreichbarkeit und Fachkompetenz)

Die Zufriedenheitsmessung mit der Balanced Scorecard 4-Best ergab für ein Call Center im Bereich von Verbrauchsartikeln in der Bürobranche folgendes Bild (vgl. Abbildung Seite 230). Die Key Account Manager betreuen dabei den Wiederverkauf und die Großkunden (A-Kunden) direkt. Das Call Center ist ausgerichtet auf die B- bis D-Kunden im Bereich der klein- und mittelständischen Unternehmen und private Endkunden. Diese Messung zeigt, dass alles, was über Verhaltenstrainings im Call Center optimiert werden kann, ausgezeichnete Werte erzielt. Organisatorische Funktionen und Fachkenntnisse sind die Bereiche, die mit erster und zweiter Dringlichkeit verbessert werden müssen.

Um das Call Center professionell betreiben zu können, müssen die Grundfunktionen für den Inbound- wie auch für den Outbound-Bereich sichergestellt werden.

Grundfunktionen Inbound-Bereich

- Software-System mit Database und, wenn möglich, integrierten Informationen zu Produkten und Leistungen. Script-on-Screen mit Nutzenargumentation und Einwandbehandlung.
- Automated Call Distributor (ACD), geführt über entsprechende Service-Nummern, damit eine klare Zuordnung durch den Kunden bereits getroffen werden kann. Wenn der Lieferant nur über eine Hauptnummer erreicht werden soll, bedarf es einer Triage mit einer professionellen Telefonzentrale, die anschließend die Anrufe auf die einzelnen internen Ringe weiterleitet.

- Statistik über den Servicelevel und die Interventionszeiten im Reklamationsfall. Dies auch zur Planung der täglich notwendigen Agent-Kapazitäten und -Kompetenzen. Insbesondere im Bereich der Fremdsprachen.
- Erkennung der Agent-Profile über die ACD Anlage.
- Computer Telephone Integration (CTI), um dem Agent sofort die Kundeninformatonen entsprechend der Erkennungsnummern (Telefonnummern, Kundennummern etc.) auf den Bildschirm zu laden.
- E-Mail-Kommunikation an die Call-Center-Agent-Arbeitsplätze, damit Rückrufe rasch erledigt werden, die über die Benutzung von Call-me-Buttons der Homepage ausgelöst werden.

Grundfunktionen Outbound-Bereich

Der Outbound-Bereich ist grundsätzlich einfacher zu führen. Hier zählen vor allem die optimale Planung und Abstimmung der Marketinginstrumente, um den geplanten Erfolg sicherzustellen.

- Software-System mit Database, wenn möglich nach dem CRM-Beziehungs-Ansatz aufgebaut, sowie Script-on-Screen oder zumindest hinterlegte Fragebögen mit der notwendigen Nutzenargumentation.
- Wählsysteme, die dem Agent das Wählen und Warten abnehmen. Je nach Art der Zielkunden ist es möglich, vom vorbereitenden Wählen (predictive dialing) bis zum direkten Wählen (power dialing) die Agent-Produktivität enorm zu steigern.
- Adresszuteilung nach Außendienstgebiet und nach Kundengruppen sowie Produkt- und Leistungsnutzung.
- Reporting und Nachbearbeitungsinstrumente, um eine effiziente Weiterbearbeitung sicherzustellen.
- Regelmäßiges Training der Agents auf den Gebieten Abschlusstechnik, Fragetechnik und Gesprächsführung.
- Regelmäßiges Training im Outbound- und Inbound-Bereich zur Erkennung der Kundentypen und Erfassen mit der CRM-Software.

Immer mehr Unternehmen erkennen, dass der von Kundenseite geforderte und erwartete Servicelevel ohne ein professionelles Call Center kaum mehr zu erbringen ist. Künftig wird neben einem professionellen Front-Management ein ebenso professionelles Back-Management notwendig sein. Die Aufteilung könnte dann in etwa so funktionieren:

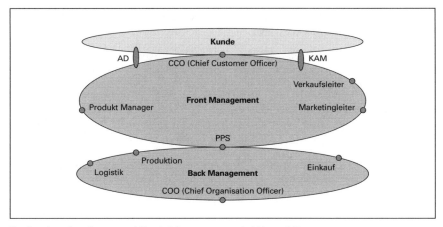

Professionelles Front- und Back-Management als Wunschlösung

Die Funktionen im Call Center

Damit das Call Center gut funktioniert und die Agents die Anrufe zur Zufriedenheit der Kunden erfüllen, sind die Jobs klar zu gliedern.

Job A	Inbound Agent	Personen, die gerne Anrufe und Anfragen abwickeln. In der Regel besitzen diese Agents ein geringes Interesse für die typischen Outbound-Aktivitäten. Vom Typ her stetige und gewissenhafte Persönlichkeiten.
Job B	Outbound Agent	Personen, die gerne andere Menschen zu entsprechenden Aktionen veranlassen. Diese Agents können zeitweise auch im Inbound-Bereich eingesetzt werden. Achtung! Nicht zu lange, damit sie nicht „verdorben" werden. Vom Typ her sind dies initiative und stetige Persönlichkeiten, teilweise auch dominante.
Job C	Call Center Führung Teamleiter	Der Teamleiter ist verantwortlich für sechs bis zwölf Mitarbeiter. Er verteilt die Arbeit, kontrolliert die Qualität, unterstützt bei der Abwicklung und im Bereich Fachkompetenz und Entscheidungskompetenz.
	Call Center Manager	Der Call Center Manager steht auf der selben organisatorischen Stufe wie der Leiter des Key Account Management. Der Call Center Manager ist für den reibungslosen Ablauf aller Kampagnen sowie der täglichen Anrufe und Prozesse verantwortlich. Er plant die Personalkapazität und Kompetenz, setzt Trainings an und sorgt dafür, dass die Qualität laufend steigt. Er führt auch Qualitätsmessungen mit Hilfe der Balanced Scorecard durch.

Der Aufbau eines Call Centers kann nach dem folgendem 7-Schritte-Programm umgesetzt werden.

Schritt 1   Überprüfung des heutigen Workflows bei der Produktgestaltung und in der Kommunikation.

Aufdecken der Engpässe in der Beratung und in den Kommunikationswegen. Prüfen Sie, ob durch gezielte Information der Kunden, Nachfragen und komplexe Beratungsgespräche reduziert werden können.

Schritt 2   Entwicklung eines theoretischen Workflows mit einer klaren Reduktion der Schnittstellen. Entwicklung der Inhalte und der Ansprache der Kunden, um abschätzen zu können, ob auf diese Weise ein Kunde auch bestellen/anfragen würde.

Schritt 3   Strategische Entscheidung über die Erhöhung der Servicequalität und der Servicebereitschaft. Entscheidung über die Position des Call Centers im Unternehmen.

Soll der Außendienst oder das Filialnetz in der bekannten Form bestehen bleiben oder in das Call Center integriert werden? Definition der neuen Unternehmensstrategie.

Schritt 4   Realisierung der Entwicklungsarbeiten. Aufbau der notwendigen Softwarelösungen, damit die Call-Center-Agents über den Bildschirm eine umfassende Palette an Informationen besitzen.

Schritt 5   Auswahl, Beschaffung und Installation der Telefontechnik. Bestimmung der idealen Komponenten und Netze sowie Nummernsysteme, um den Kunden optimal bedienen zu können. Im Bereich der Technik werden über unterschiedliche Anbieter von sehr einfachen bis äußerst komplexen Anlagen alles angeboten.

Wenn die Inhousetechnik soweit klar ist, kann über die Netztechnik – Carriers und Verbindung – nachgedacht werden. Diese ist jedoch nur relevant, wenn ein Call Center internationale Dimensionen erreicht.

Zu diesem Schritt vgl. die Abbildung auf der nächsten Seite.

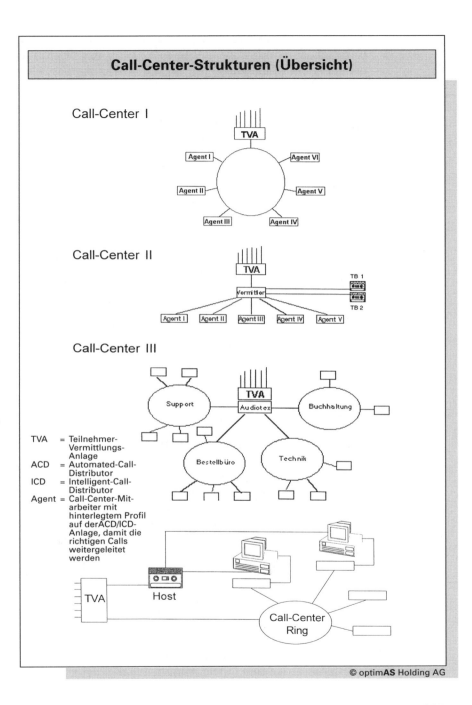

Schritt 6   Planung und Entwicklung der Marketingmaßnahmen. Ein Call Center ist nur dann erfolgreich, wenn das Telefon in genügendem Maße klingelt. Dabei ist es wichtig, dass eher ein Überhang an Calls vorhanden ist, damit die Personalkosten optimal genutzt werden.

Marktbearbeitungsmaßnahmen sollen immer Response erzeugen. Incentives, Nutzen und Erlebnisse fördern die Reaktionen ganz stark. Im Zeitalter des Lifestyle-Marketings wandelt sich besonders für Call Center das Marketing von der Zielgruppenbetrachtung zur Betrachtung der Beziehungsgruppen. Mit einem konsequenten Affinity-Group-Marketing werden in der Regel nochmals Kosten gespart und Reaktionsquoten extrem gesteigert.

Schritt 7   Auswahl und Ausbildung der Mitarbeiter. Dabei muss die Aus- und Weiterbildung, wie im Kapitel 4.3. beschrieben, prozessorientiert und kombiniert realisiert werden. Produkte, Prozesse, Argumentation und Verhaltenstrainings werden in Lerneinheiten gekoppelt und immer ganzheitlich vermittelt. Der direkte Marktbezug spielt im Training dabei eine äußerst wichtige Rolle. Erst mit einem hoch motivierten und top ausgebildeten Mitarbeiterstab erhält ein Call Center die notwendige Leistungskraft und wird zur gefeierten Abteilung einer Unternehmung.

Auswahl von Call-Center-Mitarbeitern

Langjährige Mitarbeiter sind für jedes Call Center die einmalige Stütze. Mit Fluktuationsraten von mehr als 20 Prozent in einem Call Center müssen Sie permanent Personal rekrutieren, ausbilden, coachen und betreuen. Um diesem Umstand entgegen zu wirken, muss das Profil der Mitarbeiter stimmen und das Selektionsprozedere neue Wege beschreiten.

Um im Call Center erfolgreich zu arbeiten, sollten Sie auf die folgenden zwei Ideal-Profile achten. Dabei wird nach der Grundtätigkeit und der Art des Call Centers unterschieden. Ist das Marketing so ausgelegt, dass mehr als 95 Prozent der Calls hereinkommen (Inbound), so können die Mitarbeiter mehrheitlich nach dem Inbound-Profil selektioniert werden. Soll hingegen die Arbeitszeit zu 30 Prozent und mehr auch mit Outbound-Calls angereichert sein, müssen die Mitarbeiter nach dem Outbound-Profil selektioniert werden. Viele Mitarbeiter melden sich nämlich bei Stellenanzeigen auf die Ausschreibung „Kundenkontakt" in der Hoffnung, keinen Verkauf realisieren zu müssen. Mit zunehmender Sättigung der Märkte werden in Zukunft jedoch viele Call Center ihre Aufgaben neu bestimmen müssen, denn ohne systematische Nachfassung von Reagierern und Nicht-Reagierern werden die Umsätze und Deckungsbeiträge kaum mehr erwirtschaftet werden können. Dann werden auch die Mitarbeiter, die sich bisher mehrheitlich mit Inbound-Calls beschäftigt haben, auch Outbound-Calls realisieren müssen.

Inbound-Profil	Outbound und Inbound-Profil
■ Alter ab 22 Jahre ■ Familienstand nicht so wichtig, eher ledig ■ gute Telefonstimme ■ EDV-Bedienung ■ hohes Service- und Dienstleistungsverhalten ■ eventuell mehrsprachig ■ Fachkenntnisse von großem Vorteil ■ Anstellungsziel für 2 bis 3 Jahre ■ ausgeglichen ■ leistungsfähig ■ Freude am Kontakt mit Menschen ■ einsatzwillig ■ Flexibilität betreffend Arbeitszeiten	■ Alter ab 33/35 Jahre ■ Familienstand, gut geschieden oder gut verheiratet ■ gute Telefonstimme ■ EDV-Bedienung ■ wenig Fachkenntnisse notwendig ■ Verkaufserfahrung und Verkaufsflair ■ stabile Sozialstruktur ■ Lebenserfahrung ■ leistungsfähig, auch für repetitive Arbeiten ■ Freude am Telefon zu verkaufen ■ Menschenkenntnis ■ ausgeglichene Persönlichkeit ■ Flexibilität betreffend Arbeitszeiten ■ Anstellungsziel für 5 bis 7 Jahre

Wenn ein Unternehmen ein Call Center aufbaut, dann ist es wichtig, dass das Center zu einem bestimmten Stichtag „auf Sendung" geht. Ab diesem Tag werden alle Anrufe und Aktivitäten auf das Call Center umgelegt. Andere Anlaufstellen sollten dann nicht mehr am Markt auftreten. Diese Anforderung des Stichtages erfordert eine genaue Vorbereitung:

▷ 90 Prozent der Mitarbeiter des Call Centers müssen am Stichtag ausgebildet, verfügbar und trainiert sein.

▷ 90 Prozent der EDV- und Telefontechnologie müssen funktionieren.

▷ Werbemittel und Marketing haben den Start auf diesen Tag definiert und veranstalten ein Feuerwerk am Markt.

▷ Carriers, Telefonnummern-Routing und Audiotex-Lösungen sind zu hundert Prozent getestet und funktionieren.

Damit die Mitarbeiter die Anforderungen erfüllen, muss bereits bei der Ausschreibung der Jobs auf diesen Starttag hingewiesen werden. Das Selektionsprozedere verläuft dabei über mehrere Stufen. Diese sind:

Stufe I	Publikation der Anzeige in Regionalzeitungen und Branchenanzeigern.
Stufe II	Entgegennahme der Anrufe von Interessenten auf der Basis einer Checkliste mit der gleichzeitig die geforderten Kommunikationsstärken überprüft werden. Anfordern der Bewerbungsunterlagen.
Stufe III	Sichten und aussortieren der Bewerbungsunterlagen.
Stufe IV	Erneutes Telefonat mir potenziellen Mitarbeitern und Einladung zu einer umfassenden Job-Präsentation.

Stufe V	Job-Präsentation mit den Schwerpunkten
	– Firma: Gründung, Art, Kultur, Struktur, Organisation,
	– Produkte und Leistungen,
	– Strategie des Call Centers,
	– Job-Präsentation: Aufgabe, Anforderungen, Servicegedanken Controlling, Training, Führung, Team,
	– Fragen der Teilnehmer.
	
	Einzelgespräche pro Person in maximal 15 Minuten mit folgendem Ablauf:
	– Beantwortung von max. 2 Fragen des Kandidaten
	– Stellen von 5 Fragen durch die Personalleitung
	  Welche Engpässe bestehen bei Ihnen, um den Job umfassend erfüllen zu können?
	  Welche Stärken helfen Ihnen besonders bei dieser Arbeit?
	  Was besitzen wir mehr, wenn Sie bei uns tätig sind?
	  Wieso sollen wir genau Sie anstellen?
	  Wie stark sind Sie an dieser Stelle interessiert? Sehr stark, stark oder nur schwach?
	– Vereinbarung eines Telefontermines zur Klärung von Fragen auf beiden Seiten.

Stufe VI	Vereinbarung eines zweiten persönlichen Gesprächs, oder Durchführung eines Entscheidungsfindungs-Seminars mit konkreten Aufgabenstellungen und einer Überprüfung der Persönlichkeitsstruktur über einen Test.
Stufe VII	Vertragsunterzeichnung, Planung der Basisausbildung und Planung der Call-Center-Ausbildung

Wenn über dieses Prozedere 90 Prozent des Sollbestandes der Mitarbeiter ausgewählt ist, kann mit der Basisausbildung begonnen werden. Hier verweise ich wiederum auf den Inhalt im Kapitel 4. Nach etwa sechs bis neun Monaten der operativen Tätigkeit des Call Centers ist es möglich und nötig, mit dem Intervalltraining zu starten. Erst mit der Einführung des Transfertrainings kann sichergestellt werden, dass die Qualität wirklich in „jedem" Gespräch stimmt und eingehalten wird.

Die Aufbautrainings für die Call-Center-Agents ist immer der entsprechenden Schichteinteilung anzupassen. Dabei kann davon ausgegangen werden, dass die Feierabendschicht zwischen 17.30 und 20.30 Uhr am wenigsten Inbound-Calls abzuwickeln hat. In dieser Zeitphase kann sehr gut ein Outbound-Training realisiert werden.

Mit dem Aufbau eines Call Centers ist es möglich, die Vertriebskosten bis auf 50 Prozent zu senken und dafür die Marktpenetration um ein Mehrfaches zu steigern. Besonders wenn sich ein Call Center bewusst auch dem Outbound-Telefonmarketing verschreibt, sind interessante Zuwachsraten zu verzeichnen.

Die organisatorische Konsequenz zur Sicherung eines professionellen Beziehungsmanagements

Der CRM-Manager

Die organisatorische und strategische Konsequenz für eine Geschäftsleitung liegt in Zukunft darin, dass ein wirklich funktionierendes Kundenbeziehungsmanagement, CRM, nur dann gegeben sein wird, wenn die neuen Funktionen des Key Account Managements/Außendiensts mit dem Call Center – Innendienst/Order-Process – optimal abgestimmt sind.

Diese Abstimmungsaufgaben sind anspruchsvoll. Das interne Informations-Management stellt dabei hohe Anforderungen. KAMs sind verpflichtet, die Informationen aus dem Markt und aus Besprechungen mit Schlüsselpersonen und Beeinflussern systematisch auf der Database abzulegen. Nur so kann sichergestellt werden, dass die Mitarbeiter im Call Center bei Anrufen optimal reagieren können. Mit einer umfassenden Kundenhistorie werden Auskünfte über Projektstadien und über Produkt-Liefersituationen sowie Reklamationen professionell bearbeitet.

Die Koordination all dieser Funktionen übernimmt der Customer Relationship Management Manager. Der CRM-Manager tritt dabei in die Fußstapfen des Marketing- und Verkaufsleiters. Er wird in Zukunft über Database-Analysen, Planung der Marketing-Aktivitäten und Sicherstellung der KAM-Aktivitäten für die Vernetzung dieser Funktionen und Systeme sorgen müssen. Der CRM-Manager muss Erfahrungen aus den Bereichen Marketing, Verkauf/Key Account Management mitbringen. Zusätzlich sind systematische und analytische Arbeitsweisen erforderlich. Im internen Bereich ist er als Coach für den Call Center Manager tätig. Über das Call Center mit seinen direkten Marktkontakten holt sich der CRM-Manager das notwendige Gespür für den Markt. Als Mitglied der Geschäftsleitung hat er in Zukunft die Schlüsselstelle zwischen Produktion, Forschung & Entwicklung sowie Finanzen zum Markt inne. Bei ihm laufen die Fäden aus allen Marktbereichen zusammen.

Sein Stellenziel sieht dabei wie folgt aus:

- Sicherstellen optimaler Kundenbeziehungen
- Ausbauen der Kundenbeziehungen und somit auch der Kundenzufriedenheit
- Garantieren, dass die Kundenanzahl steigt oder qualitativ verbessert wird
- Sicherstellen, dass Umsatz und Marktanteile sich strategiekonform verhalten
- Realisieren der notwendigen Marktaktivitäten, damit Image und Bekanntheitsgrad der Unternehmung sich ebenfalls strategiekonform entwickeln

Diese strategischen Ziele erfüllen Persönlichkeiten mit Unternehmergeist und Leader-Fähigkeiten. Die Assistenten des CRM-Managers oder seine Stabsabteilung – je nach Unternehmensgröße zu bestimmen – erfüllen die wichtige Funktion der Datenaufbereitung, der Bereitstellung der Instrumente sowie der Steuerung der Kernprozesse im Call Center und beim Key Account Management. Diese Stabsabteilung ist auch zuständig für die regelmäßige Durchführung der entsprechenden Messungen mit der Balanced Scorecard (BSC). Hier werden die strategischen Kenngrößen aufgrund der Unternehmensstrategie verwaltet, angepasst und neu definiert.

Die CRM-Abteilung wird somit zur Schaltstelle der Verkaufs- und Marketingprozesse sowie der Database-Prozesse. Hier laufen die Fäden zusammen und werden auf wenige Kenndaten gebündelt geführt und gesteuert. Diese Blickrichtung ist nach Russel S. Winer, Professor für strategisches Marketing an der Haas School of Business der University of California, Berkley, eine 180-Grad-Drehung gegenüber früher. Gemäß seinen Aussagen wurde früher das Marketing-Geld in die Gewinnung von Kunden investiert. In Zukunft wird diese Funktion stark abgelöst durch die Förderung der Beziehung zu Kunden. Aus diesem Grunde werden in Unternehmen zunehmend „Manager der Kundenbeziehung" als Mitglieder auf Geschäftsleitungsebene zu finden sein. Diese heißen dann CRM-Manager oder CCO, Chief Customer Officer. Gemäß Winer sieht die Sache unter dem Strich so aus: Unternehmen, die ihre Geschäftsabläufe nicht von einem kundenzentrierten Blickwinkel aus angehen, werden von Unternehmen überholt, die Beziehungsaktivitäten als Schlüssel zu langfristiger Rentabilität betrachten.

Die Zukunft: Internet-Marketing

Das Internet wird zukünftig als weiterer Kommunikations- und interaktiver Prozesskanal klar an Bedeutung gewinnen. Was jedoch kaum geschehen wird, ist, dass alle anderen Kanäle deshalb zu einer unbedeutenden Position degradiert würden. Die Bedeutung wird sich je nach Geschäftstypus verändern.

Das Internet bietet uns in den nächsten Jahren jedoch günstige Kommunikationsmöglichkeiten, die mit einer enorm hohen Geschwindigkeit und Einfachheit realisiert werden können. Bereits die erste Stufe – E-Mail – veränderte die Kommunikation im Business-to-Business (B2B) enorm. Das Fax hat als Kommunikationstool seine Bedeutung nur noch in ganz bestimmten Bereichen. Was früher an rascher Kommunikation über Fax lief, wird heute über das E-Mail realisiert.

Die nächste Stufe bilden die interaktiven Homepages. Hier kann der Zweck sein:

▶ Gewinnung von Interessenten
▶ Generierung von Bestellungen
▶ Gewinnung von Image und Steigerung des Bekanntheitsgrads, wenn Spaß und Spiele integriert sind
▶ Steigerung der Kundenbindung, wenn laufende Aktualisierungen dem Kunden einen Mehrwert erbringen
▶ Verbinden von Interessenten-Gruppen mit Spielen und Wettbewerb und damit Bildung von kleineren und größeren Communities. Diese sind wiederum später für kommerzielle Angebote leichter und direkter ansprechbar.

> **Hierzu ein Beispiel:**
>
> Ein Importeur von Gartengeräten vermarktete bis 1999 seine Gartenmaschinen sehr stark über das klassische Direct Marketing. Dabei benutzte er für den Aufbau der Database-Anzeigen in stark frequentierten Publikums- und TV-Zeitschriften. So erarbeitete er sich europaweit einen Adressbestand von über drei Millionen Interessenten an Gartenmaschinen. Nachdem er vier Jahre so gearbeitet hatte, richtete er eine interaktive Homepage ein und machte ganz einfach mit der Angabe der Web-Adresse in den Anzeigen darauf aufmerksam.
>
> Dank einem wöchentlich erscheinenden Gartenführer wurde die Homepage zum beliebten Ratgeber für die Kunden und Hobbygärtner. Somit leistet die Homepage eine wichtige Kundenbindungsfunktion. Über eine Kurzumfrage in einer meiner Klassen der Unternehmerschule zu diesem Thema erfuhr ich, dass 30 Prozent der Schüler diese Page schon besucht hatten und dies nur, weil sie zum Thema Garten eine Information im Internet suchten. Die Page stand in den Suchmaschinen ganz weit oben. Dass hierdurch auch die Informationen über die neuen Produkte gelesen wurden, war „zwangsläufig"!

Das Internet-Angebot eines Unternehmens bedarf aufgrund der Kurzlebigkeit dieses Mediums einer kontinuierlichen Pflege. Oft ist man sich dabei der Kosten und des Zeitbedarfs nicht bewusst. Je stärker eine Site wirken soll, desto größer ist der Aufwand. Mit einer wöchentlichen Aktualisierung der Site ist bereits ein Aufwand von etwa vier bis fünf Stunden verbunden.

Generelle Überarbeitungen von Sites sind je nach Markt- und Angebotsveränderung zu realisieren. Hierzu bereits mäßig „gültige" Angaben machen zu wollen, ist sicher vermessen. Je nach Branche und Angebote sind die Veränderungen der Sites im Drei- oder Sechs-Monats-Rhythmus oder im Jahrestakt notwendig.

Um diese Tätigkeit professionell realisieren zu können, entstehen in den Unternehmen neue Aufgaben und Positionen. Gleichzeitig breiten sich die Web-Dienstleister enorm aus und es entstehen neue Unternehmen mit neuen Dienstleistungen.

Multichannel-Marketing

Als Informations- und Kommunikationskanal der Zukunft spielt das Internet eine wichtige Rolle im Kontakt mit dem Kunden. Das Multichannel-Marketing stützt sich jedoch auf die folgenden wesentlichen Kommunikationskanäle:

- Direct Marketing über Mailing und E-Mail
- Telefonmarketing über Inbound und Outbound
- Internet-Marketing mit E-Mail/E-POS/E-Commerce
- Face-to-Face-Kommunikation am POS im Fachgeschäft, am Schalter oder im Außendienst

Dabei werden im Multichannel-Marketing diese Funktionen im Call Center zusammenlaufen. Am Schluss der Kette steht immer der Mensch, der eine Aktion, die ausgelöst wurde, auch noch verarbeiten muss. Je mehr wir uns im Vorfeld mit Maschinen und fertigen Informationen beschäftigen, desto wichtiger wird zum Zeitpunkt X, wenn wir eine vertiefte Information wünschen, die Kommunikation über Telefon oder face-to-face mit dem Menschen. Dann muss die Qualität umso mehr stimmen. Diese Art der Kommunikationsverlagerung wird deshalb dem Internet und dem Call Center einen enormen Aufschwung verschaffen. Einigen Studien zufolge werden im Lauf der nächsten zehn Jahre mehr als fünf Prozent der Arbeitsplätze in einer Volkswirtschaft als Call-Center-Arbeitsplätze ausgerüstet sein.

Die Führung eines Multichannel-Marketing bedarf einer klaren Konzeption. Insbesondere wichtig ist das Planen des Zusammenspiels der einzelnen Kanäle sowie die Planung des Impacts über die einzelnen Kanäle. Wenn der Kunde von einem Kanal auf einen anderen wechselt, sollte er zur selben Thematik auf die nächste Stufe geleitet werden. Er sollte auch weiterführende Informationen erhalten.

Der Prozess könnte dabei so aussehen:

PR-Artikel als Imageförderer und flankierende Maßnahme		
E-Mail als Auslöser	**Brief (Mail)** als Verstärker mit guten Unterlagen	**Call Center** als Response-Verarbeiter und Auftragsabwickler
		POS als Auftragsabwickler
Internet-Site als ständiger Begleiter mit einer Navigation zu den einzelnen Schritten		

Wenn Multichannel-Marketing in dieser eng aufeinander abgestimmten Form realisiert wird, dann bringen die einzelnen Kanäle auch die erwünschte Wirkung. Unternehmen, die aufgrund der Produkte und der Zielkunden über die elektronischen Massenmedien ihre Ansprache wählen, können trotzdem von den obigen Kanälen profitieren. Die Massenansprache will ebenfalls Reaktionen auslösen, Image bilden oder dem Käufer die Sicherheit geben, richtig gewählt zu haben (beim Autokauf ganz typisch).

Zur umfassenden Planung mit dem Aspekt der Kundenbeziehungsförderung ist wiederum der CRM-Manager oder CCO mit seinem Stab die richtige Person zur Lenkung und Steuerung derartiger Kampagnen.

Schlussbemerkungen

Die Entwicklung von Unternehmen aus der Sicht des Marketing wird an die Unternehmensleiter immer höhere Anforderungen stellen. Besonders der Wandel des Unternehmensansatzes von der Akquisition hin zur Kundenbeziehungsförderung wird noch einige Schweißtropfen kosten.

Die Aus- und Weiterbildung der Mitarbeiter auf diesen Fokus hin bedingt einen hohen Willen zur Anpassung an die neuen Anforderungen. Die Mitarbeiter an der Kundenfront werden immer stärker gefordert, die Kundenwünsche und -bedürfnisse beziehungsgerecht zu erfüllen. Gleichzeitig wird auch die Forderung Beziehungen eingehen und aufbauen zu müssen eine um Faktor X höhere Forderung darstellen. Bis heute ging es darum, Produkte und Leistungen zu erbringen, den Kunden nett und freundlich zu bedienen. Dass es jetzt noch um den Aufbau von Beziehungen gehen soll, mag dem einen oder anderen Mitarbeiter zu weit führen. Wie jedoch Russel S. Winer sagt, werden diejenigen Unternehmen auf der Überholspur sein, die in der Lage sind, ihre Beziehungsaktivitäten zu steuern und diese als Basis der langfristigen Rentabilitätssicherung betrachten.

Die Fähigkeit, aus der kleinen wie auch aus der großen Database die notwendigen Selektionen zu realisieren, um die Kundenbedürfnisse besser abschätzen zu können, gehört ebenfalls zu den größeren Anforderungen. Hier werden wiederum die Mitarbeiter in den Unternehmen gefordert, mehr Prozesswissen und Marketingfachwissen zu besitzen. Auch die Steuerung von Unternehmen mit Hilfe der Balanced Scorecard erfordert eine neue Einsicht und den Willen zur laufenden Verbesserung.

Nur so wird die Entwicklung eines Unternehmens auch nachhaltig sein. Diese neuen Fähigkeiten, Genauigkeiten und vor allem richtig verankerten Prozesse werden den Wert einer Unternehmung klar beeinflussen. Ob dies für börsennotierte Unternehmen kurzfristig am Aktienkurs ersichtlich ist, wird die Börse beweisen müssen. Ersichtlich wird es in jedem Fall bei der Umsatzsteigerung sowie bei der Zufriedenheit der Kunden und Mitarbeiter sein. Somit wirkt sich diese Art der Unternehmensentwicklung auf den Gewinn, die Marktanteile und die Marktstellung eines Unternehmens aus.

Wer sich für eine solche integrierte Unternehmensentwicklung entscheidet, wird ein spannendes Projekt vor sich haben und die große Herausforderung in der Führungsarbeit zu meistern haben, Mitarbeiter in ihrer Denkweise umzupolen oder auszutauschen. Dies sollte einen Geschäftsführer jedoch nicht davon abhalten, diese unerlässliche Aufgabe anzupacken. Wenn die Basis-Teamarbeit gut gelegt ist, wird die schrittweise Einführung der neuen Steuerungsformen und Marktausrichtungen bedeutend einfacher sein. Ansonsten ist klar, dass zuerst ein stabiles Fundament gelegt werden muss, um ein solches Entwicklungsprojekt in Angriff zu nehmen.

In unseren Beratungsmandaten sehen wir immer mehr Unternehmer, die diesen Weg gehen wollen und müssen. Ihnen wünsche ich viel Kraft und Ausdauer beim Start und bei der Implementierung. Diese ist nach den ersten Schritten nicht erledigt. Die Implementierung ist ein fortlaufender Prozess, der regelmäßig Anpassungen und Messungen erfordert. Beendet ist der Prozess erst, wenn die Geschäftsleitung aufhört, neue Anforderungen zu stellen. Dann jedoch ist auch das Unternehmen am Ende. Diesen Punkt wollen wir mit all unseren hier vorgestellten Maßnahmen vermeiden.

Danke

Dass es zu dieser zweiten, überarbeiteten und erweiterten Auflage des Buchs „*Verkaufsoptimierung. Märkte bearbeiten, Kunden systematisch gewinnen*" überhaupt gekommen ist, verdanke ich den Lesern der ersten Ausgabe. Sie waren es, die mich anregten, eine Vertiefung und vor allem auch Verbesserung zu realisieren.

Ein weiterer Dank gilt meinen Kollegen in der Geschäftsleitung der optimAS Gruppe, die mit ihren Entwicklungsarbeiten in Kundenmandaten, für Referate und in internen Diskussionen den Weg aufzeigten, wie die Entwicklung am Markt und bei den Kunden weitergeführt werden muss.

Ein großer Dank gehört auch meiner Frau. Die vielen Stunden, die sie auf mich verzichten musste, sind keine Selbstverständlichkeit. Nicht nur wegen dieses Buchs, sondern damit ich den notwendigen Lernprozess in der Praxis bei und mit den Kunden realisieren konnte. Herzlichen Dank, liebe Marianne.

Ohne die fleißige Nacharbeit bei den Korrekturen, beim Erstellen der Grafiken und des Umbruchs wäre diese zweite Auflage auch nicht möglich gewesen. Hier einen besonderen Dank an Claudia Bollhalder, meine Assistentin.

Anhang

Die optimAS-Gruppe

Die optim**AS**-Gruppe ist als europäische Dienstleistungsgruppe per Ende 2001 in den Ländern Deutschland, Österreich, Frankreich, Irland, England, Portugal, Spanien und Schweiz vertreten. Mit dem optim**AS**-Partnersystem werden die in diesem Buch beschriebenen Leistungen am Markt von der Konzeption über die Implementierung bei den Kunden erbracht.

Unter *www.optimas-group.com* erhalten Interessenten umfassende Informationen über das Angebot der einzelnen Partner und Gesellschaften. Mit dem Produkt 4-Best gelang es der optim**AS** Gruppe in Zusammenarbeit mit dem Institut für Handelsforschung an der Universität zu Köln, ein international anerkanntes Balanced-Scorecard-Produkt zu entwickeln. Dieses wird in Lizenz an Berater und Unternehmen abgegeben.

Die wissenschaftliche Absicherung der optim**AS**-Inhalte erfolgt dank der intensiven Zusammenarbeit mit Hochschulen und Fachhochschulen. Mehrere Geschäftsführer und Partner sind als Dozenten an diesen Institutionen tätig. Beste Verbindungen sind vorhanden mit:

- Smurfit Business-School, University of Dublin
- Institut für Handelsforschung an der Universität zu Köln
- Medienakadamie an der Universität Köln
- Berufsakademie, Mannheim
- Fachhochschule für Wirtschaft, Olten
- Fachhochschule Nordwestschweiz
- Hochschule St. Gallen, Institut für Marketing und Handel

optim**AS**-Partner

Wer aufgrund der Lektüre dieses Buches sich für eine Partnerschaft mit optim**AS** interessiert, ist herzlich eingeladen, mit uns in Kontakt zu treten. Ideale Partner sind Personen mit einem gesunden Ehrgeiz, der Fähigkeit, Kunden zu gewinnen und Kunden zu binden, sowie täglich mit Menschen zu arbeiten, um die Fitness am Markt und bei den Kunden für die Unternehmen zu erhöhen.

Als optim**AS**-Partner verpflichten Sie sich der Optimierung von Strategien, Prozessen, Verhalten und Kommunikation bei Ihren Kunden zusammen mit deren Mitarbeitern zum Wohle ihrer Kunden. Der ideale optim**AS**-Partner (männlich oder weiblich) ist Mitte dreißig bis maximal Mitte vierzig, gewillt, unternehmerisch tätig zu sein, und bereit, sich voll für das Process-Training und Business-Consulting einzusetzen. Ein Beruf, der dank eines umfassenden Einführungsprogramms mit hochstrukturierten Unterlagen (Manual mit über 200 Seiten) systematisch erlernt und aufgebaut werden kann. Die Einführung erfolgt in den Sprachen Deutsch, Französisch und Englisch. Die Masterfranchisoren realisieren die Einführungen in ihren Landessprachen.

Checklisten für Ihre Praxis

▶ Checkliste Mailing: Mailing-Idee/Adressen — Seite 252

▶ Checkliste Mailing: Package-Planung/Brief — Seite 253

▶ Checkliste Mailing: Antwort-Element — Seite 254

▶ Checkliste Telefonmarketing: Zielsetzung — Seite 255

▶ Checkliste Telefonmarketing: Leitfaden — Seite 256

▶ Checkliste Telefonmarketing: Arbeitsplätze/ Infrastruktur — Seite 257

▶ Checkliste Telefonmarketing: Mitarbeiter — Seite 258

▶ Checkliste Messe — Seite 259

▶ Checkliste Strategisches CRM — Seite 260

▶ Checkliste Taktisches CRM — Seite 261

▶ Checkliste Emotionales CRM — Seite 262

▶ Checkliste Key Account Management — Seite 264

▶ Checkliste Call-Center-Aufbau und -Betrieb — Seite 266

Checkliste Mailing: Mailing-Idee/Adressen

Mailing-Idee

Ziel bestimmen
- Akquisition
- Pflege
- Information
- Verkaufen
- Betreuen
- Wissen vermitteln
- Verhalten beeinflussen

Art
- Brief, Antwortkarte
- Brief, Beilage, Antwortkarte
- Brief, Beilage, Wettbewerb, Antwortkarte
- Katalog, Brief, Wettbewerb, Antwortkarte
- Zwei-Dimensional
- Drei-Dimensional

Stil
- Geschäfts-Like
- bewusst farbig
- reißerisch
- hinhaltend mit mehreren Teilen
- Nachfassung geplant
- Luxus/billig/einfach

Konzept
- One shot
- Nachfassung schriftlich
- Nachfassung telefonisch
- Nachfassung Außendienst persönlich

Adressen
- Zielgruppen
- Zielpersonen → Name/Vorname
  → Aktualität
- Vollständigkeit
- Mutationen
- Quelle
- Qualität
- Potenzial
- Sortierung
- Lieferform
- Telefon-Nummer
- Anrede
- Lauf-Nummer
- Sprachentrennung

© optimAS Holding AG

Checkliste Mailing: Package-Planung/Brief

Package-Planung

Package-Aufbau
- zielgruppengerecht
- zielpersonengerecht
- minimaler Umfang
- maximaler Umfang
- Reize
- Belohnungen
- Antwort-Möglichkeiten
- Hemmschwellen
- Verstärker

Kommunikation
- Kundensicht
- Kunden-Vorteile
- Produkt-Vorteile für die Zielperson
- Bezug auf frühere Kontakte
- Hemmschwellen/Filter
- Verstärker

Produktion
- Personalisierung
- Individualisierung
- Druckverfahren
- Lettershop
- Postroutinierung/Aufgabe
- Frankatur
- Frankierung
- Format-Test
- Gewichtstest
- Versand/Zustell-Test

Brief

Headline
- Nutzen
- Vorteile
- Slogan mit Aha-Effekt

Text
- Leseverhalten
- S-Kurve
- Verstärker
- Filter

Unterschrift
- Farbe
- Erkennung

PS
- Verstärker
- Nutzen
- Aufforderung

© optimAS Holding AG

Checkliste Mailing: Antwort-Element

Kommunikation
- Aufforderung zur Tat
- Verstärkung des Brief-Inhaltes

Gestaltung
- Geschäftsantwort
- Frankieren
- „Passt in Fenstercouvert"
- Rubriken
- leeren Platz nutzen (Vorderseite)

Format/Gewicht
- A6
- A6/5
- A5
- A4
- 120 g → in Couvert
- 160 g → lose
- 80 g → in Couvert
- Oberfläche/Papierart

Versandcouvert
- Format
- Frankierung
- Adressierung
- Nutzung weißer Flächen
- Aufforderung/Erinnerung
- Qualität

© optimAS Holding AG

Checkliste Telefonmarketing: Zielsetzung

Nachfassen
- Mailing
  - → Reagierer
  - → Nicht-Reagierer
- Messe-Kontakte
  - → Kunden
  - → Interessenten
  - → Passanten
- Inaktive Kunden
  - → einmalig
  - → aufbauend
  - → letztmalig

Verkaufen
- Kunden
  - → Bezug auf ...
  - → Beziehung spielen lassen
- Interessenten
  - → Nur in 2. Stufe
  - → Bezug auf ...
  - → Angebot anpassen

Frequenz fördern
- Messe
  - → Einladen
  - → Interessen **klären**
  - → Informieren
- Hausmesse
  - → Frequenz sichern
  - → Erfolg garantieren
  - → Bedarf klären
  - → nächsten Kontakt vereinbaren

Marktdaten erheben
- Potenzial klären
- Interessen wecken
- Bedarf klären
- Namen erfassen
- Infrastruktur
- Budgetgrößen

Termin vereinbaren
- Kunden
- Interessenten
- Inaktive Kunden
- Inaktive Interessenten
- Potenzielle Interessenten

© optimAS Holding AG

Checkliste Telefonmarketing: Leitfaden

Struktur
- Einstieg
- Argumente
- Abschlussfrage
- Verstärker
- Einwände
- Fragebogen/Rapport

Stil
- gesprochene Sprache
- „Sie"-Standpunkte
- Entscheide erleichtern (positiv)
- Sätze austexten

Gestaltung
- mit System immer gleich
- gleiche Informationen am gleichen Ort
- Einwandbehandlung ist Argumentationsstoff
- mehrere Seiten

Training
- Trockenübungen
- Mundart schreiben
- Anpassung an persönlichen Sprechstil
- Philosophie muss beherrscht werden
- keine Gedichte trainieren
- Hinterfragen trainieren
- Gesprächstechnik

© optimAS Holding AG

Checkliste Telefonmarketing: Arbeitsplätze/Infrastruktur

Stempeluhr
- Zeit und Datum

Ablagesystem
- nach Reaktionskriterien

Telefonanalyse
- Nullausgang
- Mithör-Einrichtung
- Gesprächsgarnitur
- Tastenapparat
- Mitschneide-Einrichtung

Stuhl/Pult
- bequem, Hängeregistratur

EDV
- Marketing-Datenbank
- Script on Screen
- Adresserfassung
- Erfassungskosten
- Bedienung

Statistik
- Tagesstatistik
- Wochenstatistik
- aktionsorientiert
- produktorientiert
- zielgruppenorientiert
- adressartorientiert

Statistik-Daten
- Wählversuche
- Kontakt mit Zielperson
- Erfolge
- Kosten
- Zeit
- Verhältniszahlen
- Grafiken

© optimAS Holding AG

Checkliste Telefonmarketing: Mitarbeiter

Profil
- Lebenserfahrung
- kommunikationsstark
- „Biss"
- stabile Sozial-Struktur
- motiviert
- „will arbeiten"
- eher älter

Ausbildung
- Basis-Ausbildung
  - Administratives
  - Gesprächstechnik
  - Brancheninfo
  - Produktinfo
  - Abwicklung
  - Einsatz der Hilfsmittel
- Refresher kontinuierlich
  - mit aktuellem Bezug
  - Sofort-Kontrolle
  - Erstellen neuer Argumente
  - Erstellen neuer Einwandbehandlungen
  - Intervall alle 3 – 4 Monate eventuell sogar monatlich

Führung
- motivierend
- mit gewisser Härte
- Konsequent und ohne Ausnahmen
- Team-Geist fördernd
- Teamarbeit zählt zuerst
- Einzelarbeit speziell gewichten
- Provisionen erst zahlen, wenn alle anderen Reize keine Wirkung zeigen

© optimAS Holding AG

Checkliste Messe

Vorbereitung bereit
- Produktunterlagen ☐
- Beherrschung neuer Leistungen ☐
- Kenntnisse über das Verhalten am Messestand ☐
- Kenntnisse der Messeziele ☐
- Strategische Kunden fix eingeladen ☐
- Strategische Interessenten fix eingeladen ☐
- Messerapport den Zielen angepasst ☐

Nachbearbeitung
- Nachfassbriefe getextet ☐
- Nachfass-Mengenplanung erstellt ☐
- Nachfass-Zeitplanung erstellt ☐
- Nachfass-Termine reserviert ☐
- Mitarbeiter für die Nachfassung bestimmt ☐
- Dokumentationen vorbereitet ☐
- Angebottexte angepasst ans Messethema ☐

Persönliches
- Agenda aufbereitet ☐
- Produktnutzen und -werte werden beherrscht ☐
- Visitenkarten überprüft (Anzahl i. O.) ☐
- gute Kunden persönlich eingeladen ☐
- wichtige Interessenten persönlich eingeladen ☐
- DIN-A4/A5-Präsentationsmappe ☐
- Minihaftnotiz-Zettel ☐
- Namensschild ☐
- bequeme Schuhe ☐
- passende Kleidung ☐
- Aussteller-Ausweis ☐

© optimAS Holding AG

Checkliste Strategisches CRM

Leitbild & Strategie

- Wie definieren Sie in Ihrem Leitbild die Funktion und den Umgang mit Kunden?
  - Besteht eine klare Definition, was ein Kunde ist?
  - Welche Bedeutung hat der Kunde für das Unternehmen?
  - Welche Bedeutung hat der Kunde für die Mitarbeiter?
  - Wie wird die Kundenbeziehung definiert?
  - Welchen Service erhält der Kunde?
  - Auf welche Art und Weise geschieht die Beziehung zum Kunden?
- Wie definieren Sie in Ihrem Leitbild den Umgang und die Funktion der Interessenten?
  - Wie wichtig sind Interessenten für Ihre Leistungen und Produkte?
  - Wie stark wird das Augenmerk auf Interessenten-Gewinnung gelegt?
  - Was wird bei der Interessenten-Gewinnung gemessen und was honoriert?
  - Welche Besonderheiten sind im Umgang mit Interessenten besonders zu beachten?
- Wie wird die Kunden- und Interessenten-Zufriedenheit gemessen?
  - Zufriedenheit mit den Produkten
  - Zufriedenheit mit der Bedienung
  - Zufriedenheit mit dem Ambiente und dem Image
  - Zufriedenheit mit der Beratung
  - Zufriedenheit mit dem Service und den Zusatzleistungen
  - Zufriedenheit mit dem Verhalten der Menschen
  - Grad der Bedürfniserkennung und -erfüllung
  - Wichtigkeit von Bedienung, Ambiente, Service und Verhalten
- Einsatz der Balanced Scorecard als Messinstrument?
- Einsatz eines eigenen Happy Customer Index/Happy Guest Index (HCI/HGI)?
- Wie oft wird gemessen? – Quartalsweise, pro Semester oder pro Jahr?
- Werden die Zufriedenheit und die Wichtigkeit gemessen?
- Wird mit einem Interventionsprogramm grundsätzlich die Verbesserung erarbeitet?

Wie ist CRM in der Strategie und im Leitbild verankert?

Beispiel:

- Das integrierte CRM bildet die Basis für einen langfristig, systematisch geführten und gemessenen Kundenprozess. Kunden bilden die Basis der Existenz für unser Unternehmen. Der Lifetime Value bildet dabei den wichtigen Index. Das Delta vom theoretischen zum effektiven Lifetime Value soll so klein wie nur möglich sein. Customer Relationship wird durch ein aktives Management gelebt und realisiert. Alle Mitarbeiter wissen und beherrschen das kleine Einmaleins des Aufbaus und der Förderung von Kundenbeziehungen. Jeder Kunde soll auf der Basis seiner Werte bedient, beraten und geführt werden.
  Die systematische Erfassung der Kundenbedürfnisse ist für alle Mitarbeiter ein MUSS.
- Die Ziele von CRM lauten:
  1. Kunden-Gewinnung
  2. Kunden-Bindung
  3. Kunden-Entwicklung
  4. Effizienzsteigerung

© optim**AS** Holding AG

Checkliste Taktisches CRM

Erfassung der Interessentendaten (im B2B)
- Anzahl Mitarbeiter
- Umsatz der Unternehmung/Verbrauch der einzelnen Person
- Verbrauch gesamt
- Entscheidungsprozess
- Entscheider und Beeinflusser
- Kompetenzen und Prozesse
- Aufbau des Buying-Centers

Kundengewinnung
- Messung der Trichterfüllung in Bezug auf Z-1 Adressen
- Messung der Trichterfüllung in Bezug auf Z-2 Adressen
- Auswertung der Auftragsgewinnung im Verhältnis zu Auftragsverlust

(Z-1 Kunden haben bereits Interesse gezeigt und mit Z-2 Kunden wurde bereits ein persönliches Gespräch geführt)

Erfassung der Kundendaten
- nach Lifetime-Informationen
- nach Potenzialschlüssel-Informationen
- nach Beziehungsinformationen
- nach Unternehmensinformationen
- nach Umsatz/Deckungsbeitrag/Kauffrequenz/Produkt oder Leistungsart
- nach Betreuungsaufwand
- nach Fragestellungen – Häufigkeit/Komplexität/Kritik
- nach Problemstellungen
- nach der Fähigkeit und Tiefe des Selbstlerngrades (Für alles einfach anfragen oder selber ein Manual zur Hand nehmen)
- nach Bestellrhythmus
- nach Zahlungsverhalten
- nach Toleranzgrad

Kundenbindung
- Selektion nach Umsatz
- Selektion nach Produktnutzung
- Selektion nach Produkt-Kaufdatum
- Selektion nach Prozent Produktnutzung aus dem Gesamtangebot

Kundenentwicklung
- Selektion nach Umsatz
- Selektion nach Potenzialschlüssel
- Selektion nach Beziehungsgrad
- Selektion nach Lieferantenstrategie
- Selektion nach Umsatz und/oder Deckungsbeitrag
- Selektion nach ....?

Art der Bearbeitung
- Channel-Marketing, Großhandel, Fachhandel, Distributoren
- Direct-Marketing, Mailing, Telefon-Marketing Outbound/Inbound, Messe-Marketing
- Key Account Management, ausschließlich nur Key-Account-Bearbeitung, kombiniert Außendienst regionalen Key Accounts und Key-Account-Manager mit nationalen Key Accounts
- Multiplikatoren/Co-Marketing, Multiplikatoren (Seminarveranstalter/Strategische Partner), Co-Marketing (Verbände/Unternehmer/Partner)

© optimAS Holding AG

Checkliste Emotionales CRM

Personalentwicklung

- Entwicklung der Kommunikationsfähigkeiten
  - Kommunikation schriftlich/E-Mail
  - Kommunikation telefonisch
  - Kommunikation in One-to-One Gesprächen
  - Kommunikation in One-to-Many-Gesprächen
- Methoden-Fähigkeit im Außendienst und Key Account Management
  - Beherrschen einer professionellen Präsentationstechnik
  - Fähigkeit zur Entwicklung und Realisierung von Workshops
  - Einsatz von Moderationstechniken
  - Leiten von Sitzungen mit unterschiedlicher Zusammensetzung
  - Leiten von Workshops zur Entwicklung von Lösungen
- Kenntnisse der Betreuung und Entwicklung von Kunden und Interessenten
  - Setzen von Zielen zusammen mit den Kunden
  - Steuern eines Buying-Centers
  - Steuern von Kundenbeziehungen mit Instrumenten wie Kundenführungsbriefe, Kundenführungs-E-Mail
  - Aufbau von Kundenentwicklungsprogrammen mit rationalen und emotionalen Elementen
- Planungs- und Vorbereitungsfähigkeiten
  - Gesprächsvorbereitung auf der Basis der Analyse des Potenzialschlüssels
  - Gesprächsvorbereitung nach Kundenwerten (DISG)
  - Entwicklung von kundenorientierten Präsentationen per Flip-Chart PowerPoint, Metaplan (Pinwand-Technik), Whiteboard
- Kommunikation in Kundenwerten und Kundennutzen
  - Kundenführungsbriefe – Situation, Ziele, Maßahmen, Nutzen
  - Offertgestaltung – Sie-Standpunkte, Nutzen, Vorteile, Prozess
  - Briefgestaltung – Sie-Standpunkte, Nutzen, Werte des Kunden
  - Telefongestaltung – Sie-Standpunkte, Nutzen, Werte des Kunden
- Auftritts-Qualität
  - Akquisitions-Qualität – Unternehmens- & Leistungspräsentationen
  - Kundenbindungs-Qualität – Gesprächsführung/Gesprächsinhalte
  - Kundenentwicklungs-Qualität – Emotionale Kundenführung, Führung der Beziehung, Entwicklung der Beziehung

© optimAS Holding AG

- Aus- und Weiterbildungsprogramm
  - Wissensvermittlung zur Erreichung der notwendigen Wissenskompetenz
  - Training zur Erreichung der notwendigen Handlungskompetenz
  - Train-the-Trainer zur Erreichung der notwendigen Expertenkompetenz bei Vorgesetzten
  - Einsatz von regelmäßigen Trainings und Förderungen auf allen Ebenen

Prozess-Messung

- Grundsatz „Sie erhalten das, was Sie messen!"
- Messung der Kundengewinnungs-Prozesse
  - Messung der Trichterfüllung
  - Messung der Interessenten-Beziehung
  - Messung der Umwandlungsquote – Wandlung der Anfragen zu Aufträgen
- Messung des Kundenbindungs-Prozesses
  - Messung der Kundenverluste auf Adressebene pro Zeiteinheit (Semester/Jahr)
  - Messung der Wandlung Kundenbindung zu Kundenentwicklung
  - Messung des Zufriedenheitsgrades in Bezug auf die Wichtigkeit
  - Messung des Beziehungsgrades zum Verkäufer und zur Unternehmung
- Messung der Qualitäten an den verschiedenen Verkaufspunkten:
  - Key Account Management
  - Außendienst, Service und Technik
  - Call-Center – Inbound und Outbound
  - Ladengeschäfte/Messe/Road Show
  - E-POS

Checkliste Key Account Management

Kundengliederung
- nach Umsatz
- nach Potenzial
- nach Lieferantenstrategie
- nach % Abdeckung mit dem Sortiment
- nach Beziehung

Instrumente
- Key-Account-Gewinnungs-Instrumente
  - Tandembesuche
  - Workshops
  - Seminare
  - 3- bis 4-Stundenpräsentationen über Wissensvermittlung und Präsentationen
  - Betriebsbesichtigungen
- Key Account Betreuung
  - Seminare
  - Workshops
  - Sitzungen mit Entwicklungsinhalten
  - Weiterbildung für das Buying Center
  - Weiterbildung für die Anwender der Leistungen/Produkte
  - Bonus-Systeme
  - Kick-back-Systeme
  - Treuesysteme und Belohnungen individueller Art
  - Kundenführungsbriefe
  - Sitzungsprotokolle
  - Fotoprotokolle im Anschluss an Pinwand-Moderationen
  - Konzepte und Businesspläne (kurz-, mittel- und langfristig)
  - Finanzkennzahlen – Bestellfrequenzen, Handlingskosten, Deckungsbeiträge, Umsatz und Bonus
- Absatzförderung
  - Leistungskampagnen
  - Produkteinführungen
  - POS-Gestaltungen und POS-Events
  - Messe-Konzepte
  - Preiskonzepte
  - Konzepte mit Zusatzleistungen
  - Weiterbildung für Mitarbeiter und Kunden
  - Image-Förderungen über Media-Konzepte
  - Kundenbindungskonzepte für die Kunden des Key Accounts
  - Mailing, Treuekonzepte, Call Center, Member get Member
  - Kundenclubs

© optimAS Holding AG

Instrumenten-Gestaltung
- Key Account Manager selbst in Personalunion
- Marketing Services
- Key Account Management Services
- Budget und Budgetierung
- Kennzahlen für die Key-Account-Führung

Koordination der Strategie
- Abstimmung der Strategie mit der Geschäftsleitung
- Entwicklung der Strategie mit dem Kunden und der Geschäftsleitung
- Controlling liefert das Zahlenmaterial für die strategische Steuerung des Key Accounts

Informationsbeschaffung und Bewirtschaftung
- Führung der Database (CRM-Software)
- Erfassen der Personendaten – Entscheider, Beeinflusser, Mitläufer
- Erfassen der Kundenwerte nach DISG oder einem sonstigen System, welches unterscheidet nach
  - extrovertiert und introvertiert
  - sachorientiert und menschenorientiert
- Erfassen der Buying-Center-Daten
- Erfassen der Entscheidungsprozess-Informationen des Key Accounts
- Erfassen der Beziehungen zu den Mitbewerbern – Position der Mitbewerber

Anforderungen an den Key Account Manager
- Konzeptfähigkeit
- schriftlicher und mündlicher Ausdruck
- Präsentationsfähigkeit
- Moderations- und Seminarleitungsfähigkeit
- betriebswirtschaftliche Grundlagen
- Marketing-Grundlagen
- Kreativität
- Prozesserkennungs-, -gestaltungs- und -beurteilungs-Wissen
- Mediationsfähigkeiten
- Macherfähigkeiten

© optimAS Holding AG

Checkliste Call Center – Aufbau und Betrieb

Inbound Call Center

- Zielsetzungen
  - Entgegennahme der Anrufe
  - Definition des Servicelevels
  - Definition des Kompetenzlevels insbesondere 1st Level
  - Definition der Menge der nachgelagerten Prozesse

- Funktion
  - Beantworten von Anfragen im 1st Level zu 80 %
  - Entgegennahme der Bestellungen
  - Ausführen der Reklamationen im 1st Level zu 70 %
  - Versenden von Unterlagen
  - Versenden von Angeboten im Standard-Umfeld
  - Koordination mit den internen Stellen zur Leistungserbringung, Disposition, Entwicklung, Sonderfertigung

- Erreichbarkeit
  - 10 Stunden/12 Stunden/18 Stunden/24 Stunden
  - Servicelevel
  - Erreichbar in 98 % der Anrufe innerhalb von 20 Sekunden Wartezeit maximal
  - Erreichbar in 90 % der Anrufe innerhalb von 10 Sekunden Wartezeit maximal

- Kundenorientierung
  - Kundennamen-Nennung
  - Sie-Standpunkte
  - Verbindliche Formulierungen
  - Höfliche Formulierungen
  - Zielstrebigkeit
  - Abschlussorientierung
  - Gesprächsgeschwindigkeit
  - Gesprächsgestaltung – Modulation der Stimme
  - Gesprächssteuerung
    - Fragestellungen/Argumente
    - Überleitungen/Begründungen
    - Hinweise/Informationen
    - Vorteile/Nutzen
    - Einwands-/Vorwandsbehandlung
  - Script und Fragebogen

© optimAS Holding AG

- Information/Kompetenz
  - FAQ on Screen
  - Script on Screen
  - Fragebogen on Screen mit direkter Verbindung zur Database
  - Nachschlagewerke zu Produkten/Systemen
- Prozesse
  - Instruktion über neue Abwicklungsprogramme
  - Trainings und Mitarbeiterförderung
  - Führungsprozesse
  - Fehlerkorrektur-Prozesse
  - Kundeninformations-Prozesse (interne und externe Kunden)

Outbound Call Center

- Aktivitäten
  - Bedarfs- und Potenzialabklärungen
  - Marktforschungen
  - Terminvereinbarungen für den Außendienst
  - Nachfassen von Mailings, Kontakten, Messen
  - Reaktivieren von Kunden-/Interessenten-Beziehungen
  - Informationsbeschaffung aus dem Markt
  - Aufbau von qualifizierten Adressen
  - Database-Pflege – Adressen aktualisieren
- Führung
  - Honorierung nach Nettokontakten
  - Honornierung nach Erfolgen
  - Honorierung nach Arbeitszeit oder im Monatslohn
  - Einsatz nach Programm-Inhalten und Komplexität
- Training
  - Gesprächsführung und -steuerung
  - Abschlusstechnik
  - Fragetechnik/Nutzenargumentation/Kundentypen
  - Produkte und Leistungen, die vermarktet werden müssen
- Einsatzplanung
  - nach Kundenerreichbarkeit
  - nach Saisonalität
  - nach Produkte/Leistungsaktualität
  - nach Call-Center-Agent-Fähigkeiten und -Kompetenzen

© optimAS Holding AG

Begründung eines Call Centers
- Prozesse optimieren
- Prozesse im Innendienst vereinfachen
- Prozesse in der Qualität führbarer machen
- Führung der Mitarbeiter auf einem Floor in konzentrierter Form
- Sicherung der Kommunikations-Qualität über das gesamte Unternehmen
- Gewinnung eines Enteringpoints für die gesamte Kommunikation im Unternehmen
- Reduktion der Schnittstellen und der Suchprozesse
- Steigerung der Effizenz in den Abwicklungsprozessen
- Erhöhung der Auskunftskompetenz im 1st Level-Bereich
- Reduktion der Abwicklungskosten

Aufbau eines Call Centers

- Erstellen des Mengengerüstes über die aktuellen Mengen
  - Kundenanfragen, Kundenreklamationen
  - Bestellungen
  - Lieferzeit und Preisnachfragen
  - Versand von Unterlagen
  - Interne Kommunikation zu Aufträge, Termine
  - Preise, Konditionen

- Erarbeiten der Ziel-Kernprozesse
  - Vereinfachung der Abwicklung
  - Vereinfachung der Auskünfte
  - Vereinfachung im Versand von Unterlagen
  - Vereinfachung Reklamationsbearbeitung

- Erarbeiten der zielunterstützenden Prozesse
  - Mitarbeiterführung
  - Mitarbeiter-Aus- und Weiterbildung
  - Incentive-Programme
  - Lohn- und Leistungsstruktur

- Definition der notwendigen Technik
  - Arbeitsplätze – Tische, Stühle, Licht, Lärm
  - Database/Script on Screen/Statistik
  - Telefonie/ACD/CTI/Audiotex/
  - E-Mail-Kommunikation
  - Internet-Anbindung der Arbeitsplätze
  - Einrichtung zur Gesprächserfassung

- Mitarbeiter Selektion und Bindung
  - Vorselektion über Audiotex oder direkt
  - Selektionsprozesse mit/ohne Assessments
  - Mitarbeiter-Profile Outbound/Inbound
  - Profile für Teamleiter und Call-Center-Leiter/in
  - Weiterbildung mit Diplom-Abschluss

© optimAS Holding AG